同济大学欧洲与德国研究丛书

西欧激进右翼政党
与欧洲一体化的政治化

THE STUDY OF RADICAL RIGHT PARTIES
IN WESTERN EUROPE AND THE POLITICIZATION OF
EUROPEAN INTEGRATION

玄 理 著

社会科学文献出版社
SOCIAL SCIENCES ACADEMIC PRESS (CHINA)

前　言

近年来，欧洲一体化进程正面临着前所未有的挑战：欧债危机带来的经济后果、各成员国间持续严重的经济不平等现象、难民危机、恐怖主义风险和英国脱欧等。危机中欧盟治理能力的缺失进一步加剧了民众的不满和疑欧情绪，民众与欧盟精英之间的裂痕凸显。在此背景下，欧洲一体化进程在大众政治中的显著性与争议性与日俱增，民众对欧盟的政策制定和国内选举竞争中的欧洲一体化议题更加关注，欧盟精英无法像之前那样通过幕后的协商共识推动一体化进程，不得不将民意因素纳入决策考量。欧盟政治逐渐完成了从"宽容性共识"到"限制性异议"的转变，欧洲议题的政治化现象越加显著，政治化也成了理解当今一体化进程症结的关键性概念。欧洲一体化的政治化现象意指欧洲议题进入大众政治领域，引发民众参与和争论的进程，主要由欧洲议题的显著性和对欧立场极化两个因素构成。

西欧激进右翼政党的崛起使得欧洲一体化进程受到极大挑战。激进右翼政党作为反欧盟势力中最具代表性的政党团体，擅长利用民众与欧盟精英之间的龃龉，动员民众的排外民族认同，是欧洲一体化的政治化现象的重要推动者。然而目前学界缺乏对激进右翼政党推动欧洲议题政治化的分析研究。本书在此背景下，主要探讨以下几个问题：欧洲一体化的政治化与西欧激进右翼政党有着何种内在联系？激进右翼政党为什么会推动欧洲一体化的政治化？它们在推动欧洲一体化的政治化时采取了什么政治策略？它们推动欧洲一体化的政治化对于欧洲国内政治和欧洲一体化有何种深远影响？

本书在回答这些问题时主要采用后功能主义理论视角。主流一体化理论都将欧洲一体化看作一种政治精英之间的共识合作式进程和由其自上而下推动的政治计划，因此，民意和大众政治在欧洲一体化中的作用微乎其微，或只可能对一体化进程起到促进作用。而后功能主义理论则将大众政治、认同和政治化作为核心概念引入欧洲一体化研究中来，认为欧洲一体化进程有可能受到国内政党政治和秉持排外民族认同的民众的阻碍。值得一提的是，后功能主义认为欧洲一体化的政治化并非自然而然发生的，它是以政党为主体的政治行为体积极推动的结果。本书认为，无论是从意识形态特性还是从政党动机角度而言，西欧激进右翼政党更有能力围绕认同因素进行政治动员，并通过不同的政治策略将欧洲一体化议题推向政治化，对欧洲一体化进程产生影响。

从意识形态的角度看，欧盟和欧洲一体化与激进右翼政党所秉持的民族主义与民粹主义背道而驰，欧盟被激进右翼政党视为"他者"，因为在激进右翼政党看来，欧盟既破坏本国的民族认同和国家主权，又是与人民对立的腐朽精英的集中代表。

激进右翼政党推动欧洲一体化的政治化的动机主要分为需求因素和外部供给因素两个层面。从需求因素来看，民众对欧洲一体化和欧盟的信任危机是由一体化进程中所带来的欧洲民众价值需求危机、认同需求危机、安全需求危机和经济公平需求危机等因素交织而成。在这种多重危机背景下，欧洲议题在政治社会中的显著度明显提升，普通民众与欧洲精英之间的裂痕也逐渐扩大，为激进右翼政党推动欧洲议题的政治化提供了充分的社会条件。从供给因素看，主流政党多年未变的亲欧共识立场以及大众媒体的推动作用，都给予了激进右翼政党政治化欧洲议题的政治机会与空间。

激进右翼政党在推动欧洲一体化的政治化时主要运用了以下策略：在国内政治中，它们主要采取了议题强调和立场极化策略，以及针对欧洲议题的架构策略；而在欧洲议会层面，激进右翼政党积极在欧洲议会中寻求跨国合作，形成议会党团，共同推动欧洲议会内部对欧洲一体化问题的争论；同时，激进右翼政党的欧洲议员利用在议会的发言时间，进一步在欧洲层面强调欧洲议题。这些策略无一例外都是为了提高欧洲议题的显著度和对欧洲一体化立场的对立程度，向民众突出表现欧洲一体化和欧盟的阴暗面，并将欧盟视为应受谴责的"他者"，欧盟应对一切社会问题负责。

激进右翼政党推动欧洲议题政治化的策略对欧洲政治产生了深远影响，主要体现在三个递进的层级之上：公众议程、政党政治和欧盟政治。首先，在公众议程层级，欧洲议题政治化推动了民意的疑欧化和主流价值观的激进化，使攸关欧盟存续的欧洲认同更加难以形成。其次，在激进右翼政党的主导下，一方面欧洲议题从公众议程逐渐进入政党政治议程之中，导致了政党竞争的议题结构重新洗牌，促进了新分歧线上的新政治对立；另一方面，在政治化和选票流失的压力下，部分主流政党被迫在欧洲及其他相关议题上，改变自身政治话语和选举策略而"右转"，这冲击了主流政党亲欧共识的政治模式。最后，在欧盟政治框架下，因为成员国领袖达成妥协的能力受到了国内政治化压力的削弱，欧盟的共识政治治理模式受到了政治化的威胁。尽管如此，由于激进右翼政党在欧盟机构中所处的边缘地位，其所推动的政治化对欧盟政治的消极影响不应被过分夸大。相反，欧洲议题的政治化将政治因素纳入欧盟跨国治理中，是欧盟框架下增加政治讨论和竞争的必要条件，在客观上可以增加欧盟机构的民主合法性。

综上而言，本研究认为，尽管后功能主义对于当今欧盟政治生态具有较强的解释力，但其关于政治化会阻碍欧洲一体化进程发展的理论假设较为偏颇，不能仅仅从积极或消极的单一视角来看待欧洲一体化的政治化对欧洲政治的影响。欧洲一体化的生死成败，取决于欧盟和主流政党精英将政治化转化为欧洲一体化推动力的能力。他们若想解决激进右翼政党所导致的政治化困境，就必须积极参与关于欧洲议题的公开政治讨论，推动惠民政策的实施与宣传。只有倾听底层民众的呼声，使欧洲一体化成果真正惠及底层弱势民众，找寻到一条让民众参与其中的自下而上的一体化进程推动路径，才是欧盟和欧洲政治实现良性发展的必由之路。

目录
CONTENTS

图表目录^①

一　表

① 文中所有图表，除注明出处的以外，均由笔者自制。

二　图

英文首字母缩略词表

AfD，Alternative für Deutschland 德国选择党

EFDD，Europe of Freedom and Direct Democracy 欧洲自由与直接民主党团

ENF，European of Nations and Freedom 欧洲民族与自由党团

EP，European Parliament 欧洲议会

EU，European Union 欧盟

FN，Front National 法国国民阵线（后更名为 RN，Rassemblement National
法国国民联盟）

FPÖ，Freiheitliche Partei Östelreichs 奥地利自由党

KNP，Kongres Nowej Prawicy 波兰国会新右派党

LN，Lega Nord 意大利北方联盟党

LPF，List Pim Fortuyn 荷兰富图恩名单党

M5S，Movimento 5 Stelle 意大利五星运动

MEP，Member of European Parliament 欧洲议会议员

NHS，National Health Service 英国国家医疗服务体系

OECD，Organization for Economic Co-operation and Development 经济与合
作发展组织

OLP，Ordinary Legislative Procedure 普通立法程序

PVV，Partij voor Vrijheid 荷兰自由党

REP，Die Republikaner 德国共和党

SD, Sweden Democrats 瑞典民主党

TT, Partija Tvarka ir teisingumas 立陶宛秩序与正义党

UKIP, United Kingdom Independence Party 英国独立党

VB, Vlaams Blok 比利时弗拉芒利益党

绪　论

第一节　问题的提出与研究意义

一　问题的提出

欧洲一体化进程一直以来都是由精英驱动的政治计划，这个计划中的每一个重要步骤，如欧洲煤钢共同体、《罗马条约》、《单一欧洲法案》、《马斯特里赫特条约》（简称为《马约》）、《尼斯条约》和《里斯本条约》等，都是欧洲政治精英在鲜为民众所知的幕后通过协商精雕细琢而出的"政治作品"，欧洲联盟（简称为欧盟）则是"由几代欧洲精英在不同历史条件和规则背景下构建的积累性成果"[①]。

近年来，欧洲一体化进程正遭受前所未有的挑战：欧债危机挥之不去的隐痛仍在持续挫伤各成员国经济复苏的信心；亲欧主流政党在应对难民危机和恐怖主义威胁时的进退失据正严重透支其选举信用；英国脱欧后的谈判僵局及其潜在的连锁效应使得欧盟自身的制度建设和改革动议近乎陷入停滞。[②]欧盟所面临的多重危机在短短的几年内接踵而至，自从危机爆发后非但没有

---

①　Heinrich Best, Gyorgy Lengyel and Luca Verzichelli. , "Introduction: European Integration as An Elite Project", in Heinrich Best, Gyorgy Lengyel, and Luca Verzichelli (eds.), *The Europe of Elites: A Study into the Europeanness of Europe's Political and Economic Elites*, Oxford: Oxford University Press, 2012, p. 3.

②　玄理、孙晨光:《激进右翼政党与欧洲一体化的政治化问题探析》,《国外理论动态》2019年第3期。

得到完全解决，反而还在相互影响下进一步加深。欧盟与"更加团结紧密的联盟"渐行渐远，陷入更大的危机之中。正如意大利博科尼大学政治学教授凯瑟琳·德弗里斯（Catherine De Vries）所言，尽管欧盟的格言是在多元中团结（united in diversity），然而近年来在欧盟危机和疑欧主义势力崛起的背景下，欧盟正逐步在多元中走向分裂（divided in its diversity）。[1] 在危机的影响下，成员国国内政治和欧盟政治从未交织得如此紧密，欧盟政治已经成为成员国国内政治不可分割的一部分。在这个背景下，欧盟政治已经逐步丧失了原本的精英统治和去政治化属性，成为正常政治讨论的一部分。换言之，欧洲议题已经进入大众政治中，在成员国国内政治中的政治能见度和争议性都有了显著提高，出现了欧洲一体化的政治化现象。而一旦欧洲议题进入公众政治领域，主流政治精英就很难像以往一样，只通过绕过民众的幕后协商就能单方面推动一体化进程，公民和精英之间的互动关系对于欧洲一体化的未来越来越重要。早在 1996 年，欧洲理事会曾指出要建立一个更贴近民众的欧盟："民众是欧洲建设的核心，欧盟必须对他们的需求和关切做出具体回应。"[2] 然而，随着欧洲一体化进程的不断深入和近年来多重危机的影响，部分欧洲民众并没有感受到一个更加贴近自己的欧盟，从而导致其对欧洲一体化进程的不满和不信任感加剧，疑欧主义情绪蔓延，这意味着仍有大批欧洲民众并不认可欧盟成员国之间的制度化合作原则、欧盟的机构设置以及未来的一体化计划。正如学者德弗里斯和艾瑞卡·爱德华（Erica Edwards）所言，欧洲一体化进程经历了双重走向：大众对欧洲一体化不满情绪的提升和表达这种疑欧情绪途径的增多，[3] 而激进右翼政党就是其中最重要的途径之一。

近年来，在多重危机肆虐下，欧美国家的右翼民粹主义思潮盛行，英国脱欧和美国总统唐纳德·特朗普的"美国优先"诉求无不标志着西方国家政治极化和社会撕裂程度加剧。而激进右翼政党[4]的兴起是这股右翼民粹主义

---

① Catherine De Vries, *Euroscepticism and the Future of European Integration*, Oxford：Oxford University Press, 2018, p. 6.

② European Council, "Presidency Conclusions", Turin, 29 March 2016. Available at：http：//aei. pitt. edu/43327/1/TURIN_EUROPEAN_COUNCIL. pdf, last accessed on 12 Feb. 2020.

③ Catherine De Vries and Erica Edwards, "Taking Europe to its Extremes：Extremist Parties and Public Euroscepticism", *Party Politics*, Vol. 15, No. 1, 2009, p. 5.

④ 本书所提及的"激进右翼政党"，如无特别说明，均指"西欧激进右翼政党"。本书所指的"西欧"是社会历史视角下的广义概念，其所包括的各国主要激进右翼政党见表 2 – 3。

思潮的重要体现，它们使欧盟合法性危机愈加显著，也给欧洲一体化的前景蒙上了阴影。在 2017 年的一次民意测验中，45% 的欧洲政治精英将激进右翼政党视为欧盟面临的最大挑战，这一数字高居所有选项榜单之首，远高于欧盟成员国分歧、难民危机和欧债危机等其他选项。[①] 即使激进右翼政党在本国国内选举中很难最终胜选，但是它们仍有能力在欧洲一体化问题上充分影响公众和政治议程，甚至有可能会造成欧洲去一体化的后果，这从英国独立党在英国脱欧进程中发挥的重要作用可见一斑。激进右翼政党作为反欧盟势力中最具代表性的政党团体，是欧洲一体化的政治化现象的重要推动者，因为它们在影响民众对欧盟看法上起着至关重要的作用，而欧盟的最终命运恰恰取决于"普通民众在他们的生活中如何看待欧洲的角色"[②]。本书在此背景下，主要探讨以下几个问题：欧洲一体化的政治化与激进右翼政党有着何种内在联系？激进右翼政党为什么会推动欧洲一体化的政治化？它们在推动政治化时采取了怎样的政治策略？它们所推动的欧洲一体化的政治化对于欧洲政治有何种深远影响？

二　研究意义

（一）现实意义

随着欧洲一体化的不断发展与深入，其负面作用愈加凸显，主要表现是西欧民众社会地位与贫富差距的悬殊，社会阶层的撕裂，以及代际矛盾和族群矛盾的日益尖锐；此外，欧盟决策和欧洲议题在国内政治中的争议性也明显增强。这些现象的深层原因是，欧洲民众对整个欧盟精英共识决策模式的理念和危机处理能力的不满以及欧盟深层认同缺失。民意的疑欧转向和反欧盟势力的乘虚而入既是产生这些负面现象的原因，又反过来进一步加深了其威胁程度，危及了欧盟的合法性。激进右翼政党是反欧势力中最具代表性的群体，它们以本土民族主义和民粹主义为意识形态核心，反对欧洲一体化；以脱离或改革欧盟为政策主张，认为一个统一的欧洲会使民族国家的力量和影响力受到严重削弱，鼓吹恢复成员国主权。欧洲一体化进程带来的民众与精英的撕裂与激进右翼政党的崛起之间有着紧密的关联性。

---

① Thomas Raines, Matthew Goodwin and David Cutts, "The Future of Europe Comparing Public and Elite Attitudes", Research Paper, Chatham House, 2017.

② Neil Fligstein, Alina Polyakova and Wayne Sandholtz, "European Integration, Nationalism and European Identity", *Journal of Common Market Studies*, Vol. 50, No. S1, 2012, pp. 106 – 122.

政党是西方政治体制中聚合选民利益与偏好的重要行为体,而政党与民众的联系对于欧洲一体化乃至西方民主制度而言至关重要,学者米科·马蒂拉(Mikko Mattila)与塔皮奥·劳尼奥(Tapio Raunio)指出:"在欧洲议题上政党是否与其选民保持立场一致对于欧洲代议民主制度的运行是非常关键的。"① 观察激进右翼政党与欧洲议题政治化的联系,是把握欧盟框架下民众诉求与精英共识决策之间张力的独特而又有力的视角,本书以此为切入点,梳理现阶段欧洲政治生态和社会民情的激进化转向。在英国选择脱欧之后,法国和德国也分别受到激进右翼政党法国国民阵线②和德国选择党的强烈冲击,这使欧洲一体化的未来蒙上阴影。有学者指出在当代欧洲,激进右翼政党巨大的社会与政治影响力与其相对的边缘化地位完全不成正比。③ 本研究也认为,激进右翼政党的影响力不应当仅仅通过它们在选举中的得票率来衡量,因为它们的疑欧政治话语不仅给欧洲公众带来了巨大影响,而且推动了欧洲政治体制和主流政党的"右转",其影响也传递到了欧盟政治层面。欧盟国家的政治精英应当如何摆脱由激进右翼政党所主导的政治化和民粹主义困境?本书希望能用激进右翼政党推动欧洲议题政治化的视角,尝试回答这个近年来一直困扰欧盟政治家的难题。

(二)理论意义

首先,本书将西欧激进右翼政党与欧洲一体化的政治化作为研究对象,这对于后功能主义理论本身和欧洲一体化的政治化相关研究而言具有重要意义。莉斯贝特·霍克(Liesbet Hooghe)和加里·马科斯(Gary Marks)两位学者提出后功能主义理论的时候,只是将民粹主义政党在欧洲一体化的政治化过程中的角色一笔带过,他们认为民粹主义政党是推动欧洲一体化的政治化的重要政治行为体,但并没有具体论述它们与政治化的内在联系、推动政治化的相关动机与政治策略及其对欧洲一体化和欧洲政治的影响。本书将激进右翼政党作为主要对象是对后功能主义理论的重要补充和佐证,同时也是对后功能主义理论的扩展。后功能主义理论提出了影响欧洲一体化的两个变量——大众意见和政党——之间的互动,而激进右翼政党能将二者有机结合

---

① Mikko Mattila and Tapio Raunio, "Drifting Further Apart: National Parties and Their Electorates on the EU Dimension", *West European Politics*, Vol. 35, No. 3, 2012, pp. 589 – 606.

② 法国国民阵线 2018 年 6 月 1 日更名为国民联盟。

③ Humayun Ansari and Farid Hafez, (eds.), *From the Far Right to the Mainstream: Islamophobia in Party Politics and the Media*, Frankfurt: Campus Verlag, 2011.

起来，将大众意见和政党政治之间的互动关系梳理清楚。此外，本研究也希望可以对后功能主义理论的偏颇之处做出纠正与完善，其核心理论假设之一是政治化会阻碍欧洲一体化进程的发展，本书将通过分析指出这种影响界定未免过于消极和悲观，欠缺客观、全面的视角。欧洲一体化的政治化是一个中性概念，即使是秉持疑欧态度的激进右翼政党，它们所推动的政治化依然在客观上具有一定正向价值。

其次，对于欧洲一体化相关研究而言，之前的主流欧洲一体化理论，如新功能主义和政府间主义等已经难以解释当今一体化发展的新现实。主流欧洲一体化理论通常只解释国家为何会选择加入一体化进程，却忽视了欧洲一体化如何走向相反的方向。事实上，以政治化为理论内核的后功能主义理论视角结合了欧洲认同、民意和政党政治等新要素，最能体现当今一体化进程的现实特征，也是对主流欧洲一体化理论的重要补充，弥补了其对大众意见和政党政治的忽视。在欧债危机和难民危机背景下，政治化所引发的消极后果在一定程度上证实了后功能主义较强的预见性和解释力。本书在后功能主义理论的基础上把激进右翼政党推动欧洲议题政治化作为切入点，以一种新的国内政治（政党政治和民意）视角和自下而上的分析路径解释欧洲一体化发展遇到的挫折，这有助于梳理现阶段欧洲政治生态和社会民情的激进化转向，把握欧洲政党政治的新动向以及新演变趋势，有助于深化对现阶段欧盟治理体系症结的认识，进而在更广阔的理论视野中探究欧洲一体化进程的本质。

同时，激进右翼政党是文化认同和价值认同维度的产物，是在全球化和欧洲一体化背景下认同政治的新发展，也是欧洲去一体化趋势的一个重要组成部分，因此本书对欧洲去一体化和认同政治相关研究也做出了一定贡献。此外，对于激进右翼政党的学术研究而言，将后功能主义理论与欧洲一体化的政治化视角引入研究，为激进右翼政党与欧洲一体化的联系提供了重要的理论补充，弥补了当前学界对激进右翼政党研究的不足。

第二节　国内外研究现状

一　激进右翼政党的研究现状

（一）激进右翼政党的概念与类型研究

目前，国内外学术界还未对"激进右翼政党"概念的界定形成一个统一的标准，多位国外学者认为对这个概念的界定是"令人费解的"，而且长期以来缺少令人满意、信服的解释。[①] 研究该党派的代表性学者卡斯·穆德（Cas Mudde）和罗杰·伊特维尔（Roger Eatwell）都认为，尽管激进右翼政党的概念在政治社会领域十分流行，但至今缺乏一个明确的、无可辩驳的以及被普遍接受的概念和标准。[②] 西方学者对于激进右翼政党、极右翼政党和其临近党派的界限和定义莫衷一是，以至于不同的学者赋予其很多不同的标签，比如激进右翼（Radical Right），极端右翼（Extreme Right），右翼极端主义（Right-wing extremism），新法西斯主义（neo-Fascist），新民粹主义（neo-populist），反移民（anti-immigrant），极右翼（Far Right），新右翼（neo-right）和右翼民粹主义（populist right-wing）等。

根据这些不同的标签来看，"右翼"的标签在学界并没有太多争议。政治学领域中区分左翼、右翼的常规方法来自诺贝尔托·波比奥（Norberto Bobbio），他将前者看作支持平等，而认为后者秉持非平等主义。[③] 卡斯·穆德对左翼、右翼的界分借用了波比奥的方法，他认为右翼遵循不平等的自然秩序，而左翼则认为这种不平等的现象是不公正的，可以通过积极的政府参与加以克服。[④] 学者罗杰·伊特维尔将左右翼的对立命名为左翼普遍主义与右翼特殊主义的对抗。[⑤] 对于学者汉斯–格奥尔格·贝茨（Hans-Georg Betz）而言，激进右翼政党之所以被称作右翼是因为它们"对个人和社会平等以及一切以实现平等为目的的政治计划的反对……反对边缘化群体和少数族裔的

---

① Michael Billing, "The Extreme Right: Continuities in Anti-Semitic Conspiracy Theory in Post-War Europe", in Roger Eatwell and Noel O'Sullivan (eds.), *The Nature of the Right*. London: Printer, 1989, pp. 146 – 167.; Klaus Von Beyme, "Right-wing Extreme in Post-war Europe", *West European Journal*, Vol. 11, No. 2, 1988, pp. 1 – 3.

② Cas Mudde. "Right-wing Extremism Analyzed: A Comparative Analysis of the Ideologies of Three Alleged Right-wing Extremist Parties (NPD, NDP, CP'86)", *European Journal of Political Research*, Vol. 27, No. 2, 1995, pp. 203 – 224.; Roger Eatwell, "Introduction: The New Extreme Right Challenge", in Roger Eatwell and Cas Mudde (eds.), *Western Democracies and the New Extreme Right*, London: Routledge, 2004, pp. 1 – 16.

③ Norberto Bobbio, *Left and Right: The Significance of a Political Distinction*. Chicago: University of Chicago Press, 1996.

④ Cas Mudde, *Populist Radical Right Parties in Europe*. Cambridge: Cambridge University Press, 2007, p. 26.

⑤ Roger Eatwell, "Introduction: The New Extreme Right Challenge", in Roger Eatwell and Cas Mudde (eds.), *Western Democracies and the New Extreme Right*, London: Routledge, 2004, pp. 1 – 16.

社会融合"以及对外国移民的仇恨与畏惧。① 学者吉斯·莱准（Jens Rydgren）对左右翼的界分做出了进一步的完善，他认为波比奥的这种分类方式有可取之处，但是需要做进一步的界分，因为有的政党可能同时是普遍主义和非平等主义的结合体。他认为左右翼光谱应当从社会经济和社会文化两个维度来界定，前者是将左翼、右翼的界分标准建立在政府对经济的参与度（经济社会主义与经济自由主义）之上；从社会文化维度来看，国家认同、法律与秩序、移民政策、堕胎等（社会文化自由主义与权威主义）认同议题是主要界分标准。② 而激进右翼政党的概念主要建立在社会文化维度之上，它们的立党根基就是这些与民族认同有关的社会文化议题。尽管许多激进右翼政党将自己视为"非左非右"的政党，然而它们对文化不平等的重视表明其无疑属于右翼政党。

由此可见，右翼的内涵并没有引起太多争议，学界的争议之处主要在于激进右翼、极端右翼和极右翼概念的区分。因此，通过现有文献对激进右翼、极端右翼与极右翼的概念加以厘清是很有必要的，它们之间既有普遍性又兼具特殊性。首先是从极端右翼来看，尽管每个国家的民主体制和政治制度各有差别，但民主政治进程中的核心是多元主义原则，即接受观念的多元化，多元主义社会可以维护不同政治实体、宗教团体和观念的独立共存。而站在多元主义对立面的就是极端主义（extremism）③，极端右翼正是由极端主义衍生而来。法国学者乌维·拜克斯（Uwe Backs）指出，极端右翼是政治极端主义的一种次现象，因此他认为对极端右翼的定义应包括两方面内容：一是为何把该现象称作极端主义；二是为何把该现象称为右翼。首先，他认为极端主义指代一切与主流价值观、制度和宪政民主相抵触的政治运动。其次，右翼是指不遵循平等原则。④ 汉斯-格奥尔格·贝茨和斯蒂芬·伊默弗（Stefan Immerfall）认为，极端右翼有两大特点：第一，极端右翼完

---

① Hans-Georg Betz, *Radical Right-Wing Populism in Western Europe*. Basingstoke：MacMillan，1994，p. 4.

② Jens Rydgren，"Introduction：Class politics and the Radical Right"，in Jens Rydgren（eds.），*Class Politics and the Radical Right*，London：Routledge，2013，p. 3.

③ Roger Eatwell and Matthew Goodwin，*The New Extremism in 21st Century Britain*. London：Routledge，2010.

④ Uwe Backes，"L'extrême droite：les multiples facettes d'une catégorie d'analyse"，in Pascal Perrineau（eds.），*Les croisés de la société fermée：L'Europe des extrêmes droites*，Paris：Editions de l'aube，2001，pp. 13 – 29.

全反对民主规则以及政治共同体中所有成员的个人自由和个人平等原则，并支持用威权制度来取代这种民主规则；第二，将暴力作为实现国内或对外政策政治目的的必要手段。[1] 杰罗米·雅明（Jérôme Jamin）认为，极端主义代表一种"绝对的"行动，一种以民族主义的"完全的"方式来支持对不平等的推崇，就此他提出了极端右翼政党的三要素，即承认人民不平等（右翼）、民族主义和极端主义，而欧洲极端右翼政党的意识形态特点则包括反多元主义、反议会主义、反犹太主义、反智主义和反穆种族主义等。[2] 西蒙·李普塞特（Seymour Lipset）和厄尔·拉布（Earl Raab）将这些"反意识形态"系统化，认为右翼极端主义是对多元主义政治协商的反对，是对不同、分歧和矛盾的反对，在右翼极端主义的意识形态中，不同就意味着异议，右翼极端主义就是一种一元论和意识形态的简化主义。[3]

激进主义的概念最初来自法国，代表支持法国大革命的左翼人士，而现在这个标签更多地用于右翼政党。最早使用激进主义政党这个概念的是莫里斯·皮纳尔德（Maurice Pinard），他将加拿大的社会信义党（Social Credit Party）定义为"激进右翼政党"。[4] 学界争论的焦点主要在于"极端右翼"和"激进右翼"之间的界分。传统而言，美国学者更喜欢采用"激进右翼"的概念，而西欧学者更习惯使用"极端右翼"这个术语。然而在欧洲，关于激进右翼与极端右翼的概念区分仍有争议，二者的共同点在于都对西方政治精英阶层和代议民主制的腐败深恶痛绝，对移民都怀有排斥态度，但是它们之间也有激进程度上的差异。早在 1967 年，德国学者厄尔文·朔伊希（Erwin Scheuch）和汉斯·克林格曼（Hans Klingemann）就区分过政治激进主义和政治极端主义，他们认为，激进主义是在没有反民主的意愿下对体制的一种激进批判，而极端主义则是反自由、反民主和反宪法的意识形态。[5] 罗

---

[1] Han-Georg Betz and Stefan Immerfall, *The New Politics of the Right. Neo-Populist Parties and Movements in Established Democracies*, New York: St. Martin's Press, 1998, p. 3.

[2] Jérôme Jamin, "Two Different Realities Notes on Populism and the Extreme Right", in Andrea Mammone, Emmanuel Godin and Brian Jenkins (eds.), *Varieties of Right-wing Extremism in Europe*, London: Routledge, 2013, pp. 38 – 52.

[3] Seymour Lipset and Earl Raab, *The Politics of Unreason: Right-wing Extremism in America*, 1790 – 1970, New York: Harper Torchbook, 1973.

[4] Maurice Pinard, "Poverty and Political Movements", *Social Problems*, Vol. 15, No. 2, 1967, pp. 250 – 263.

[5] Erwin Scheuch and Hans Klingemann, "Theorie des Rechtsradikalismus in Westlichen Industriegesellschaft", *Hamburger Jahrbuch Für Wirtschafts-und Sozialpolitik*, Vol. 12, 1967, pp. 11 – 19.

杰·伊特维尔和马修·古德温（Matthew Goodwin）认为，其中一个重要的标准是极端主义公开或暗自将暴力手段合法化，而在历史上极端主义便和暴力活动紧密联系在一起，然而这个标准在当今时代有时已经很难适用，如今很少有政党和团体公开宣称自己支持暴力，而只是使用"反抗"这种相对温和的字眼。因此，第二个标准在当今时代更加适用，即看其是否接受民主价值观念和民主制度。学者罗杰·格里芬（Roger Griffin）认为，右翼激进主义并没有站在民主的对立面，因此右翼激进主义并不是要舍弃民主，而是要寻求一个舍弃精英而由"同族"人民统治的政府。① 学者苏珊·贝克（Susann Backer）就以德国为背景将极端右翼运动定义为反对"民主政治多元主义，支持极权或独裁主义政府"，而右翼激进主义尽管在民族主义和种族主义上与右翼极端主义有相似之处，但并未完全敌视西方现存的自由民主制度。② 皮特·默克尔（Peter Merkl）指出，现如今的右翼极端主义已经与二战期间的法西斯主义很少有相似点，因此这时候如果再使用极端右翼这个标签已不合时宜。③

第一位为极右翼政党下定义和分类的学者是皮耶罗·伊尼亚奇（Piero Ignazi），他指出："它们之所以被认作极右翼政党，是因为其占据了政治光谱的最右端。"此外，伊尼亚奇将极右翼政党分为新极右翼党派和旧极右翼政党，主要根据三方面标准：政治空间、意识形态和态度体系，是否有明显的法西斯主义残留，以及是否为政治体制所接受。因此，他认为旧极右翼政党依然植根于其法西斯主义传统，而新极右翼政党则是后物质主义矛盾的产物，以反体制和民粹主义为特点。④ 伊特维尔认为极右翼政党是以民族主义为核心意识形态的一系列社会群体、社会运动和政党团体，反移民态度、反建制民粹主义和威权主义是这一政治团体的特色。⑤ 伊丽莎白·卡特

---

① Roger Griffin, "Afterword. Last Rights?", in Sabrina Ramet（eds.）, *The Radical Right in Central and Eastern Europe Since* 1989, University Park, P. A: The Pennsylvania State University Press, 1999, pp. 297 – 321.

② Susann Backer, "Right-wing Extremism in Unified Germany", in Paul Hainsworth（eds.）, *The Politics of the Extreme Right: From the Margins to the Mainstream*, London: Pinter. 2000, p. 88.

③ Peter Merkl, "Introduction", in Peter Merkl and Leonard Weinberg（eds.）, *Right-Wing Extremism in the Twenty-First Century*, London: Frank Cass, 2003, pp. 1 – 22.

④ Piero Ignazi, *Extreme Right Parties in Western Europe*, Oxford: Oxford University Press, 2003, p. 2.

⑤ Roger Eatwell, "The Rebirth of the Extreme Right in Western Europe?", *Parliamentary Affairs*, Vol. 53, No. 3, 2000, pp. 407 – 425.

（Elisabeth Carter）将政党对待移民问题、种族主义问题、多元主义的态度作为标准，将激进右翼政党分为新纳粹政党、新法西斯政党、威权排外主义政党、新自由排外主义政党和新自由民粹主义政党。其中威权排外主义政党和新自由排外主义政党的区别在于：前者支持国家对经济的干预以及加强行政权力，而后者希望减少国家干预以及公民和议会更紧密的联系。① 西蒙·希克斯（Simon Hix）和克里斯多夫·洛德（Christopher Lord）曾系统性地将极端右翼政党划分为三类，即继承了纳粹主义传统的新法西斯主义政党、高举民族主义大旗且秉持排外政策的政党、抗议福利国家政策并将其与民族主义相结合的政党。② 然而劳伦茨·恩瑟（Laurenz Ennser）通过运用专家调查数据在对十七个欧洲国家中的 94 个极右翼政党的研究中发现，与主流右翼政党类似，激进右翼政党群体具有政策趋同性，因此作者认为过于细致地界分激进右翼政党团体是没有必要的。③

（二）激进右翼政党的意识形态研究

激进右翼政党群体是非常多元化的，而且其意识形态核心会随着时间的推移而改变，所以总结其意识形态特点并非易事。关于政治意识形态的概念，罗杰·伊特维尔指出，政治意识形态是一系列连贯的实证或规范的信念和思想，集中解决人性、历史进程和社会政治制度等问题。④ 随着时间的推移，激进右翼政党的意识形态特点也在不断变化。20 世纪 50 年代，有学者把仇外主义、种族主义、反犹太主义因素视为极端右翼政党最古老的意识形态，并将种族主义和仇外主义当作极端右翼政党的意识形态核心要素。⑤ 汉娜·阿伦特（Hannah Arendt）认为，反犹太主义是纳粹主义的核心要素。⑥ 到了 20 世纪 90 年代，激进右翼政党的意识形态有了新的发展，学

---

① Elisabeth Carter, *The Extreme Right in Western Europe: Success or Failure?* Manchester: Manchester University Press, 2005.

② Simon Hix and Christopher Lord, *Political Parties in the European Union*, New York: Macmillan Education, 1997, p. 42.

③ Laurenz Ennser, "The Homogeneity of West European Party Families: The Radical Right in Comparative Perspective", *Party Politics*, Vol. 18, No. 2, 2012, pp. 151 – 171.

④ Roger Eatwell, "Introduction: What Are Political Ideologies?", in Anthony Wright and Roger Eatwell (eds.), *Contemporary Political Ideologies*, London: Continuum, 1999, p. 17.

⑤ Theodor Adorno, Else Frenkel-Brunswik, Daniel Levinson, Nevitt Sanford, *The Authoritarian Personality*, New York: Harper and Brothers, 1950.

⑥ Hannah Arendt, "The Origins of Totalitarianism", *Review of Politics*, Vol. 15, No. 1, 1969, pp. 68 – 85.

者赫伯特·基齐特（Herbert Kitschelt）和安东尼·麦甘（Anthony McGann）认为，激进右翼政党的意识形态主要建立在三个维度之上：公民权（世界主义 vs 特殊主义）；集体决策模式（自由主义 vs 威权主义）；国家对资源的分配（国家再分配 vs 自由市场机制）。① 罗杰·伊特维尔认为新激进右翼政党保持着以下意识形态特点：道德保守主义、政治威权主义和经济自由主义。② 门德特·芬纳玛（Meindert Fennema）运用了历史研究视角，认为激进右翼政党主要有四方面意识形态特点：族裔民族主义、反物质至上主义、反代议制以及阴谋论的形成。③ 由此可见，不同学者对激进右翼政党的意识形态核心要素有不同的看法。关于激进右翼政党意识形态最为全面和流行的研究来自学者卡斯·穆德，他将政党的意识形态分为最大化概念和最小化概念。最小化概念认为，本土主义（nativism）是这些政党意识形态的中心。本土主义是整个意识形态的内核性要素，意指本国人应当成为民族国家的唯一居住者，而"非本土因素"（人和观念等）会在根本上威胁同质民族国家，社会应当由单一民族和单一文化构成，外来移民和民族并非更加低劣，而是他们与本国主流价值观和文化格格不入。最大化概念认为，激进右翼政党的意识形态也可以通过权威主义（authoritarianism）来定义。这个定义通常与非民主政体相关，在意识形态领域，右翼权威主义通常被定义为传统主义、权威主义进攻和威权主义服从。权威主义强调一个高度秩序化的社会，社会中的所有成员应当遵守传统准则和习惯；通过重典来规范成员行为，维护社会稳定，对权威的违抗将会受到严苛的惩罚。威权主义者通常面对威胁时会采取偏狭的、惩戒性的态度。威权主义支持严苛的法律与秩序，回归传统的生活方式，反对会侵蚀民族认同和价值观的移民与多元文化主义。民粹主义则强调纯洁的人民和腐败的精英的二元对立，民粹主义者认为自己是人民及其集体意愿的化身，为普通人发声，跟腐败的精英相对立，保卫人民抵御国家敌人的入侵。④ 本书在分析中主要把激进右翼政党的民族主义和民粹主义意识

---

① Herbert Kitschelt and Anthony McGann, *The Radical Right in Western European Comparative Analysis*, Ann Arbor: University of Michigan Press, 1995.

② Roger Eatwell, "The Nature of the Right: the Right as a Variety of Styles of Thought", in Roger Eatwell and Noel O'Sullivan (eds.), *The Nature of the Right*. London: Printer, 1989, pp. 62 – 76.

③ Meindert Fennema, "Some Conceptual Issues and Problems in the Comparison of Anti-Immigrant Parties in Western Europe", *Party Politics*, Vol. 3, No. 4, 1997, pp. 473 – 92.

④ Cas Mudde, *Populist Radical Right Parties in Europe*, Cambridge: Cambridge University Press, 2007.

形态作为其疑欧主义立场的重要基础进行研究，所以下文将对民族主义和民粹主义的相关文献进行回顾与梳理。

1. 民族主义

什么是民族？本尼迪克特·安德森（Benedict Anderson）认为，民族"是一种想象的共同体，并且它被想象为本质上有限的，同时也是享有主权的共同体"①。而安东尼·史密斯（Anthony Smith）将民族定义为："具有名称，占有领土的人类共同体，拥有共同的神话、共享的历史和普通的公共文化，所有成员生活在单一经济之中并且有着同样的权利和义务。"史密斯认为，民族国家依然是政治舞台的核心行为体。而民族认同是维系一个民族国家的根基，由一个民族国家的领土、共同的记忆、统一的大众文化、共同法律下的法权和责任等因素构成，民族主义信条是现代民族国家合法性的基础。② 尽管对术语概念依然有歧义，大多数学者一致认为，无论是在现代还是在近代，民族是一个关于认同的共同体，共同体内部成员通过以下特点联系在一起：语言、信仰、习惯、社会实践、神话、记忆、历史和国家制度。③大卫·布朗（David Brown）认为，民族主义具有双面性，一方面是绝对主义的信条，导致政治不宽容甚至暴力；另一方面又是一种自由主义形式，强调共同体内的个人自由。④ 埃里克·霍布斯鲍姆（Eric Hobsbawm）也认为民族主义有两种不同形态，即国家建设民族主义和"消极"民族主义。⑤ 国家建设民族主义主要是指19～20世纪的反殖民运动，这种民族主义可以团结民族内的人民，具有民族解放性质。国家建设民族主义通常与公民民族主义相联系，强调对宪法的效忠，而"消极"民族主义不利于多民族国家的建设，具有种族性质。激进右翼政党秉持的主要是第二种民族主义，本质上是排外的。学者格里芬将民族主义定义为对国家共同体的归属感，并指出了有关民

① 〔美〕本尼迪克特·安德森：《想象的共同体：民族主义的起源与散布》，吴叡人译，上海人民出版社，2003，第6页。

② Anthony Smith, *National Identity*, London: The University of Nevada Press, 1991, p. 14.

③ Adrian Hastings, *The Construction of Nationhood: Ethnicity, Religion and Nationalism.* Cambridge: Cambridge University Press, 1997; Anthony Smith, *National Identity*, London: The University of Nevada Press, 1991; Ernest Gellner, *Nations and Nationalism*, Oxford: Blackwell, 1983.

④ David Brown, "Are There Good and Bad Nationalisms?", *Nations and Nationalism*, Vol. 5, No. 2, 1999, pp. 281 – 302.

⑤ Eric Hobsbawm, "The Invention of Tradition", in John Hutchinson and Anthony Smith (eds.), *Nationalism*, Oxford: Oxford University Press, 1983, p. 40.

族主义的五个特点：第一，民族拥有独特的文化认同，这是与其他民族区分开来的重要标志，并给予了一个民族特定的历史使命；第二，民族拥有特有的历史、地理、宗教、语言和宪法现实；第三，对国家的文化和传统感到自豪；第四，民族共同体应当组建一个主权在民的国家，并受到国际社会的普遍承认；第五，由族裔和公民民族主义构成。[①]

以上述研究为基础，西方学者普遍认为激进右翼政党[②]最显著的特点就是民族主义。[③] 几乎所有的激进右翼政党都声称自己是民主原则捍卫者，但这个民主概念仅适用于本国公民，没有非本国公民的立足之地。[④] 迈克尔·明肯伯格（Michael Minkenberg）也认为，右翼激进主义的意识形态核心是同质化民族的想象，从而形成具有民粹主义特性的极端民族主义，与以个人主义和普遍主义为基础的自由多元民主相对抗。[⑤] 学者雅明也指出了激进右翼政党所感知到的外部威胁主要来自移民的流动以及由此带来的族群内部外来人口的不断增加。外来威胁主要有三个层级，第一，作为外来"他者"，移民大量涌入健康和同质的族群中，会威胁族群的健康和平衡；第二，与异族的通婚繁衍会导致本民族的衰退；第三，多元文化社会的出现就意味着民族共同体内弊病和异端的最终胜利。[⑥]

值得一提的是，仍然有学者认为本土抑或是排外民族主义带有法西斯主义元素，比如胡安·林兹（Juan Linz）认为，激进右翼政党所秉持的民族主义跟二战时的纳粹主义政党有千丝万缕的联系："众所周知，纳粹主义的意识形态核心正是民族主义，尤其是强调将对种族的忠诚置于对国家忠诚之上

---

① Roger Griffin, "Nationalism." in Anthony Wright and Roger Eatwell (eds.), *Contemporary Political Ideologies*, London: Continuum, 1999, pp. 154 – 155.

② 以下论述中均以激进右翼政党统称之。

③ Roger Eatwell, "The Rebirth of the 'Extreme Right' in Western Europe," *Parliamentary Affairs*, Vol. 53, No. 3, 2000, pp. 407 – 425; Terri Givens, *Voting Radical Right in Western Europe*, Cambridge: Cambridge University Press, 2005; Cas Mudde, *The Ideology of the Extreme Right*, Manchester: Manchester University Press, 2000.

④ Antonis Ellinas, *The Media and the Far Right in Western Europe*, Cambridge: Cambridge University Press, 2010.

⑤ Michael Minkenberg, "The Radical Right in Post Socialist Central and Eastern Europe: Comparative Observations and Interpretations", *East European Politics and Society*, Vol. 16, No. 2, 2002, p. 337.

⑥ Jérôme Jamin, "Two Different Realities Notes on Populism and the Extreme Right", in Andrea Mammone, Emmanuel Godin and Brian Jenkins (eds.), *Varieties of Right-wing Extremism in Europe*, London: Routledge, 2013, pp. 38 – 52.

的民族主义。"① 也正因如此，现如今一些成功的激进右翼政党已经转向民族主义的另一层面——公民民族主义。达芙妮·哈利基欧普鲁（Daphne Halikiopoulou）等学者观察到激进右翼政党在公民角度通过定义"他者"，通过在自身意识形态中加入宽容、自由主义因素以温和化其意识形态，即在关于民族主义的政治话语中加入了公民价值等因素，包括民主价值、公民权和对法律的尊崇。因此尽管激进右翼政党本质上是排外的，但这种排外的标准并不一定总是种族因素，也可以是针对那些并不认同自由价值观（如民主、多元文化和法治）的"他者"。②

2. 民粹主义

民粹主义是激进右翼政党意识形态的另一核心。西方学界对民粹主义的研究主要分为三个方面，分别是概念和特点、解释框架、影响。

（1）民粹主义概念和特点

学界普遍认为民粹主义代表着一种人民与精英的二元对立。比如玛格丽特·卡诺万（Margaret Canovan）认为，民粹主义是以人民的名义对主流精英的反抗。③ 根据学者卡斯·穆德的定义，民粹主义是一种批判性的意识形态和社会理论，该理论认为："社会最终将分为两个同质但相互敌对的群体，即'纯洁的人民'和'腐败的精英'，而政治应当是'纯洁的人民'群体共同意志的表达。"④ 也有学者在穆德定义的基础上进行了扩充，提出了有关民粹主义的三个标准：人民作为一个整体与无能腐败的政治精英的对立；与自由民主核心观念的对立（政治主体应当受宪法限制）；对自由主义政治正确的反对。⑤本·斯坦利（Ben Stanley）总结了民粹主义四个特质：第一，两个同质化的

① Juan Linz, "Political Space and Fascism as a Late-comer: Conditions Conducive to the Success or failure of Fascism as a Mass Movement in Inter War Europe," in Stein Ugelvik Larsen et al. (eds.), *Who were the Fascists? Social roots of European Fascism*, Bergen: Universitetsförlaget, 1980, p. 161.

② Daphne Halikiopoulou, Steven Mock and Sofia Vasilopoulou, "The Civic Zeitgeist: Nationalism and Liberal Values in the European Radical Right", *Nations & Nationalism*, Vol. 19, No. 1, 2013, pp. 107 – 127.

③ Margaret Canovan, *Populism*, London: Junction Books, 1981.

④ Cas Mudde, "The Populist Zeitgeist", *Government and Opposition*, Vol. 39, No. 4, 2004, pp. 541 – 563.

⑤ Daniel Smilov and Ivan Krastev, "The Rise of Populism in Eastern Europe: Policy Paper", in Grigorij Mesežnikov, Oľga Gyárfášová, Daniel Smilov (eds.), *Populist Politics and Liberal Democracy in Central and Eastern Europe*, Bratislava, Slovakia: Institute for Public Affairs, 2008, pp. 7 – 13.

实体，即人民和精英；第二，人民和精英之间的对立关系；第三，人民主权观念；第四，对人民美德的赞誉和对精英的诋毁。① 学者保罗·塔格特（Paul Taggart）认为民粹主义最重要的特点是敌视代议制民主政治制度，而且其具有变色龙属性，能够根据不同的外部环境而变化。② 近年来，也有学者将民粹主义与移民潮联系在一起，认为当代民粹主义就是对"向外来影响和移民敞开国门"的政治精英的直接反对。③

学者们对激进右翼政党的民粹主义特性研究从 20 世纪 90 年代开始，苏珊·斯卡罗（Susan Scarrow）率先研究了极端右翼政党的反政党话语。④ 贝茨等学者就认为民粹主义在极端右翼政党意识形态中的地位异常关键，因此他们认为"右翼民粹主义政党"和"新民粹主义政党"的标签更适合这一党派，激进右翼政党对选民的吸引力在很大程度上得益于将自己描绘成普通民众的化身和代表者，从这个意义上讲，激进右翼政党是一场民粹主义运动。⑤ 激进右翼政党也因此被部分学者称作"反卡特尔党"，因为建制派不再回应选民的诉求。⑥ 学者西蒙·伯恩希尔（Simon Bornschier）也认同这个看法，他认为激进右翼政党批评在政策上已经看不出任何区别的主流政党的卡特尔化，这对于改变议题和政党竞争结构具有重要意义。⑦

（2）民粹主义的三种解释框架

第一种解释框架是将民粹主义视为一种意识形态。前文提到，卡斯·穆德认为民粹主义是一种意识形态，将社会二元界分为两个同质且对立的群

① Ben Stanley, "The Thin Ideology of Populism", *Journal of Political Ideologies*, Vol. 13, No. 1, 2008, pp. 95 - 110.
② 〔英〕保罗·塔格特：《民粹主义》，袁明旭译，吉林人民出版社，2005，第 3 页。
③ Anton Pelinka, "Right-wing populism: Concept and Typology", in Ruth Wodak, Majid Khosravinik and Brigitte Mral (eds.), *Right-wing Populism in Europe*, London: Bloomsbury, 2013, pp. 3 - 22.
④ Susan Scarrow, "Politicians of Parties: Anti-Party Arguments as Weapons for Change in Germany", *European Journal of Political Research*, Vol. 29, No. 3, 1996, pp. 297 - 317.
⑤ Hans-Georg Betz, *Radical Right-Wing Populism in Western Europe*, Basingstoke: Macmillan, 1994; Han-Georg Betz and Stefan Immerfall, *The New Politics of the Right. Neo-Populist Parties and Movements in Established Democracies*, New York: St. Martin's Press, 1998.
⑥ Mark Blyth and Katz Richard, "From Catch-all Politics to Cartelisation: The Political Economy of the Cartel Party", *West European Politics*, Vol. 28, No. 1, 2005, pp. 33 - 60; Katz Richard and Peter Mair, "Changing Models of Party Organization and Party Democracy: The Emergence of the Cartel Party", *Party Politics*, Vol. 1, No. 1, 1995, pp. 5 - 28.
⑦ Simon Bornschier, *Cleavage Politics and the Populist Right: The New Cultural Conflict in Western Europe*, Philadelphia: Temple University Press, 2010.

体，纯洁的人民和腐败的精英，认为政治理应被作为民意的表达。① 加斯帕·拉特（Jasper Raadt）等学者认为民粹主义有两种概念：一方面被当成政治策略，这意味着所有的政党都可以成为民粹主义者；另一方面是意识形态。作者更支持第二种概念，认为民粹主义是一种以反对代议民主为基础的意识形态。② 这也得到了乌维·拜克斯和埃克哈德·杰西（Eckhard Jesse）的认可，他们认为民粹主义是一种没有世界观的意识形态，也即"反现状意识形态"。③ 因此，在许多西方学者看来，民粹主义已经成为一种意识形态，或者更确切地说，是一种薄意识形态（thin ideology）。从这个意义上来说，民粹主义缺乏纲领性内核和解决社会问题的方案，但民粹主义可以与其他综合性的意识形态相结合。④

第二种解释框架是将民粹主义视为一种政治策略。在这种解释框架中，魅力型政治领袖是实施民粹主义策略的关键，比如科特·维兰德（Kurt Weyland）通过研究拉丁美洲的民粹主义现象指出，民粹主义是一种个性化领袖通过直接的、无中介的和非制度化的选民支持寻求政府权力的政治策略。⑤ 贝茨也认为民粹主义主要是一种政治精英利用民众不满情绪提升自身影响力的政治手段和策略。⑥

第三种解释框架是将民粹主义视为一种政治风格（political sytle）或话语模式。玛格丽特·卡诺万最早提出了这个观点，她认为民粹主义是一种风格而不是意识形态，这种风格的特点是简单、直接和易于理解。⑦ 随着传统

① Cas Mudde, "The Populist Zeitgeist", *Government and Opposition*, Vol. 39, No. 4, 2004, pp. 541 – 563.
② Jasper Raadt, David Hollanders and André Krouwel, "Varieties of Populism: An Analysis of the Programmatic Character of Six European Parties", Working Papers Political Science, No. 2004/04, Vrije Universiteit Amsterdam, 2004.
③ Uwe Backes and Eckhard Jesse (eds.), *Gefährdungen der Freiheit. Extremistische Ideologien im Vergleich*, Göttingen: Vandenhoeck and Ruprecht, 2006.
④ Cas Mudde, "The Populist Zeitgeist", *Government and Opposition*, Vol. 39, No. 4, 2004, pp. 541 – 563; Koen Abts and Stefan Rummens, "Populism versus Democracy", *Political Studies*, Vol. 55, No. 2, 2007, pp. 405 – 424; Rovira Kaltwasser, "The Responses of Populism to Dahl's Democratic Dilemmas", *Political Studies*, Vol. 62, No. 3, 2014, pp. 470 – 487.
⑤ Kurt Weyland, "Clarifying a Contested Concept-Populism in the Study of Latin American Politics", *Comparative Politics*, Vol. 32, No. 1, 2001, pp. 1 – 22.
⑥ Hans-Georg Betz, "Conditions Favouring the Success and Failure of Radical Right-Wing Populist Parties in Contemporary Democracies", in Yves Meny, Yves Surel (eds.), *Democracies and the Populist Challenge*, Basingstoke: Palgrave, 2002, pp. 197 – 213.
⑦ Margaret Canovan, *Populism*, London: Junction Books, 1981.

意识形态分歧愈发弱化，政治风格化以及政治话语的简单化趋势越来越明显，民粹主义自 21 世纪以来也逐渐成为主流政党的特征，穆德将这种趋势称为民粹主义时代精神（The Populist Zeitgeist）。[1] 帕里斯·阿斯兰尼蒂斯（Paris Aslanidis）认为，相比意识形态，民粹主义更应当被视为一种主权人民名义下的反精英政治话语。[2] 学者本杰明·墨菲特（Benjamin Moffitt）和西蒙·托梅（Simon Tormey）指出，民粹主义作为政治风格，是一种构建政治关系的表演手段。[3] 正如前文塔格特所认为的，民粹主义具有变色龙属性，民粹主义会因外部政治社会环境的不同而变化，所以民粹主义以不同的解释框架出现实属正常。

（3）民粹主义的影响

很多学者以消极的视角看待民粹主义的影响。比如学者塔基斯·帕帕斯（Takis Pappas）认为，尽管民粹主义概念千差万别，但有一点是类似的，在执政的政治精英眼中，民粹主义是贬义的，只是反对党为了煽动民众而惯用的伎俩，并未就实际问题提出切实可行的政策和解决方案。[4] 科恩·阿布茨（Koen Abts）和斯蒂凡·鲁门斯（Stefan Rummens）认为，民粹主义与民主制度不兼容，认为将人民同质化的概念与保护少数族裔的民主观念背道而驰。[5] 罗纳德·英格尔哈特（Ronald Inglehart）和皮帕·诺里斯（Pippa Norris）也指出，民粹主义是对自由民主制度中现有权力结构合法性的极大挑战。[6] 也有学者把民粹主义当成积极的信号，认为那是代议民主和自由民主运转良好健康的标志。学者伊夫·梅尼（Yves Mény）和伊夫·苏瑞尔（Yves Surel）认为，民粹主义找到了自由民主的缺陷，充当了代议制民主缺

[1] Cas Mudde, "The Populist Zeitgeist", *Government and Opposition*, Vol. 39, No. 4, 2004, pp. 541 – 563.

[2] Paris Aslanidis, "Is Populism an Ideology? A Refutation and a New Perspective", *Political Studies*, Vol. 64, No. 1, 2016, pp. 88 – 104.

[3] Benjamin Moffitt and Simon Tormey, "Rethinking Populism: Politics, Mediatisation and Political Style", *Political Studies*, Vol. 62, No. 2, 2013, pp. 381 – 397.

[4] Takis Pappas, "Populist Democracies: Post-authoritarian Greece and Populist Hungary", *Government and Opposition*, Vol. 49, No. 1, 2013, pp. 1 – 23.

[5] Koen Abts and Stefan Rummens, "Populism versus Democracy", *Political Studies*, Vol. 55, No. 2, 2007, pp. 405 – 424.

[6] Pippa Norris and Ronald Inglehart, *Cultural Backlash*: *Trump*, *Brexit*, *and Authoritarian Populism*, New York: Cambridge University Press, 2017, p. 66.

陷的警报信号，是对民主制度出现偏差的有效提醒。[①] 卡诺万认为民粹主义的重要功能之一就是实现对代议民主制的救赎。[②] 另外也有部分学者秉持中立、全面的视角看待民粹主义现象，比如卡斯·穆德和洛维拉·考特瓦瑟（Rovira Kaltwasser）通过比较欧洲和拉美国家的民粹主义得出结论，民粹主义对欧洲民主制度的影响既可以是矫正性的又可能是威胁，他们曾提出民粹主义的四种积极影响与四种消极影响。其中积极影响为：第一，民粹主义可以代表那些被主流政治精英排斥在外的民众；第二，民粹主义可以动员处于边缘化位置的社会群体，并推动他们在政治体制内的融合；第三，民粹主义可以提高政治体制的响应能力，推动满足被边缘化选民政治偏好的政策的产生；第四，民粹主义可以提升政治体制的合法化。消极影响包括：第一，民粹主义会忽视少数族裔的权利，不利于社会的融合与团结；第二，民粹主义运用大众主权的概念削弱保护少数群体权益的政治机制；第三，民粹主义推动形成了新的政治对立，阻碍稳定政治联盟和合作的可能性；第四，民粹主义导致了政治的道德对立。[③]

（三）激进右翼政党崛起的原因研究

如何解释激进右翼政党近年来所获得的选举突破？至今没有任何文献或专著能将各种因素全部纳入考量，激进右翼政党取得选举成功的原因是多元而复杂的，并没有一个简单的、一概而论的结论能够解释激进右翼政党的成功。从最近几十年学界的研究来看，选民的需求因素和政治制度与政党的供给因素基本可以涵盖大部分研究的结论。

1. 需求因素

需求因素的主要观点是在西方社会经济结构深刻变革的背景下，中下层民众的偏好和态度发生转变，这些选民更有可能通过选择支持激进右翼政党来表达自身的不满与怨恨。贝茨是第一位观察到这个现象的学者，他认为现代化和经济全球化削弱了国家掌控经济事务的能力，并形成了新的政治认同和社会分化。在这个背景下，势必会有不适应这种变化的"输家"被挤向社

[①] Yves Mény and Yves Surel, "The Constitutive Ambiguity of Populism", in Yves Meny, Yves Surel (eds.), *Democracies and the Populist Challenge*, Basingstoke: Palgrave, 2002, pp. 1 – 21.

[②] Margaret Canovan, "Trust the People! Populism and the Two Faces of Democracy", *Political Studies*, Vol. 47, No. 1, 1999, pp. 2 – 16.

[③] Cas Mudde and Rovira Kaltwasser, *Populism: A Very Short Introduction.*, Oxford: Oxford University Press, 2017, p. 83.

会的边缘，这就是现代化输家理论（modernization-loser theory）的来源。贝茨认为，现代化赢家与输家的二元对立使得后者的不安全感和悲观情绪急剧提升，进而引发他们对主流政党的不信任感。[①] 皮特·梅尔（Peter Mair）等学者也指出，尽管全球化减弱了国家和主流政党处理问题的能力，但是选民对国家的期望和需求并没有减少，当政治精英对减轻政治、经济或社会危机的负面影响无能为力时，激进右翼政党就成了可供民众选择的替代性方案。[②] 莱准认为全球化的输家一方会产生对民主体制的不满和愤恨。[③] 穆德把民众对民主体制的不满和对政府的不信任感视为促使他们选择激进右翼政党的重要推动力，主流政党不再尊重和代表中下层民众的政治诉求，使他们感觉自己被主流政党和精英所抛弃。[④] 从这个意义上看，不少学者将激进右翼政党的选票当作抗议性投票（protest vote），认为由于激进右翼政党被主流政治精英视为政治舞台上的"弃儿"，所以选民给激进右翼政党投票的主要目的是向主流政党发送不满的信号。[⑤] 此外，移民因素也是导致激进右翼政党崛起的重要原因之一，外来移民会直接影响本国民众的工作机会和福利待遇等相关经济条件。基齐特指出，在由移民引起的西欧社会多元文化背景下，当代西方激进右翼政党的崛起是对这种现象的反击。[⑥] 皮亚·克尼格（Pia Knigge）通过定量研究发现了移民人数与激进右翼政党得票率的正相关关系。[⑦] 然而这一观点也存在争议，部分学者并不认同移民人数与激进右翼政

---

① Hans-Georg Betz, *Radical Right-Wing Populism in Western Europe*, Basingstoke: MacMillan, 1994.

② Peter Mair, "Political Parties, Popular Legitimacy and Public Privilege", *West European Politics*, Vol. 18, No. 3, 1995, pp. 40 – 57; Roger Eatwell, "Ten Theories of the Extreme Right", in Peter Merkl and Leonard Weinberg (eds.), Right-Wing Extremism in the Twenty-First Century, London: Frank Cass, 2003, pp. 47 – 73.

③ Jens Rydgren, "Introduction: Class politics and the Radical Right", in Jens Rydgren (eds.), *Class Politics and the Radical Right*, London: Routledge, 2013, pp. 5 – 6.

④ Cas Mudde, *Populist Radical Right Parties in Europe*, Cambridge: Cambridge University Press, 2007.

⑤ Cees van der Eijk, Mark Franklin and Michael Marsh, "What Voters Teach us about Europe-wide Elections: What Europe-wide Elections Teach us about Voters", *Electoral Studies*, Vol. 15, No. 2, 1996, pp. 149 – 166; Hans-George Betz, "The New Politics of Resentment: Radical Right-Wing Populist Parties in Western Europe", *Comparative Politics*, Vol. 25, No. 4, 1993, pp. 413 – 427.

⑥ Herbert Kitschelt and Anthony McGann, *The Radical Right in Western European Comparative Analysis*, Ann Arbor: University of Michigan Press, 1995, p. 1.

⑦ Pia Knigge, "The Ecological Correlates of Right-Wing Extremism in Western Europe", *European Journal of Political Research*, Vol. 34, No. 2, 1998, pp. 249 – 279.

党支持率具有关联性。① 除移民因素外，也有学者提出失业率的提高等其他经济因素也会导致激进右翼政党得票率的上升。② 这也解释了为什么学界普遍认为从选民性质来看，激进右翼政党的选民相对于其他党派的选民而言，通常以男性、中老年、具有中低教育水平以及来自工人阶级的选民为主。③

2. 供给因素

随着研究的深入，学者们意识到仅仅依靠需求因素无法对各国政治制度和激进右翼政党的特殊性做出全面解释。范·德·布鲁格（Van der Brug）等学者认为，欧盟成员国内部的社会结构发展非常类似，所以社会结构因素无法解释不同国家激进右翼政党选举成绩的巨大差异，也无法解释为什么一些激进右翼政党能取得持续的成功，而其他激进右翼政党却只能徘徊在政治舞台边缘。④ 因此，理解激进右翼政党的成功不能只从需求因素的社会学视角出发，供给因素同样扮演着重要角色。供给因素主要分为外部供给与内部供给。

（1）外部供给因素

外部供给因素可以被视为决定激进右翼政党能否生存的政治机会结构，包括选举制度和政党制度等因素。

首先，选举制度对激进右翼政党的影响不容忽视。具体而言，选举制度的比例性与激进右翼政党的支持率呈正相关，激进右翼政党在比例性高的比例代表制下往往有更出色的选举成绩，而在比例性低的简单多数制下，即使激进右翼政党能够取得不俗的得票率，也很难在议会中赢得席位。政治学者莫里斯·迪韦尔热（Maurice Duverger）指出，比例代表制比单一多数制对边缘小党更加友好，因为单一多数制下选民会意识到他们投给小党的选票

---

① Terri Givens, *Voting Radical Right in Western Europe*, Cambridge: Cambridge University Press, 2005; Pippa Norris, *Radical Right: Voters and Parties in the Electoral Market*, Cambridge: Cambridge University Press, 2005.

② Robert Jackman and Karin Volpert, "Conditions Favouring Parties of the Extreme Right in Western Europe", *British Journal of Political Science*, Vol. 26, No. 4, 1995, pp. 501 – 521.

③ Terri Givens, *Voting Radical Right in Western Europe*, Cambridge: Cambridge University Press, 2005; Marcel Lubbers, Mérove Gijsberts, and Peer Scheepers, "Extreme Right-Wing Voting in Western Europe", *European Journal of Political Research*, Vol. 41, No. 3, 2002, pp. 345 – 378.

④ Wouter Van Der Brug, Meindert Fennema and Jean Tillie, "Why Some Anti-Immigrant Parties Fail and Others Succeed: A Two-step Model of Aggregate Electoral Support", *Comparative Political Studies*, Vol. 38, No. 5, 2005, pp. 537 – 573.

会被浪费。[1] 罗伯特·杰克曼（Robert Jackman）和卡琳·福尔佩特（Karin Volpert）在研究中发现，选举门槛越高，激进右翼政党获得的支持率就越低。学者对于这一论点也有不同的看法，卡伊·阿兹海梅尔（Kai Arzheimer）和伊丽莎白·卡特通过对奥地利、比利时、丹麦、法国、德国、意大利和挪威等国的案例分析认为，随着选举制度比例性的下降，激进右翼政党得票率反而会提高。[2] 因此，选举制度对于激进右翼政党的影响是复杂矛盾的，尽管仅靠选举制度自身无法完全解释激进右翼政党的选举表现，但是在跟其他解释模型结合在一起时，它还是一个非常重要的因素。

其次，政党制度对于激进右翼政党的发展至关重要。第一，主流政党的意识形态定位是其中最重要的影响因素之一。赫伯特·基齐特认为，左右翼主流政党政策和意识形态向中间聚合会给激进右翼政党提供可利用的意识形态空间。[3] 阿米尔·阿贝迪（Amir Abedi）也认为，传统建制派政党之间的区别弱化是激进右翼等反建制政党获得选举成功的重要条件。[4] 伊丽莎白·卡特也同样认为，主流右翼政党与激进右翼政党在意识形态方面的相似度决定着激进右翼政党在政治舞台上可利用的空间，相似度越低，属于激进右翼政党的空间就越大，激进右翼政党就越可能获得成功。[5] 学者伊尼亚奇却认为，主流右翼政党的意识形态向右倾斜反而更会有助于激进右翼政党的崛起，因为这会使主流右翼政党失去传统票仓中右翼选民的支持。[6] 第二，政党制度中的政党数量也是一个关键影响因素，一般而言，有效政党数量与激进右翼政党的成功率呈正相关趋势。罗伯特·杰克曼和卡琳·福尔佩特认为多党制背景下激进右翼政党选举成功的机会更大。[7] 泰瑞·吉文斯（Terri

[1] Maurice Duverger, *Political Parties*, London: Methuen, 1951; Maurice Duverger, *Political Parties: Their Organization and Activity in the Modern State*, New York: Wiley, 1963, p. 226.

[2] Kai Arzheimer and Elisabeth Carter, "Political Opportunity Structures and Right-Wing Extremist Party Success", *European Journal of Political Research*, Vol. 45, No. 3, 2006, pp. 419 – 444.

[3] Herbert Kitschelt and Anthony McGann, *The Radical Right in Western European Comparative Analysis*, Ann Arbor: University of Michigan Press, 1995.

[4] Amir Abedi, "Challenges to Established Parties: The Effects of Party System Features on the Electoral Fortunes of Anti-Political-Establishment Parties", *European Journal of Political Research*, Vol. 41, No. 4, 2002, pp. 551 – 583.

[5] Elisabeth Carter, *The Extreme Right in Western Europe: Success of Failure?* Manchester: Manchester University Press, 2005.

[6] Piero Ignazi, *Extreme Right Parties in Western Europe*, Oxford: Oxford University Press, 2003.

[7] Robert Jackman and Karin Volpert. "Conditions Favouring Parties of the Extreme Right in Western Europe", *British Journal of Political Science*, Vol. 26, No. 4, 1995, pp. 501 – 521.

Givens）认为在联合政府中共同执政的政党数量越多，激进右翼政党在选举中的表现就越好。① 此外，蒂姆·贝尔（Tim Bale）指出政党制度的碎片化（即有效政党数量的增多）也有助于激进右翼政党的成功，因为这意味着主流政党的支持率会受到其他政党的蚕食，增大了选举的不确定性。②

（2）内部供给因素

也有学者认为不能仅仅将激进右翼政党当作受社会和政治结构影响的因变量，也应该将其当作掌握自身命运的自变量。换句话说，当需求和外部供给因素满足条件的时候，激进右翼政党的主观能动性也是十分关键的影响因素。这也是内部供给因素的内涵，主要包括政党策略、领袖魅力和组织结构等方面内容。

第一位提出内部供给因素重要性的学者是基齐特，他认为激进右翼政党自身的能力和政治策略是其成功的关键，其中最重要的是要与极端右翼政党划清界限，提高政党的可信度。③ 范·凯塞尔（Stijn van Kessel）也认为政党的可信度主要有两个标准：一是政党的选举吸引力；二是内部组织的团结。选举吸引力包括领袖的说服力，以及将自己与政治建制和政治极端主义区分开来的能力；如果无法保证内部纪律和团结，激进右翼政党会很快失去可信度，由于激进右翼政党通常是以领袖为核心的组织结构，所以一旦领袖离党或失去对本党的控制力，该党就会分崩离析。④ 伊丽莎白·卡特也提出，一个集权式的政党结构和对政党纪律的强化会增加激进右翼政党成功的可能性，因为，一方面，领袖决定着激进右翼政党前进的方向和政党合法性程度；另一方面，领袖也是政党保持团结的关键因素，这一点对于激进右翼政党的成败至关重要。⑤ 由此可见，领袖和政党组织结构是内部供给因素的重要部分，它们之间往往是相互联系的。安东尼·金（Anthony King）认为，

---

① Terri Givens, *Voting Radical Right in Western Europe*, Cambridge: Cambridge University Press, 2005.

② Tim Bale, "Cinderella and Her Ugly Sisters: the Mainstream and Extreme Right in Europe's Bipolarising Party Systems", *West European Politics*, Vol. 26, No. 3, 2003, pp. 67 – 90.

③ Herbert Kitschelt and Anthony McGann, *The Radical Right in Western European Comparative Analysis*, Ann Arbor: University of Michigan Press, 1995.

④ Stijn van Kessel, *Populist Parties in Europe: Agents of Discontent?*, London: Palgrave Macmillan, 2015, pp. 22 – 23.

⑤ Elisabeth Carter, *The Extreme Right in Western Europe: Success of Failure?*, Manchester: Manchester University Press, 2005, p. 65.

当选民对政党的忠诚度还很低的时候，领袖的魅力与个性对选民的影响是最大的。[①] 穆德和诺里斯也认为政党领袖的领导力和政党组织结构对于解释激进右翼政党的成败至关重要。[②] 安德烈·扎斯洛夫（Andrej Zaslove）也认为，对于激进右翼政党而言，领袖的作用是不可或缺的。[③] 学者德·兰格（Sarah de Lange）和大卫·阿特（David Art）以荷兰自由党为案例，指出激进右翼领袖基尔特·维尔德斯（Geert Wilders）在自由党崛起过程中所扮演的重要角色。[④]

（四）激进右翼政党的影响研究

相比激进右翼政党的概念、意识形态和崛起原因研究，当今国外学界对于激进右翼政党崛起影响的研究仍处于起步阶段，尽管很多学者推测激进右翼政党的崛起会引起整个欧洲政治生态的"右转"，[⑤] 但是具体的研究成果无论从数量上还是在深度上都有欠缺。正如卡斯·穆德所言，激进右翼政党的影响很难证明，因为大多数影响来自间接影响，很难用数据去衡量。[⑥] 综合西方学者研究，大致可以将激进右翼政党的影响研究分为影响目标和影响方式这两个方向。

从影响目标来看，激进右翼政党可以影响不同的政治行为体，如公众、政党和政策等。学者范·德·布鲁格认为，荷兰激进右翼政党富图恩党的选民很容易受到民粹主义观点的影响，这就意味着对政治的不满不仅仅是形成激进右翼政党的原因，也是激进右翼政党对民众造成的影响。[⑦] 学者若昂·

---

① Anthony King, "Do leaders' Personalities Really Matter?", in Anthony King (eds.), *Leaders' Personalities and the Outcomes of Democratic Elections*, Oxford: Oxford University Press, 2002, p. 41.

② Cas Mudde, "The Populist Radical Right: A Pathological Normalcy", *West European Politics*, Vol. 33, No. 6, 2010, pp. 1167 – 1186; Pippa Norris, *Radical Right: Voters and Parties in the Electoral Market*, Cambridge: Cambridge University Press, 2005.

③ Andrej Zaslove, "The Dark Side of European Politics: Unmasking the Radical Right", *Journal of European Integration*, Vol. 26, No. 1, 2004, pp. 61 – 81.

④ Sarah de Lange and David Art, "Fortuyn versus Wilders: An Agency-Based Approach to Radical Right Party Building", *West European Politics*, Vol. 34, No. 6, 2011, pp. 1229 – 1249.

⑤ Cas Mudde, *Populist Radical Right Parties in Europe*. Cambridge: Cambridge University Press, 2007; Pippa Norris, *Radical Right: Voters and Parties in the Electoral Market*, Cambridge: Cambridge University Press, 2005.

⑥ Cas Mudde, "The 2012 Stein Rokkan Lecture: Three Decades of Populist Radical Right Parties in Western Europe: So What?", *European Journal of Political Research*, Vol. 52, No. 1, 2013, p. 2.

⑦ Wouter Van der Brug, "How the LPF Fueled Discontent: Empirical Tests of Explanations of LPF Support", *Acta Politica*, Vol. 38, No. 1, 2003, pp. 89 – 106.

卡瓦略（João Carvalho）将移民问题研究和激进右翼政党研究结合起来，通过对英国、意大利和法国的案例分析，认为激进右翼政党推动主流政党的移民政策发生改变。[①] 学者特吉斯克·阿克曼（Tjitske Akkerman）通过定量分析近二十年西欧七国的激进右翼政党案例，发现激进右翼政党会在选举竞争中迫使主流政党的移民政策发生转向。[②] 学者迈克尔·明肯伯格认为，激进右翼政党施加影响的重要证明就是主流政党会吸收激进右翼政党的主张，但是他并没有发现其他层次影响的证据，比如民意和政党制度等。[③] 用卡斯·穆德的话说，激进右翼政党在很多方面"传染"了主流建制政党，包括它们的领袖风格、政治话语和党内关系等。[④] 学者米歇尔·威廉姆斯（Michelle Williams）对西欧激进右翼政党的影响做了系统化研究的尝试，她认为，西欧激进右翼政党的影响体现在议程（agenda）、制度（institution）和政策（policy）三个层次上。[⑤]

就影响方式而言，西欧激进右翼政党在不同的国家以不同的方式对政治施加影响。迈克尔·明肯伯格把激进右翼政党的影响称为"交互作用"，因为它们的作用是通过与其他政治行为体的政治互动形成的，影响也不是单一线性的，而是发生在不同层级。[⑥] 学者马丁·沙因（Martin Schain）认为，激进右翼政党的影响可以分为直接影响和间接影响，直接影响表现为在政府中的激进右翼政党以行政手段和政策输出影响决策，而间接影响则是激进右翼政党作为反对党，以在政府外部进行游说等方式影响其他政治行为体，从而对决策者施加的影响。他以法国国民阵线为例，认为激进右翼政党的间接影响更加明显，且是多层次的。激进右翼政党首先从政党制度层面开始渗透，其次到政党结构层面，最终外溢到政治议程层次，推动了对移民政策的

① João Carvalho, *Impact of Extreme Right Parties on Immigration Policy*: *Comparing Britain*, *France and Italy*, London: Routledge, 2014.

② Tjitske Akkerman, "Immigration Policy and Electoral Competition in Western Europe: A Fine-Grained Analysis of Party Positions over Two Decades", *Party Politics*, Vol. 21, No. 1, 2015, pp. 54 – 67.

③ Michael Minkenberg, "The Radical Right in Public Office: Agenda-setting and Policy Effects", *West European Politics*, Vol. 24, No. 4, 2001, pp. 1 – 21.

④ Cas Mudde, *Populist Radical Right Parties in Europe*, Cambridge: Cambridge University Press, 2007, p. 283.

⑤ Michelle Williams, *The Impact of Radical Right-Wing Parties in West European Democracies*, New York: Palgrave Macmillan, 2006.

⑥ Michael Minkenberg, *The Radical Right in Eastern Europe Democracy under Siege*? New York: Palgrave Macmillan, 2017, p. 30.

限制。① 学者大卫·阿特认为，西欧激进右翼政党不寻求推翻自由民主制度并不代表它们无法形成持续的影响，它们可以通过间接影响的方式改变欧洲国家和社会协商移民及其相关议题（移民、一体化和民族认同等）的方式，也表现了它们设置政治议程的能力。②

（五）国内学界对于激进右翼政党的研究现状

到目前为止，国内学者对于西欧激进右翼政党的研究和论著还相对较少，主要分为两个阶段。第一个阶段始于 20 世纪 90 年代，国内学者开始关注当代欧洲激进右翼政党的兴起，直到 20 世纪初，大部分文献集中在对激进右翼势力的历史梳理以及概念界定、兴起原因和未来走向等方面，如学者俞晓秋的《西欧极右翼势力兴起的背景分析》③ 和张英武、陈永亮的《当代欧洲极右翼政党分析》④ 等。有的论著是对欧洲极右思潮及其背后内涵和影响进行把握，如吴茜的《冷战后西方极右翼政治思潮的新变化及其影响》⑤、孙恪勤的《欧洲极右势力为何屡屡抬头?》⑥ 等。总体而言，国内学者在这一阶段对欧洲极右翼政党的研究基本上以对国外文献的译述评价为主。而真正开始对激进右翼政党进行深刻探讨和学理上分析的是杨云珍的学术著作《当代西欧极右翼政党研究》，作者对西欧极右翼政党的分野、意识形态、选民基础以及极右翼政党对整个西欧社会的影响进行了细致的分析。⑦ 在张莉所著的《西欧民主制度的幽灵——右翼民粹主义政党研究》一书中，作者对西欧右翼民粹主义政党意识形态理论、政策趋向、崛起原因以及影响和发展趋势进行探析，作者将该党群定义为右翼民粹主义政党，指出其意识形态核心包括极端民族主义、新种族主义、排外主义和民粹主义，并将法国国民阵线、奥地利自由党和意大利北方联盟作为案例进行研究。⑧

---

① Martin Schain, "The Extreme-right and Immigration Policy-making: Measuring Direct and Indirect effects", *West European Politics*, Vol. 29, No. 2, 2006, pp. 270-289.
② David Art, *Inside the Radical Right: the Development of Anti-immigrant Parties in Western Europe*, Cambridge: Cambridge University Press, 2011, p. 20.
③ 俞晓秋：《西欧极右翼势力兴起的背景分析》，《世界经济与政治》1993 年第 3 期。
④ 张英武、陈永亮：《当代欧洲极右翼政党分析》，《贵州师范大学学报》（社会科学版）2004 年第 2 期。
⑤ 吴茜：《冷战后西方极右翼政治思潮的新变化及其影响》，《当代世界与社会主义》2003 年第 5 期。
⑥ 孙恪勤：《欧洲极右势力为何屡屡抬头?》，《求是》2002 年第 14 期。
⑦ 杨云珍：《当代西欧极右翼政党研究》，上海人民出版社，2012。
⑧ 张莉：《西欧民主制度的幽灵——右翼民粹主义政党研究》，中央编译出版社，2011。

在 2014 年欧洲议会选举中激进右翼政党取得实质性突破的背景下，国内学者对激进右翼政党的研究开始明显增多，进入了一个新的阶段。具体研究方向主要集中于激进右翼政党的崛起原因和其在欧洲政治中发挥的作用。贾文华教授提到了 2014 年欧洲议会选举所代表的次级选举右倾化的现象，并认为激进右翼政党对欧盟和欧洲一体化进程造成根本性逆转的可能性较低，影响也不一定完全是消极的。① 学者王明进同样也认为激进右翼政党并不会在欧洲议会内部产生巨大的阻力。② 学者史志钦和刘力达也对 2014 年欧洲议会中极右翼政党的崛起进行了分析，并运用了供给—需求模型解释了极右翼政党崛起的原因，作者以法国国民阵线为案例分析了供给模型因素，变量主要包括选民成分、政策主张和主流政党等，认为需求因素更加重要，即与民族主义紧密相关联的并由其产生危机的民族国家模式、代议制民主、福利国家制度和意识形态四方面的共同作用，急剧增加了欧洲选举市场中对族裔民族主义政党的政治需求，从而导致极右翼政党的崛起。③ 学者郑春荣和范一杨也运用了选举市场理论的需求侧和供给侧因素，以奥地利自由党为例，概述了自由党的发展条件，认为该党的强势表现不仅是全球"黑天鹅"现象的一个缩影，更是植根于奥地利的民族认同、政治文化和政治体制等一系列深刻的社会背景中，并与该党多年以来的发展道路密不可分。④ 学者孙晨光、苗波则认为，传统研究激进意识形态政党崛起原因的"抗议性投票"理论已经不完全适用于解释当代欧洲激进右翼政党，而作者提出的社会动因视角其实是选举市场理论供给和需求模型的衍化变量。⑤ 罗英杰和张昭曦则将近年来激进右翼政党崛起原因与难民危机结合起来，认为难民危机所带来的社会效应、规模效应和安全效应共同推动了极右势力的上扬。⑥

---

① 贾文华：《"次等选举"的右倾化——欧洲议会选举中极右翼政党的崛起与影响》，《欧洲研究》2014 年第 5 期。
② 王明进：《欧洲议会疑欧主义政党的崛起及其对欧盟政治的影响》，《国际论坛》2015 年第 4 期。
③ 史志钦、刘力达：《民族主义、政治危机与选民分野——2014 年欧洲议会选举中极右翼政党的崛起》，《当代世界与社会主义》2015 年第 2 期。
④ 郑春荣、范一杨：《欧洲右翼民粹政党的发展条件分析——以奥地利自由党为例》，《当代世界与社会主义》2017 年第 2 期。
⑤ 孙晨光、苗波：《"抗议性投票"理论是否仍然适用于欧洲激进右翼政党研究？——一种社会动因的视角》，《新视野》2017 年第 1 期。
⑥ 罗英杰、张昭曦：《欧洲极右势力的崛起与难民危机》，《现代国际关系》2017 年第 2 期。

二　欧洲一体化的政治化与疑欧主义的研究现状

（一）欧洲一体化的政治化

与对激进右翼政党的相关研究所取得的丰富学术成果相比，西方学界对于欧洲一体化的政治化研究还相对较少。地区一体化中的政治化概念最早来自新功能主义理论，新功能主义者菲利普·施密特（Philippe Schmitter）认为，政治化有可能引发民众和成员国对进一步向欧盟让渡权能的支持和"态度外溢"，从而成为一体化进程的最终步骤。[①] 然而在新功能主义理论后，很少有研究聚焦欧洲一体化的政治化。直到 2008 年，后功能主义理论的创始者莉斯贝特·霍克和加里·马科斯首次将政治化作为一体化理论的核心概念。他们认为随着欧盟政治显著性的提高，欧洲议题进入了大众政治范畴。在此背景下，之前欧盟精英可以绕过民众的关注单方面推行欧洲一体化的"宽容性共识"时代已经一去不复返，取而代之的是"限制性异议"。[②] 后功能主义者将民意、政党和选举政治等变量引入欧洲一体化理论，这为分析欧洲一体化进程所遇到的困境与问题提供了一种新的分析框架。自此，大多数研究者认同欧洲一体化在欧洲政治中已然被政治化的基本前提。

关于政治化的含义界定，学者迈克尔·祖恩（Michael Zürn）认为政治化意指"将某种事物移入大众选择的范畴之中"。[③] 斯温·胡特（Swen Hutter）和埃德加·格兰德（Edgar Grande）将其称为"政治体制内部冲突范围的扩大"，即围绕欧洲议题的相关政治讨论与对立从精英层面延伸到了公民政治层面，并认为政治化主要由"议题显著性""立场极化""参与行为体数量上升"三种维度构成。[④] 学者克里斯托弗·格林 – 彼德森（Christoffer Green – Pedersen）仅采纳了政治化的议题显著性属性，将政治化定义为议题

① Philippe Schmitter, "Three Neo-functional Hypotheses about International Integration", *International Organization*, Vol. 23, No. 1, 1969, pp. 161 – 166.

② Liesbet Hooghe and Gary Marks, "A Postfunctionalist Theory of European Integration: from Permissive Consensus to Constraining Dissensus", *British Journal of Political Science*, Vol. 39, No. 1, 2009, pp. 1 – 23.

③ Michael Zürn, "Politicization Compared: at National, European, and Global Levels", *Journal of European Public Policy*, Vol. 26, No. 7, 2019, pp. 977 – 995.

④ Swen Hutter and Edgar Grande, "Politicizing Europe in the National Electoral Arena: A Comparative Analysis of Five West European Countries, 1970 – 2010", *Journal of Common Market Studies*, Vol. 52, No. 5, 2014, pp. 1002 – 1018.

在公众议程和政治议程中重要性提高的过程。① 皮特·德·维尔德（Pieter de Wilde）认为，欧洲一体化的政治化主要包含三个要素：民意的极化、讨论的强度以及大众的回应。② 在欧洲一体化政治化的对象问题上，政治化研究者也给出了不同的看法。塞巴斯蒂安·巴利奥尼（Sebastian Baglioni）以及多米尼克·霍格林格（Dominic Hoeglinger）等学者将欧盟政体（EU polity）的合法性问题作为政治化对象来研究。③ 维尔德将政治化的对象分为"欧盟机构"、"欧盟决策过程"和"欧盟政策"三部分，因此，他认为欧洲一体化政治化的范围囊括了从欧洲构成性议题到政策性议题的范围。④ 阿希姆·赫利尔曼（Achim Hurrelmann）等研究者将政治化对象分为四类，分别是成员国席位问题、组织结构问题、政策议题和国内议题。前两者意味着欧盟政体的制度基础饱受争议，而后两者意味着关于欧盟的政治讨论已经进入"日常政治"之中。⑤

欧洲一体化的政治化是因何而起的？目前学界主流观点是政治化的主要成因来自权威转移论（Authority Transfer hypothesis），这由学者皮特·德·维尔德与迈克尔·祖恩提出，他们认为随着欧洲一体化进程不断深化和扩张，欧盟逐渐实现了从一个传统国际组织到政治体制的转变，欧洲议题也旋即成为大众争论的焦点，部分民众对这种缺乏合法性的跨国政治体制产生不满，这推动着欧洲议题政治化程度的提高。⑥ 然而他们也意识到仅仅依靠单一的"权威转移论"并不能完全解释政治化的问题。因为欧盟权威随着欧洲一体化进程的深入一直在稳步持续增强，在一体化深入的相同变量影响下，不同国家在不同一体化阶段的政治化程度各具差异。这就引出了影响政治化的另

① Christoffer Green-Pedersen, "A Giant Fast Asleep? Party Incentives and the Politicization of European Integration", *Political Studies*, Vol. 60, No. 1, 2012, pp. 115 – 130.

② Pieter De Wilde, "No Polity for Old Politics? A Framework for Analyzing the Politicization of European Integration", *Journal of European Integration*, Vol. 33, No. 5, 2011, pp. 559 – 575.

③ Sebastian Baglioni and Achim Hurrelmann, "The Eurozone Crisis and Citizen Engagement in EU Affairs", *West European Politics*, Vol. 39, No. 1, 2016, pp. 104 – 124; Dominic Hoeglinger, "The Politicisation of European Integration in Domestic Election Campaigns", *West European Politics*, Vol. 39, No. 1, 2016, pp. 44 – 63.

④ Pieter De Wilde, "No Polity for Old Politics? A Framework for Analyzing the Politicization of European Integration", *Journal of European Integration*, Vol. 33, No. 5, 2011, pp. 559 – 575.

⑤ Achim Hurrelmann, Anna Gora and Andrea Wagner, "The Politicization of European Integration: More Than an Elite Affair?", *Political Studies*, Vol. 63, No. 1, 2015, pp. 43 – 59.

⑥ Pieter De Wilde and Michael Zürn, "Can the Politicization of European Integration Be Reversed?", *Journal of Common Market Studies*, Vol. 50, No. 1, 2012, pp. 137 – 153.

外一种变量因素——政治机会结构。维尔德和祖恩指出，政治结构因素包括国家对主权与欧洲一体化之间关系的叙事与话语、媒体对于欧洲议题的接受度、国家政党竞争以及欧洲一体化的关键性事件。[①] 霍格林格通过对六个西欧国家民众对欧洲议题的讨论分析得出结论，当欧洲层面或国家层面出现关键性事件时（如欧盟峰会和公投等），民众相关讨论的强度就会显著提高。[②] 埃德加·格兰德和斯温·胡特也认为，相比传统"权威转移论"，欧盟纳入新成员国等关键性事件所引发的讨论与冲突更有可能导致政治化；他们进一步指出，在政治化研究中，占据主流地位的权威转移假设需要被纳入更大的政治斗争框架之下，这包括政治机会结构、行为体的对立与策略。[③] 值得一提的是，他们虽然在一定程度上都赞同一体化的关键事件对激发欧洲一体化争议具有推动作用，但他们认为对政治化程度影响最深的还是以政党为代表的政治行为体对欧洲议题的强调与构建作用。[④] 以后功能主义者为代表的部分研究者把政党竞争视为推动政治化的重要变量，他们认为由于跨国公众领域的欠缺，政治化主要发生在国内政治领域，由国内政党、媒体和其他行为体强调并向民众宣传、构建欧洲议题，政党及其策略成为推动政治化的关键因素，民意受到了政党精英自上而下的提示影响。[⑤] 也有学者提及了边缘政党推动政治化的可能性，萨拉·霍伯特（Sara Hobolt）和凯瑟琳·德·弗里斯认为，政党制度中的失意者更有可能成为议题推动者，将被主流政党忽视的议题（如欧洲一体化）政治化。[⑥] 而克里斯托弗·格林－彼德森则将政治

---

① Pieter De Wilde and Michael Zürn, "Can the Politicization of European Integration Be Reversed?", *Journal of Common Market Studies*, Vol. 50, No. 1, 2012, pp. 137 – 153.

② Dominic Höglinger, *Politicizing European Integration*, *Struggling with the Awakening Giant*, Basingstoke: Palgrave Macmillan, 2016.

③ Edgar Grande and Swen Hutter, "Beyond Authority Transfer: Explaining the Politicisation of Europe", *West European Politics*, Vol. 39, No. 1, 2016, pp. 23 – 43.

④ Edgar Grande and Swen Hutter, "Introduction: European Integration and the Challenge of Politicisation", in Swen Hutter, Edgar Grande and Hanspeter Kriesi (eds.), *Politicising Europe Integration and Mass Politics*, Cambridge: Cambridge University Press, 2017, pp. 3 – 31.

⑤ Paul Taggart, "A Touchstone of Dissent: Euroscepticism in Contemporary Western European Party Systems", *European Journal of Political Research*, Vol. 33, No. 3, 1998, pp. 363 – 388; Liesbet Hooghe and Gary Marks, "A Postfunctionalist Theory of European Integration: from Permissive Consensus to Constraining Dissensus", *British Journal of Political Science*, Vol. 39, No. 1, 2009, pp. 1 – 23; Marco Steenbergen, Erica Edwards and Catherine de Vries, "Who's Cueing Whom? Mass-elite Linkages and the Future of European Integration", *European Union Politics*, Vol. 8, No. 1, 2007, pp. 13 – 35.

⑥ Sara Hobolt and Catherine de Vries, "Issue Entrepreneurship and Multiparty Competition", *Comparative Political Studies*, Vol. 48, No. 9, 2015, pp. 1159 – 1185.

化的推动路径分析转向主流政党，他认为早先欧洲议题没有政治化的主要原因是有能力将其政治化的主流政党没有这样做的动机，因为欧洲议题政治化的后果难以预料和控制，且不属于主流政党擅长的政策领域；而即使政党制度中的其他新兴政党有充足的动机政治化欧洲议题，但仅凭它们的影响力也很难撼动主流政党去政治化的策略。① 也有学者指出体制不兼容性对政治化的推动作用，柏林自由大学教授坦娅·布泽尔（Tanja Börzel）和托马斯·里斯（Thomas Risse）提出，当国家政治与经济体制与欧盟制度格格不入时，就有可能发生政治化现象。② 学者安娜·利奥波德（Anna Leupold）也分析了在制度的不兼容性背景下，政治化在公众领域的发生机制。③

在欧洲一体化的政治化的影响方面，大多数研究者认为政治化会对欧洲一体化和欧盟政治产生消极影响。后功能主义者认为政治化所导致的国内政治对立会对欧洲一体化进程和成员国决策产生掣肘作用。④ 布泽尔认为，因为不同国家的政治化程度差异较大，所以很难对政治化的影响进行全面的把握和预判，但是当今欧洲一体化的政治化主要由一体化的批评者所主导，因而主流政党的去政治化策略反而会适得其反。⑤ 维尔德认为政治化可以使政治对立结构化，改变欧洲一体化的前进方向，他赞同后功能主义者的观点，预测政治化很有可能导致再国家化现象的出现，从而阻碍一体化的进一步发展。⑥ 也有少数学者提到了政治化的积极作用，如学者安德里亚斯·弗洛斯达尔（Andreas Follesdal）和西蒙·希克斯指出，政治化是成熟民主政体的必然组成部分，必要的政治对立和讨论在一定程度上可以提高欧盟政治体制的

---

① Christoffer Green-Pedersen, "A Giant Fast Asleep? Party Incentives and the Politicization of European Integration", *Political Studies*, Vol. 60, No. 1, 2012, pp. 115 – 130.

② Tanja Börzel and Thomas Risse, "Conceptualizing the Domestic Impact of Europe", in Kevin Featherstone, Claudio Radaelli (eds.), *The Politics of Europeanization*, New York: Oxford University Press, 2003.

③ Anna Leupold, "A Structural Approach to Politicisation in the Euro Crisis", *West European Politics*, Vol. 39, No. 1, 2016, pp. 84 – 103.

④ Liesbet Hooghe and Gary Marks, "A Postfunctionalist Theory of European Integration: from Permissive Consensus to Constraining Dissensus", British Journal of Political Science, Vol. 39, No. 1, 2009, pp. 1 – 23.

⑤ Tanja Börzel, "From EU Governance of Crisis to Crisis of EU Governance: Regulatory Failure, Redistributive Conflict and Eurosceptic Publics", *Journal of Common Market Study*, Vol. 54, No. 2, 2016, pp. 8 – 31.

⑥ Pieter De Wilde, "No Polity for Old Politics? A Framework for Analyzing the Politicization of European Integration", *Journal of European Integration*, Vol. 33, No. 5, 2011, pp. 559 – 575.

民主质量。① 学者克里斯蒂安·劳（Christian Rauh）分析了政治化对欧盟决策的影响，他以欧盟委员会的消费者保护政策为案例，认为当议题政治化程度较高时，欧盟更有可能会推行对消费者更为有利的保护政策。②

（二）欧洲一体化与激进右翼政党

激进右翼政党家族的反欧盟特性使其与欧洲一体化关系受到学界关注。20世纪90年代以来，随着激进右翼政党的疑欧主义特性愈加明显，学者主要开始以疑欧主义概念和理论为出发点和切入点来解释激进右翼政党与欧洲一体化的关系，因此在这些研究中，很多学者将激进右翼政党称为疑欧主义政党。西方学界的疑欧主义研究直到近年来才有所发展，有学者指出，激进右翼政党的疑欧特性如此显著，但是关于激进右翼政党和欧洲一体化因素关系的研究则令人惊奇地欠缺。③ 激进右翼政党是最具代表性的疑欧政党类型，正如加里·马科斯所言：它们完全反对欧洲一体化与保卫国家是一致的，激进右翼政党是反对欧洲一体化的最大的政党团体。④

疑欧主义的概念最早出现于1985年，英国《泰晤士报》的记者最早使用了这个概念，主要是以新闻用语的形式来描述英国保守党议员对德洛尔计划的反对。⑤ 首先将疑欧主义作为政治概念进行学术研究的是学者保罗·塔格特和亚历克斯·斯泽比亚克（Alexs Szczerbiak）等，他们所主编的《反对欧洲？政党政治疑欧主义的比较研究》（*Opposing Europe? The Comparative Party Politics of Euroscepticism*）是疑欧主义研究的代表性著作。⑥ 该书主要将以政党为基础的疑欧主义作为研究对象，融合了两位编者和其他学者在早年的疑欧主义研究。此书分为上下两册，上册以各国政党案例分析为主，分析

---

① Andreas Follesdal and Simon Hix, "Why There is a Democratic Deficit in the EU: A Response to Malone and Moravcsik", *Journal of Common Market Studies*, Vol. 44, No. 3, 2006, pp. 533 – 562.

② Christian Rauh, "EU Politicization and Policy Initiatives of the European Commission: the Case of Consumer Policy", *Journal of European Public Policy*, Vol. 26, No. 3, 2019, pp. 344 – 365.

③ Margarita Gómez-Reino and Iván Llamazares, "The Populist Radical Right and European Integration: A Comparative Analysis of Party-voter Links", *West European Politics*, Vol. 36, No. 4, 2013, p. 793.

④ Gary Marks, "Conclusion: European Integration and Political Conflict", in Gary Marks and Marco Steenbergen (eds.), *European Integration and Political Conflict*, Cambridge: Cambridge University Press, 2004, pp. 235 – 259.

⑤ Menno Spiering, "British Euroscepticism", *European Studies: A Journal of European Culture, History and Politics*, Vol. 20, No. 1, 2004, pp. 127 – 149.

⑥ Paul Taggart and Alexs Szczerbiak (eds.), *Opposing Europe? The Comparative Party Politics of Euroscepticism*, New York: Oxford University Press, 2008.

了欧洲各国政党的疑欧主义现状;下册主要对疑欧主义进行理论分析,分别对疑欧主义的概念、原因以及其在欧洲层面的发展等给予了解释。两位学者在书中最重要的贡献在于把疑欧主义分为硬性疑欧主义和柔性疑欧主义两种类型,硬性疑欧主义意味着对欧洲政治和经济一体化整体计划的彻底拒绝,并且反对本国加入或者保留作为欧盟的成员;而柔性疑欧主义则是依条件而定的或有限的反对欧洲一体化。值得一提的是,在该书上册的一些国家案例中,欧洲激进右翼政党的作用被屡次提及。部分学者认为随着欧洲一体化进程的不断深入,在整个欧洲范围内以激进右翼政党为代表的疑欧主义有所发展。学者卡琳·图尼耶-索(Karine Tournier-Sol)和克里斯·吉福德(Chris Gifford)在其所编著的《英国对欧洲化的挑战》中以英国为具体案例,探讨英国疑欧主义是如何给欧洲一体化带来挑战的。在其中一个章节,图尼耶-索认为激进右翼政党——英国独立党作为英国疑欧主义的重要代表之一,阻碍了英国的欧洲化进程;此外,编者认为对激进右翼主义政党的研究应该放到整个欧洲一体化背景中去。① 曼纽拉·卡阿尼(Manuela Caiani)和西蒙娜·格拉(Simona Guerra)所编的《疑欧主义、民主和媒体》一书重点解释的是媒体对公民疑欧主义的调动和对欧洲一体化的负面作用,在该书其中一章,学者艾琳娜·佩万(Elena Pavan)和曼纽拉·卡阿尼详细论述了欧洲激进右翼政党通过新社交媒体影响欧洲公民对欧盟的负面看法方面起到了推动作用。② 在英国学者西蒙·阿瑟伍德(Simon Usherwood)和尼克·斯达廷(Nick Startin)看来,疑欧主义现在已经成为欧洲一体化进程中一个持续性的现象,其已经不仅仅局限于英国,而且成为欧盟成员国内的一种普遍现象。疑欧主义政党被他们区分为四个类型,其中激进右翼政党属于第二类,即将疑欧主义置于其政策主张中心的政党,他们还在文中具体论述了大众和政党的疑欧主义对欧洲一体化的影响。③

由上述文献和专著可见,欧洲一体化问题已经成为政党政治中重要的议题,该议题对于激进右翼政党崛起的重要性,以及激进右翼政党在欧洲一体

---

① Karine Tournier-Sol, "The UKIP Challenge", in Karine Tournier-Sol and Chris Gifford (eds.), *The UK Challenge to Europeanization*, London: Palgrave Macmillan, 2015.

② Elena Pavan and Manuela Caiani, "Not in My Europe': Extreme Right Online Networks and Their Contestation of EU Legitimacy", in Manuela Caiani and Simona Guerra (eds.), *Euroscepticism, Democracy and the Media*, London: Palgrave Macmillan, 2017, pp. 169 – 193.

③ Simon Usherwood and Nick Startin, "Euroscepticism as a Persistent Phenomenon", *Journal of Common Market Studies*, Vol. 51, No. 1, 2013, pp. 1 – 16.

化中的作用直到近年来才有学者关注。德弗里斯等学者认为，凭借推动欧洲
一体化政治化的选举策略，激进右翼政党作为议题推动者在选举中受益良
多。① 学者罗曼·拉沙（Romain Lachat）也认为欧洲一体化议题在解释法国、
瑞士和荷兰激进右翼政党的成功问题上发挥着重要作用。② 马克·范德沃特
（Marc van de Wardt）等学者提出，并不是只有主流政党在欧盟议题上有推动
作用，小党会利用欧洲一体化问题迫使主流政党对其做出回应。③ 马克罗·
斯蒂恩伯根（Macro Steenbergen）等学者通过大众对欧洲态度的研究表明激
进右翼政党是给本党选民在欧洲一体化议题上施加影响最大的政党。④ 学者
马瑞特·梅杰斯（Maurits Meijers）认为，疑欧主义政党可以影响主流政党
在欧洲一体化议题上的态度和意识形态位置，尤其是中左翼政党会同时受到
激进左翼和激进右翼政党的双重影响。⑤

（三）国内学界对于欧洲一体化与政治化的相关研究现状

国内学者对于欧洲一体化的研究从 20 世纪 90 年代开始增多，进入 21
世纪以来，国内学界对欧洲一体化主流理论的研究更加活跃。比如学者房乐
宪对功能主义和新功能主义理论进行了介绍和阐释，并对其影响和局限性进
行了梳理。⑥ 学者张茂明对政府间主义产生的背景、理论体系、新发展及其
贡献与不足等做出评析。⑦ 学者张曙光和张胜军对政府间主义的新发展——
自由政府间主义进行分析，认为自由政府间主义理论代表着欧洲一体化理论
开始朝着组合理论的新方向发展。⑧ 房乐宪在《欧洲政治一体化：理论与实
践》一书中对欧洲政治的一体化从理论到现实中的具体实践进行了历史梳理

---

① Sara Hobolt and Catherine de Vries, "When Dimensions Collide: The Electoral Success of Issue Entrepreneurs", *European Union Politics*, Vol. 13, No. 2, 2012, pp. 246 – 268.

② Romain Lachat, "The Electoral Consequences of the Integration-Demarcation Cleavage", in Hanspeter Kriesi et al. (eds.), *West European Politics in the Age of Globalization*. Cambridge: Cambridge University Press, 2008, pp. 296 – 319.

③ Marc Van De Wardt, Catherine de Vries and Sara Hobolt, "Exploiting the Cracks: Wedge Issues in Multiparty Competition", *The Journal of Politics*, Vol. 76, No. 4, 2014, pp. 986 – 999.

④ Marco Steenbergen, Erica Edwards and Catherine de Vries, "Who's Cueing Whom? Mass-elite Linkages and the Future of European Integration", *European Union Politics*, Vol. 8, No. 1, 2007, pp. 13 – 35.

⑤ Maurits Meijers, "Contagious Euroscepticism: the impact of Eurosceptic Support on Mainstream Party Positions on European Integration", *Party Politics*, Vol. 23, No. 4, 2015, pp. 1 – 11.

⑥ 房乐宪:《新功能主义理论与欧洲一体化》,《欧洲》2001 年第 1 期; 房乐宪:《欧洲一体化理论中的功能主义》,《教学与研究》2000 年第 10 期。

⑦ 张茂明:《欧洲一体化理论中的政府间主义》,《欧洲》2001 年第 6 期。

⑧ 张曙光、张胜军:《欧洲一体化理论中的自由政府间主义》,《国际论坛》2011 年第 3 期。

和有价值的探讨。① 学者普遍认为欧洲一体化理论是多种理论合成的结果。比如朱立群教授认为欧洲一体化理论从根本上研究的是欧洲一体化的动力问题，不同理论流派从不同的角度针对不同的研究对象和变量对这一问题进行研究，不同的理论各具解释力，不存在一个关于一体化理论的统一的理论解释框架。② 王学玉教授也认为，没有任何一个理论对欧洲一体化所提供的单个解释与分析框架是全面的，欧洲一体化进程是由多种动力共同作用所形成的合力推动的。③ 此外，随着研究的深入，国内学者对于欧洲一体化研究的视角更加丰富，引入了政党视角。在对政党与欧洲一体化进程的相互作用研究上，很多学者发现欧洲各国的政党制度对于欧盟政策与一体化发展起到重要作用，如林建勋主编的《政党与欧洲一体化》④，李景治等著的《政党政治视角下的欧洲一体化》⑤，以及陶涛的《西欧社会党与欧洲一体化研究》⑥等。王明进在《欧洲联合背景下的跨国政党》一书中对于欧洲议会中的跨国政党体系和党团制度进行了介绍，将欧盟层面的政党政治引入国内研究中。⑦学者张磊通过案例分析和访谈等研究方法，分析了欧洲议会党团政治的发展与特点，也为国内关于欧盟机构的相关研究开辟了新的视角。⑧

　　相比较为丰富的有关欧洲一体化主流理论和政党与欧盟机构的学术成果，国内学界还极少涉及关于后功能主义理论和欧洲一体化的政治化研究。学者李明明是第一位将后功能主义理论引入国内欧洲一体化研究的学者，他对后功能主义的理论内容和创新点进行了梳理，并对该理论的不足之处进行了评析。⑨ 此外，他在《论欧洲一体化的政治化进程》一文中将欧洲一体化的政治化定义为国内政治行为体动员大众关注、参与和推动欧盟决策争论的进程，作者认为欧盟跨国政策领域应当能让大众话语突破成员国传递到欧盟层面，这样才能减少欧洲一体化政治化的负面影响。⑩ 在《欧洲一体化的政

① 房乐宪：《欧洲政治一体化：理论与实践》，中国人民大学出版社，2009。
② 朱立群：《欧洲一体化理论：研究问题、路径与特点》，《国际政治研究》2008 年第 4 期。
③ 王学玉：《欧洲一体化：一个进程，多种理论》，《欧洲》2001 年第 2 期。
④ 林勋建主编：《政党与欧洲一体化》，当代世界出版社，2000。
⑤ 李景治等：《政党政治视角下的欧洲一体化》，法律出版社，2003。
⑥ 陶涛：《西欧社会党与欧洲一体化研究》，北京大学出版社，2001。
⑦ 王明进：《欧洲联合背景下的跨国政党》，当代世界出版社，2007。
⑧ 张磊：《欧洲议会中的党团政治》，北京大学出版社，2013。
⑨ 李明明：《后功能主义理论与欧洲一体化》，《欧洲研究》2009 年第 4 期。
⑩ 李明明：《论欧洲一体化的政治化进程》，《社会科学》2012 年第 11 期。

治化与欧盟成员国主流政党的应对战略——以欧债危机发生后的德、英、法三国为例》一文中，李明明主要分析了政治化对欧盟主要国家主流政党政治策略方面的影响，通过比较英国、法国和德国执政党面对政治化所采取的不同策略，作者认为法国社会党的"参与和引导战略"最为有效。[1]

在欧洲一体化与疑欧主义的关系上，李明明于 2009 年发表了《论疑欧主义及其大众根源》一文，文中作者对疑欧主义的概念进行了界定，然后通过对欧洲晴雨表的数据分析，从大众的角度分析了疑欧主义的原因，认为经济理性、对欧盟机制的不信任和不认同是大众疑欧主义产生的原因。[2] 李明明、徐燕在《欧盟内部疑欧主义问题初探》一文中主要就疑欧主义的含义、疑欧主义如何影响欧盟政治、疑欧主义的发展态势及后果这三个方面进行论述，作者认为疑欧主义之所以产生，并不仅仅是欧洲一体化的问题，欧洲各国的国内背景也起到极为重要的作用。[3] 在国别疑欧主义研究上，李明明分别对捷克、挪威和土耳其等国的政党疑欧主义和大众疑欧主义以及欧盟政策进行了研究，分析三国疑欧主义产生的原因、特点及其政策影响，其中也提到了三国激进右翼政党对疑欧主义的推动作用。[4] 在英国脱欧公投的背景下，学者曲兵和王朔对英国疑欧主义进行了梳理，认为英国的疑欧主义是多种因素综合影响的产物，将会长期持续下去。[5]

三 研究述评与创新点

（一）研究述评

国内外学者在激进右翼政党和欧洲一体化的政治化相关研究中都做出了各具特色的学术贡献，在他们的努力之下，激进右翼政党以及欧洲一体化政治化的研究视角向多元化发展，相关学术研究如今已成为对欧洲政治现状研究中不可忽视的关键点。然而同样也必须看到，现有研究仍有以下不足之处。

首先，虽然目前国内学者对于激进右翼政党的研究愈加重视，但与国外

---

① 李明明：《欧洲一体化的政治化与欧盟成员国主流政党的应对战略——以欧债危机发生后的德、英、法三国为例》，《欧洲研究》2017 年第 2 期。

② 李明明：《论疑欧主义及其大众根源》，《国际观察》2009 年第 6 期。

③ 李明明，徐燕：《欧盟内部疑欧主义问题初探》，《国际论坛》2011 年第 4 期。

④ 李明明：《捷克的疑欧主义及其欧洲政策探析》，《国际观察》2016 年第 6 期；《拒绝欧洲化？土耳其疑欧主义的兴起》，《国际观察》2011 年第 4 期；《论挪威的疑欧主义及其"欧洲问题"》，《欧洲研究》2010 年第 6 期。

⑤ 曲兵、王朔：《透视英国的"疑欧主义"》，《现代国际关系》2016 年第 4 期。

的研究相比，国内研究成果存在视野、分析层次和研究方法相对单一的问题。大部分文献将激进右翼政党的崛起视为因变量和给定条件，着重对其崛起原因进行分析。很少有学术成果将激进右翼政党作为自变量，将其对欧盟和欧洲一体化产生的影响进行系统化研究。不仅如此，关于西欧激进右翼政党的研究大多流于表面和描述性分析，也没有与欧洲一体化相关理论进行有效结合，欠缺理论深度。

其次，大多数关于激进右翼政党和欧洲议题政治化的国内外学术研究将视野局限在单一的国内层面和个人层面因素，而对欧盟政治层面的因素并没有太多涉及，这使研究缺乏全面性的视角。事实上，如今无论是激进右翼政党还是欧洲一体化政治化的影响力都已经在欧盟机构中有所表现。

最后，就欧洲一体化的政治化研究而言，激进右翼政党对于研究民意因素之于欧洲一体化的影响具有重要意义，尽管有很多学者提及了激进右翼政党在政治化过程中潜在的作用，但并没有对此展开具体分析论述。另外，政治化不仅仅是欧盟职能扩大化和政治行为体推动下的产物，还会反过来对欧盟政治产生影响，学界也欠缺对政治化影响的系统分析。

（二）创新点

首先，本研究选题具有前沿性。激进右翼政党的崛起与欧洲一体化的政治化是近年来欧洲政治中的新趋势和重要现象。它们是欧洲政党政治和民意新动向的直接反映，也是理解当今欧盟精英驱动策略乃至欧洲一体化进程症结的关键。

其次，本研究为欧洲一体化研究提供新的视角。本研究将激进右翼政党作为研究对象，与欧洲一体化的政治化概念和后功能主义理论相结合，从成员国国内政治的新视角解释当前现有主流欧洲一体化理论所无法解释的政治现象。一方面，欧洲一体化不断深入国内政治领域，对成员国国内的政治生活产生越来越重要的影响；另一方面，国内政党政治是欧洲一体化和欧盟政治进一步发展的基础，因为欧盟三大机构——欧盟委员会、欧洲理事会和欧洲议会——归根到底是由各成员国领导人和主流政党领袖所领导和掌控的。疑欧主义研究专家保罗·塔格特和亚历克斯·斯泽比亚克就曾指出，"绕过对国内政治的了解而直接研究欧洲一体化是错误的"①，这体现了国内政治与

---

① Paul Taggart, Alexs Szczerbiak, "Parties, Positions, and Europe: Euroscepticism in the EU Candidate States of Central and Eastern Europe", SEI Working Paper, No. 46, University of Sussex, Brighton, UK, 2001.

欧洲一体化研究的内在联系。

再次，本研究加入了欧盟政治因素的变量，这对于现有欧洲议题政治化和激进右翼政党的分析框架是一个重要补充。西欧激进右翼政党近年来在欧洲议会选举中取得了不俗战绩，它们有机会在国内层面之外，即欧盟机构层面采取相应政治策略推动欧洲议题的进一步政治化，进而通过间接或直接的方式影响欧盟政治。

最后，本研究系统化分析了西欧激进右翼政党及其推动的政治化对欧洲政治的影响，并界定了其影响路径。学者祖恩曾指出，关于欧洲议题政治化影响的研究是不可避免的，因为只有这样才可以理解政治化是否真正值得研究。① 本研究在第五章中将激进右翼政党与欧洲议题政治化当作自变量，从公众议程、国内政党政治和欧盟政治三个递进层级分析其对欧洲政治的影响。

第三节 研究方法

其一，文献分析法。

文献分析法是本书所采用的主要研究方法。通过对国内外关于激进右翼政党和欧洲议题政治化的最新学术专著、文章以及政党历届选举的竞选纲领等文献资料进行收集和整理，这些论著和资料让笔者对激进右翼政党和欧洲政党政治的最新动态有更全面的了解，更为本书的研究提供了丰富的资料和许多可以借鉴的观点。

其二，统计分析法。

为了更清晰地体现西欧激进右翼政党对民意的影响，本书对欧洲晴雨表（Eurobarometer）、欧洲社会调查（European Social Survey）、欧洲价值观调查（European Values Survey）、莫利调查机构（Ipsos MORI）、英国社会态度调查（British Social Attitudes Survey）和1999～2014年教堂山专家民意测验报告（1999－2014 Chapel Hill Expert Survey）等数据中关于欧洲一体化等议题的民调等数据进行量化分析，通过统计表和统计图的方式科学、简明地将民意和西欧激进右翼政党推动政治化的有关数据进行分析与展示。

---

① Michael Zürn, "Opening up Europe: Next Steps in Politicisation Research", *West European Politics*, Vol. 39, No. 1, 2015, p. 178.

其三，话语分析法。

正如学者伊夫·梅尼所言："无论反欧盟的民粹主义话语信息多么过分、自相矛盾、混乱和令人不快，它都是值得研究的。"[1] 激进右翼政党的特色之一就是富有魅力的政治领袖，在推出本党政策纲领、接受采访和进行演说时，他们总能用一些简单直接、风趣幽默又富有煽动性的话语来获取选民的支持。本书在第四章中主要运用话语分析法对西欧激进右翼政党党魁和成员的公开声明和对欧言论进行分析，有助于进一步解释激进右翼政党构建欧洲议题、塑造民意的过程以及它们如何将欧洲议题推向政治化。

其四，层次分析法。

层次分析法能够更加有效、系统地剖析不同变量和层次之间的因果关系。传统欧洲研究的层次分析主要关注"国家"与"超国家"两个层次在欧洲一体化进程中的作用[2]，而在后功能主义理论的分析框架中，"国家"层次之下细化为更加微观的"民众"与"政党"层次。本书第五章将激进右翼政党推动欧洲议题政治化的影响路径分为公众议程、国内政党政治和欧盟政治三个递进层次。

第四节　研究结构框架

本书分为绪论、主体和结论部分，其中绪论部分将提出本书研究对象激进右翼政党和欧洲一体化的政治化现象的研究背景、研究意义，在对国内外研究现状进行梳理的基础上，提出本研究的创新之处，以及主要运用的研究方法。

主体部分共有五个章节。第一章主要是对本书研究对象欧洲一体化的政治化核心概念和后功能主义理论框架进行阐述。首先，本章的第一部分通过解释政治化的两种构成维度（欧洲议题的显著性和政党及民众对欧立场的极化），对欧洲一体化的政治化进行概念界定。其次，对欧洲一体化的政治化现象进行了历史追溯分析，阐述欧洲议题如何从"宽容性共识"发展到"限制性异议"阶段。欧洲一体化政治化的发展历程在一定意义上就是民众

---

[1]　Yves Mény, "Conclusion: A Voyage to the Unknown", *Journal of Common Market Studies*, Vol. 50, No. S1, 2012, pp. 154 - 164.

[2]　张鹏：《层次分析方法：演进、不足与启示——一种基于欧盟多层治理的反思》，《欧洲研究》2011 年第 5 期。

疑欧主义不断发展的过程。再次，将主流欧洲一体化理论中的政治化概念进行梳理和阐释，认为无论是新功能主义理论还是政府间主义都忽视了民意以及政治化的负向作用。最后，阐释了后功能主义的理论逻辑，并进一步解释后功能主义理论与激进右翼政党的内在联系，引出本书分析逻辑。

第二章主要对本书的另一研究对象激进右翼政党及其疑欧主义立场进行研究。在界定了政党疑欧主义内涵、分类和来源以及激进右翼政党的概念和崛起背景与表现后，重点解释激进右翼政党的意识形态与其疑欧主义的关联，认为激进右翼政党所秉持的本土民族主义和民粹主义意识形态是推动激进右翼政党采取疑欧主义立场、将欧盟和欧洲一体化建构为他者认同以及推动欧洲议题政治化的基础。然而政治化的发展不仅限于政党疑欧主义的单方面推动，政治化过程中民众的疑欧主义需求及其与政党的互动关系也是重要因素，当政党认为自身疑欧主义立场与选民需求相符合时，它们更有动机为获取选票推动欧洲一体化的政治化。

第三章构建了研究激进右翼政党推动欧洲一体化政治化动机的分析框架，主要借用了选举市场理论中的需求与外部供给模型。首先，从选民需求的角度来看，欧洲一体化导致选民不满的经济、移民、价值、认同等危机都是引发民众疑欧主义情绪上升的重要原因。后功能主义者认为民众对欧洲一体化问题的看法经历了从"宽容性共识"到"限制性异议"的过程，这背后的原因是欧洲一体化多年来根深蒂固的制约性因素难以消解，欧洲民众与欧盟之间的裂痕愈发加深。供给因素主要解释了有助于激进右翼政党推动政治化的政治机会结构，包括主流政党的亲欧共识和大众媒体的助推作用等。后功能主义者认为，主流政党一般拒绝将欧洲一体化议题推向议程和政治化，相比主流政党，激进的民粹主义政党更可能会在选举中利用欧洲一体化议题。

第四章对激进右翼政党推动欧洲一体化政治化的策略进行探析。后功能主义理论认为欧洲议题易被政党所建构，这种议题的可建构性为激进右翼政党通过政治策略在欧洲一体化议题上施加影响提供了条件。欧洲议题显著度和对欧立场的极化是政治化的重要维度，激进右翼政党主要通过议题强调策略、对欧洲议题的架构策略以及在欧洲议会层面的跨国合作策略，不断推动欧洲议题显著度和对立程度的加深。

第五章主要分析了激进右翼政党推动欧洲一体化政治化的策略对欧洲政治和欧洲一体化的影响。在激进右翼政党的推动下，欧洲一体化日益加深的政治化态势将在国内政治中的公众议程、政党政治和欧盟政治三个递进层次的政治场域中引发对欧洲政治的深远影响。本章将对这三种层次的影响内容进行逐一分析,并对它们具体的影响路径做出诠释与总结。

最后,结论部分归纳并解答了本书的几个主要研究问题,总结研究的基本观点和结论,并为欧盟应如何走出政治化困境提供建议。后功能主义理论对于政党推动政治化的路径及其对欧盟政治生态产生的消极影响,具有较准确的预测性。然而,后功能主义过于强调政治化负面价值的理论假设过于偏颇。欧盟精英应将欧洲一体化的政治化作为契机,消解民众疑欧情绪,推动欧洲一体化进程实现从"限制性异议"到"限制性共识"的转变。一方面,欧盟精英应积极参与关于欧洲议题的公开政治讨论,重新主导关于欧盟事务在公众领域的话语权;另一方面,应持续推动惠民政策的实施与宣传,回应民众的诉求、提高民众的福祉。

第一章

欧洲一体化的政治化：概念、
发展历程与理论视野

　　本章主要介绍欧洲一体化的政治化现象的基本内涵和发展趋势，并追溯欧洲一体化的政治化现象在主流一体化理论中的发展与对比。尽管新功能主义和政府间主义理论长期以来对欧洲一体化进程具有较强的解释力，然而，这两大主流理论范式并没有太多涉及有关民意及其所推动的认同政治方面的内容。后功能主义理论将民意与认同因素纳入其解释框架中，对欧洲一体化政治化的理解更能解释当前欧洲社会政治现状。本章最后解释了激进右翼政党与后功能主义理论和政治化概念的联系，点明本书的基本分析逻辑。

第一节　欧洲一体化政治化的概念

　　自 20 世纪 90 年代以来，有关欧洲一体化进程的争议性与日俱增，民众对欧盟框架内的政策制定和国内选举竞争中的欧洲一体化问题越加关注，欧盟与各成员国主流政党和政府精英不得不在欧洲问题相关决策中考虑民意因素，这种现象被学界称为欧洲一体化的政治化。近年来，政治化已经成为欧洲一体化研究的重要概念，有关政治化现象研究的增多反映了欧洲一体化进程所面临的挑战和问题。新功能主义者菲利普·施密特也承认："欧洲一体化的研究者没有人会否认政治化自 20 世纪 80 年代后就开始发生了。"[①] 在欧

---

① Philippe Schmitter, "On the Way to a Post-functionalist Theory of European Integration", *British Journal of Political Science*, Vol. 39, No. 1, 2009, pp. 211 – 215.

盟多重危机背景下，民众对于欧盟处理危机时的政治策略越发不满，这标志着欧盟的精英主义驱动策略已经到了一个关键的时间节点。学者德弗里斯指出，欧盟正面临着存在性挑战与治理悖论：前所未有的跨国治理发展程度招致了公民更激烈的反对，然而欧盟却比以往更加依赖民众的支持以维系自身合法性。① 因此，无论是作为研究概念还是政治策略，政治化都成为理解当今欧洲一体化进程症结的关键。

政治化的含义是什么？对此问题，学术界众说纷纭。从广义而言，政治化意味着将一个本不属于政治领域的议题纳入政治领域的行为或需求，更通俗地说，就是把本与政治无关的事务变成政治的。早在 1960 年，美国政治学家埃尔莫·谢茨施耐德（Elmel Schattschneider）在其著作《半主权民主》中，虽然并没有直接提到政治化的概念，但他创造性地提出了具有"强度、可见度、方向和扩散程度"四大维度特性的"冲突"（conflicts）是政治的基本要素的论点，并指出了民众通过这种"冲突"因素进入政治过程的可能性。② 这为后来学者对政治化含义的界定奠定了基础。从这个角度出发，政治化可以被定义为在政治体制和公众空间内冲突范围的扩大和政治讨论的增多。1968 年，新功能主义者施密特成为首个给政治化下定义的学者，他认为政治化是共同决策中的争议性和分歧不断增加的政治进程。施密特指出，国家行为体渐渐发现自己卷入了越来越具有争议性的决策领域，这会激起越来越多的民众对欧洲一体化的兴趣并积极参与其中。③ 后功能主义理论的创始者莉斯贝特·霍克和加里·马科斯认为政治化意味着在地区一体化进程中决策争论不断增加的现象。④

皮特·德·维尔德指出政治化概念的特点实际上是一种对政治的社会性理解。政治化的研究对象不再是传统的政府和欧盟机构，而是各种参与欧盟政治的社会政治行为体，如政党、大众媒体、公民和利益集团等，它们可以

① Catherine De Vries, *Euroscepticism and the Future of European Integration*, Oxford：Oxford University Press, 2018, p. 3.

② Elmer Schattschneider, *The Semi-Sovereign People：A Realist's View of Democracy in America*, New York：Holt, Rinehart and Winston, 1960, pp. 3, 16.

③ Philippe Schmitter, "Three Neo-functional Hypotheses about International Integration", *International Organization*, Vol. 23, No. 1, 1969, p. 166.

④ Liesbet Hooghe and Gary Marks, "Politicization", in Erik Jones, Anand Menon, and Stephen Weatherill (eds.), *The Oxford Handbook of the European Union*, Oxford：Oxford University Press, 2012, p. 840.

激起民众的反馈，因此他将政治化定义为"民意、利益或价值观极化程度的增加，以及它们在欧盟框架内被推向政策制定进程的程度"，根据他的理解，政治化囊括了将自己标榜为民众代表的不同行为体之间的观点和立场的对立，从这个意义上讲，政治化议题意味着在特定社会话题上民意的显著度与多样性，如果围绕该议题的对立加深和民众对公众政策的需求增多，就可以说这个议题被政治化了。① 值得一提的是，维尔德还与学者迈克尔·祖恩一起构建了政治化的分析框架模型，即将欧洲议题政治化的从无到有分为三个连续的步骤：欧盟持续增加的权威、政治机会结构（Political Opportunity Structure）、政治化。首先，欧盟持续增强的权威是指随着成员国持续向欧盟让渡主权，欧盟的权能不断增加，其影响力最终触及成员国国家核心主权而引起了民意反弹，这种权威包括层级、范围和包容性三个方面的因素。其次，欧盟权威的增强并不能自然而然地带来政治化程度的提升，需要中介性因素进行"再加工"从而触发政治化，这种中介性因素指政治机会结构。两位学者认为，政治机会结构包括国家对主权与欧洲一体化之间关系的叙事与话语、媒体对于欧洲议题的接受度、国家政党竞争以及欧洲一体化的关键性事件等。最后，随着欧盟权威的增强和政治机会结构的不断发展，政治化现象最终在国内政治层面得到了凸显，主要表现为：一是民众对欧洲议题意识的增强，这主要体现在公民对于欧盟事务政治重要性的认识增强以及媒体对欧盟政策相关报道的增多；二是政治动员的增加，国家议会层面出现了更多有关欧盟事务的讨论，而且越来越多的政党参与这些讨论；三是民意的极化，民众一方面对于欧盟的信任度和支持率逐渐下滑，另一方面在欧洲议题上的意见分歧愈加明显。②

学者保罗·斯坦森（Paul Statham）和汉斯-约尔格·特伦茨（Hans-Jörg Trenz）认为，政治化不同于政治机构中幕后不为人知的政府精英间的谈判和争论，因为政治化是公开可见的。在他们看来，政治化意味着跨国议题成为公众领域争论的对象，而了解政治化最重要的社会场域是媒体，因为媒

① Pieter De Wilde, "No Polity for Old Politics? A Framework for Analyzing the Politicization of European Integration", *Journal of European Integration*, Vol. 33, No. 5, 2011, pp. 559 – 575.
② Pieter De Wilde and Michael Zürn, "Can the Politicization of European Integration Be Reversed?", *Journal of Common Market Studies*, Vol. 50, No. 1, 2012, pp. 137 – 153.

体是将关于跨国议题的不同观点传递给民众的重要媒介。[1] 斯温·胡特和埃德加·格兰德则将政治化研究局限于国家政党政治领域，他们将政治化定义为"在政党政治体制内关于欧盟事务对抗范围的扩大"，政治化事关在选举竞争中不同议题对于政党的显著度，以及不同政党在这些议题上的立场差异。[2] 丹麦奥胡斯大学政治学教授克里斯托弗·格林-彼德森则采用相对狭义的解释，即政治化是关于显著度的政治现象，换句话说，即政治化意味着欧洲一体化议题在政党议程和选民议程中具有很高的显著度。[3]

综上可见，尽管不同学者对于政治化含义的界定有所区别，但是其共同点在于都将"显著度"和"争论"（或冲突）等特征加入定义之中，认为在议题得到较高关注度的基础上，政治化不可避免地与议题的争议、对抗和政治对立相关联。可以看出，几乎所有的政治化研究都认为政治化是一种多维度概念，即认定政治化由显著度和立场冲突两个维度构成。

第一个维度是欧洲一体化议题显著度（issue salience）。也有学者将其称为关注度（visibility）、公众讨论的强度（intensification）、议题重要性（importance）等。一定程度的关注度对于形成政治对立是非常有必要的。只有那些被政治行为体推向公众讨论的话题才能被称为政治化，如果把议题限制在精英层面，并与民众隔绝开来，导致没有人谈论这个议题，那么政治化就无从谈起。维尔德认为，政治化需要"民众有能力了解讨论的过程"。[4] 祖恩也指出对国际机构的社会意识的普遍觉醒是政治化进程的核心要素。[5] 因此，显著度是政治化的根本前提和最基本的维度，立场冲突维度无法替代显著度的重要作用。欧洲一体化议题一直以来都处于民众关注的盲区，西斯·范德伊奇克（Cees van der Eijk）和马克·富兰克林（Mark Franklin）在2004年用欧洲议题在国内政治中表现得像"沉睡的巨人"这一比喻生动地

[1] Paul Statham and Hans-Jörg Trenz, *The Politicization of Europe. Contesting the Constitution in the Mass Media*, London: Routledge, 2013.

[2] Swen Hutter and Edgar Grande, "Politicizing Europe in the National Electoral Arena: A Comparative Analysis of Five West European countries, 1970 – 2010", *Journal of Common Market Studies*, Vol. 52, No. 5, 2014, pp. 1002 – 1018.

[3] Christoffer Green-Pedersen, "A Giant Fast Asleep? Party Incentives and the Politicization of European Integration", *Political Studies*, Vol. 60, No. 1, 2012, pp. 115 – 130.

[4] Pieter De Wilde, "No Polity for Old Politics? A Framework for Analyzing the Politicization of European Integration", *Journal of European Integration*, Vol. 33, No. 5, 2011, p. 568.

[5] Michael Zürn, Martin Binder, Matthias Ecker-Ehrhardt, "International Authority and its Politicization", *International Theory*, Vol. 4, No. 1, 2012, pp. 69 – 106.

诠释了这一点，因为尽管民意在欧洲议题上有较大分歧，但是政党或其他行为体并没有讨论这个议题，所以欧洲议题显著度较低。[①] 简言之，欧洲一体化的显著度意味着欧盟事务成了"日常政治"的一部分。

第二个维度是民众和政治行为体在欧洲一体化议题立场上的极化程度。也有学者将该维度称作"冲突的程度"（extent of conflict）或"争议"（controversies）。不同社会群体或政治行为体的态度分化是政治化的必要条件。前文提到，政治学者谢茨施耐德就指出，政治的关键特点就是冲突："所有政治之根本在于冲突对立是通用语言。"[②] 当政治行为体对某议题采取不同立场而形成对立时，议题立场就极化了。极化的含义是民众或政治行为体对议题形成持有相反立场的对立团体，并保证议题立场有足够的极化程度。在这个意义上，只有少数不同的声音不会被称为极化和政治化议题，政治化的产生必须要有对立鲜明的团体。政党之间的选举竞争可以看作不同政党在特定议题上采取不同的立场从而给选民提供不同选择的过程。对于特定议题而言，当相关政治行为体所秉持的态度和立场差距较大时，政治化程度就会相应升高，尤其是当有行为体采取极端立场时政治化程度就会更高。对于欧洲一体化议题而言，激进右翼政党自 20 世纪 90 年代以来就采取疑欧主义立场，与主流政党的亲欧立场相对，这就导致了政党体制内对欧态度的极化。

需要注意的是，显著度和立场对立两个维度标准必须要同时得到满足才会推动政治化的产生。一个议题也许会在民众中有足够的显著度却欠缺足够的分化态度，只能将其称为亟待解决的问题，如福利政策等议题；反之，一个议题也许会导致极化的民众态度却很难吸引选民的注意力，只能被看作潜在的冲突，如堕胎议题等。

因此，本书将政治化定义为一个政治议题受政治行为体推动从而进入大众政治领域，并引起民众和政治精英参与和争论的政治进程。欧洲一体化的政治化则意味着欧盟事务已经进入了"日常政治"领域，与福利制度和社会政策改革等议题一样成了政治精英和民众讨论的对象。

---

① Cees van der Eijk and Mark Franklin, "Potential for Contestation on European Matters at National Elections in Europe", in Gary Marks and Marco Steenbergen (eds.), *European Integration and Political Conflict*, Cambridge：Cambridge University Press, 2004, pp. 32 – 50.

② Elmer Schattschneider, *The Semi-Sovereign People：A Realist's View of Democracy in America*, New York：Holt, Rinehart and Winston, 1960, p. 2.

第二节　欧洲一体化政治化的发展历程

一　第一阶段："宽容性共识"

欧洲一体化的政治化并不是一种完全崭新的政治现象，欧盟委员会和理事会的权力斗争始自欧共体成立之初。1965 年轰动一时的"空椅子危机"[1]、欧共体的制度改革和英国的欧共体成员国席位等问题在公众领域和跨国领域都曾引发过激烈讨论。然而，早期的政治化是分散的，只局限于特定的政策领域和个别成员国，并没有在民众中掀起风浪，欧洲各国民众普遍秉持着相对宽容的亲欧态度。这是由国际和国内两个层面的原因所决定的。

从国际背景看，一方面，二战后如何妥善处理好"德国问题"是欧洲各国民众关注的焦点。在美国的大力支持下，联邦德国的经济迅速复苏，重新武装德国的趋势愈加明显，这引发了法国政府和民众的极大不安，因此，通过将各成员国的煤钢工业以及其他权能纳入超国家机构的管制之下，可以削弱联邦德国的工业生产优势而遏制其发展势头，从而消除战争风险，这符合法国的根本利益。而从联邦德国的角度看，联邦德国只有在法德和解以及西欧联合的背景下，才能真正实现其恢复主权和经济复苏的目标，消除其他国家对联邦德国民众的歧视和恐惧，并实现联邦德国的"正常化"。对欧洲其他国家民众而言，他们对纳粹的暴行依然记忆犹新，也忌惮强大的法西斯德国的再一次出现，而欧洲一体化无疑有助于法德两大强国关系的缓和，而法德实现和解是本国乃至整个欧洲获得长久和平的最有效途径。因此，在各方利益的汇合之下，欧洲煤钢共同体以及之后的欧洲经济共同体应运而生，这也自然得到了民众的广泛支持。另一方面，冷战时期美苏两强的对峙也成为亲欧共识的最重要的国际时代背景。在两大超级强国的面前，欧洲各民族国家仅凭一己之力很难维系并重树自身往日的政治影响力和国际地位。在冷战期间，欧洲成了美苏对峙的重要战场。欧洲共同体被欧洲各国民众视为抵御苏联军事威胁的重要保护伞，因此任何对欧洲合作计划的反对都被视为不明智的，因为这会在一定程度上破坏欧洲来之不易的安全环境。

---

[1]　1965 年，联邦德国试图将欧共体部长理事会的表决机制从全体通过制改为多数通过制，从而扩大欧共体的权力，法国对此采取了消极抵制的"空椅子政策"——法国驻欧共体代表连续六个月缺席欧共体会议。

从国内政治的角度看，在欧洲一体化初期，欧洲事务对于民众而言很难算作有吸引力的政治议题，政治化更是无从谈起。后功能主义者认为其原因主要基于三点事实：第一，民众的对欧态度是非常肤浅的，这就很难为其政治立场提供稳定的选举动机；第二，欧洲议题对于欧洲大众而言具有很低的显著度，因而对政党竞争几乎没有任何影响力可言；第三，欧洲一体化议题是独特的，与传统政治竞争结构几乎没有关系。[①]

从这个意义上来看，在 20 世纪 60 年代到 80 年代末的欧洲政治领域，民意、疑欧主义和欧洲议题政治化都处于边缘化的地位。一方面，欧洲共同体对于成员国和民众日常生活的影响还非常有限，议题的政治争论往往会被欧盟政治精英和政府间行为体所刻意限制，他们去政治化的策略使大部分欧盟政策能够绕过民众的视线和监督得以有效实施。而且在欧洲一体化早期，欧洲议会议员都是由各成员国政府直接委派，因此欧洲议会主要由主流政党的亲欧议员所牢牢掌控。另一方面，主流政治精英俨然成为跨国主义指导下欧洲一体化合作的捍卫者，因为国际经济技术交流的成本越低，国家的经济增长速度和经济体量就会越大，欧洲一体化无疑会极大促进国家的经济繁荣，这也是二战后满目疮痍的欧洲各国最需要的良药。政治精英们也不希望合作进程受到民意等其他因素的干扰，因此，一直以来西欧的政党体系以"亲欧共识"为特点，尽管在欧洲一体化的历史中仍因国家利益不同而时有对抗，然而各成员国的主流政党都支持欧洲一体化向着政治一体化的方向迈进。同时，选民也不会把欧洲议题视为非常重要的政治议题，这就为主流政党的亲欧共识创造了机会，在欧洲议题上的选举竞争会让位于其他关键的国内议题。

在欧洲一体化进程推行初期，民众与欧盟精英的"蜜月期"关系可以用"宽容性共识"（Permissive Consensus）来概括。[②] 其中"共识"指民众与主流政治精英认为一体化的深入与发展符合本国的利益，也有利于欧洲国家整体经济发展的一致态度；而"宽容"意味着民众长期以来对欧盟和主流政党精英的政治承诺及相应政策持总体上的包容态度。换句话说，国家和欧盟政治精英所达成的各项协定与政治主张和民众意见相隔绝，民众虽对此不知

---

①　Liesbet Hooghe and Gary Marks, "A Postfunctionalist Theory of European Integration: from Permissive Consensus to Constraining Dissensus", *British Journal of Political Science*, Vol. 39, No. 1, 2009, pp. 1 – 23.

②　Leon Lindberg and Stuart Scheingold, *Europe's Would-be Polity*, *Patterns of Change in the European Community*, Englewood Cliffs: Prentice Hall, 1970.

情，但对精英的决策以及国家领导人在欧盟的活动表示总体上的信任，认为他们会维护国家利益和提高民众生活水平。因此，在这个阶段中，无论是出于对欧议题的冷漠态度，还是出于对政府和精英的无条件信任，选民都选择支持欧洲一体化的进程。

二　第二阶段：《马斯特里赫特条约》——向"限制性异议"的转折点

长期以来，民意与欧洲一体化进程被视作风马牛不相及的两个政治因素。这个观点在新功能主义理论创始人厄尔斯特·哈斯（Ernst Haas）的著作《欧洲的团结》中有很好的展现，哈斯这样写道："向民意测验中投入资源是不可行且没有必要的。只需要挑出各成员国的政治精英，研究他们对一体化的反应和态度变化就已经足够了。"[1] 直到 20 世纪 80 年代末，在民众"宽容性共识"的基础上，鲜有关于欧共体跨国争议的例子出现。然而这一切都在 20 世纪 90 年代发生了改变，一方面，苏联的解体使得西欧民众的安全危机感骤减，欧共体（欧盟）对民众的保护伞作用已经"过时"，欧洲各国联合的凝聚力受到一定削弱，而东西德的统一则使得"德国问题"再次出现，德国实力和战略地位的上升打破了欧共体（欧盟）内部力量的平衡，引发了其他成员国及民众的紧张和戒备。另一方面更为重要的是，1991 年末《马斯特里赫特条约》（简称《马约》）的签订标志着政治精英可以无视民意单方面推动一体化进程的"宽容性共识"的日子已然一去不复返了。霍克和马科斯把《马约》视为欧洲一体化的政治化进程和"限制性异议"（Constraining Dissensus）的开端，他们认为："和 1991 年的《马斯特里赫特条约》一起，欧洲一体化的决策进入了政党竞争、选举和全民公决的有争议的世界。"[2] "限制性异议"意指民意和国内政党政治围绕欧洲议题的政治冲突对欧洲一体化进程产生阻碍作用的政治现象。这反映了民众与精英之间的隔阂，后者应当将大众不满的意见纳入决策考虑。

《马约》的签订标志着欧洲一体化从经济融合计划变为政治和文化融合

---

① Ernst Haas, *The Uniting of Europe*: *Political*, *Social*, *and Economic Forces* 1950 – 1957, Stanford: Stanford University Press, 1958, p. 17.

② Liesbet Hooghe and Gary Marks, "A Postfunctionalist Theory of European Integration: from Permissive Consensus to Constraining Dissensus", British Journal of Political Science, Vol. 39, No. 1, 2009, p. 7.

计划，欧洲共同体从较为松散的经济共同体变为政治联盟。欧盟朝进一步民主化和跨国主义方向发展，其权威不仅扩展到了"核心国家权力"（core state powers）层面，即国家的行政权力、边境管控、内政事务和财政政策等领域①，而且影响到了公众生活的各个方面。当民众意识到欧盟真正有能力使用他们的纳税或边境警卫时，对成员国之间"你得即我失"的零和利益分配冲突的感知就越发强烈。此外，《马约》中明确提出了建立欧洲联盟的公民身份制度，国家公民的身份也悄然转化为欧洲公民。房乐宪教授指出："联盟公民权建设表明了欧洲政治一体化正在从多个方面突破民族国家的框架，向着更深入、更全面的方向迈进。"②然而，这种自上而下强行推动的公民权建设并没有顾及民众的感受，人员自由流动的政策使国与国之间的界限变得越来越模糊，部分民众担忧本国的民族认同受到侵蚀；在欧盟决策与其他政治事务中，公民几乎没有任何发言权和参与途径，这使得欧洲认同的建立难上加难。民众自此对欧盟的反对更加明显且多样化，他们也越发了解了欧盟的内涵，欧洲议题逐渐被纳入"正常的"政治讨论中来，在国内政治领域引发不同的声音，这标志着欧洲一体化政治化的开端。有学者评论道："《马约》使得民众更加了解欧盟对国家利益、主权和认同的影响，因此为右翼民众的疑欧态度提供了一个合理的理由。"③

欧盟事务的政治化自《马约》签订起蔓延到了欧盟大多数国家，随着欧洲一体化范围和深度的不断拓展，在国内选举竞争和公众领域中欧洲议题的显著度以及关于欧盟政策问题的争议有了明显提高。据学者统计，20世纪末的十年内，欧洲一体化议题在德、法、荷、英等六个西欧国家的国内大选选战中所受关注的比例由20世纪70年代的2.5%升至7%。④不仅如此，在公民层面，围绕欧洲议题的社会抗议运动数量也在20世纪90年代显著提升。⑤

---

① Phlipp Genschel and Markus Jachtenfuchs, "From Market Integration to Core State Powers: The Eurozone crisis, the Refugee Crisis and Integration Theory", *Journal of Common Market Studies*, Vol. 56, No. 1, 2018, pp. 178 – 196.

② 房乐宪:《欧洲政治一体化：理论与实践》, 中国人民大学出版社, 2009, 第139页。

③ Erika van Elsas and Wouter van der Brug, "The Changing Relationship between Left-Right Ideology and Euroscepticism, 1973 – 2010", *European Union Politics*, Vol. 16, No. 2, 2015, p. 202.

④ Hanspeter Kriesi, "How National Political Parties Mobilize the Political Potentials Linked to European Integration", *European Union Politics*, Vol. 8, 2007, pp. 83 – 108.

⑤ Doug Imig, "Contestation in the Streets: European Protest and the Emerging Euro-polity", in Gary Marks and Marco Steenbergen (eds.), *European Integration and Political Conflict*, Cambridge: Cambridge University Press, 2004, p. 232.

在此期间，随着欧洲议题政治化程度的升高，欧洲民众对于欧盟的满意度也急剧下滑。如图 1-1 所示，根据欧洲晴雨表的民调数据统计，自 1986 年《单一欧洲法案》签订以来，欧洲民众对欧共体的净满意度总体上在直线上升，摆脱了 20 世纪 70 年代末以来石油危机和经济滞胀带来的颓势，在 1991 年《马约》签订之际达到了历史新高的 63%，然而在《马约》签订后短短的六年之内，民众的净满意度从历史最高骤降到了历史新低的 31%。学者理查德·埃肯伯格（Richard Eichenberg）和拉塞尔·达尔顿（Russell Dalton）将这种 1991 年后民众对一体化进程支持率的下滑趋势称为"后马约蓝"（Post-Maastricht Blues），他们认为《马约》的签订彻底改变了欧洲一体化进程的性质，一体化逐渐触及社会安全和其他重要政策领域，引发了民众的强烈反抗。[1]

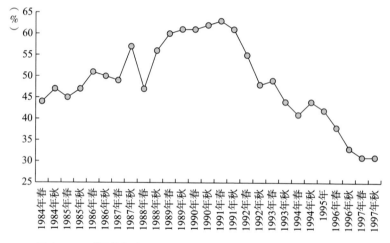

图 1-1　《马约》签订前后欧洲民众对欧盟的净满意率[2]对比

资料来源：欧洲晴雨表（Standard Eurobarometer），https://ec. europa. eu/commfrontof-fice/publicopinion/index. cfm/Survey/index#p = 1&instruments = STANDARD；Richard Eichen-berg and Russell Dalton, "Post-maastricht Blues: The Transformation of Citizen Support for Euro-pean Integration, 1973 - 2004", *Acta Politica*, Vol. 42, No. 2 - 3, 2007, p. 129。

---

[1]　Richard Eichenberg and Russell Dalton, "Post-maastricht Blues: The Transformation of Citizen Support for European Integration, 1973 - 2004", *Acta Politica*, Vol. 42, No. 2 - 3, 2007, pp. 128 - 152.

[2]　民众净满意率的计算方式主要参考 Richard Eichenberg and Russell Dalton, "Post-maastricht Blues: The Transformation of Citizen Support for European Integration, 1973 - 2004", *Acta Politica*, Vol. 42, No. 2 - 3, 2007, p. 129。由于早期欧洲晴雨表的民调统计中没有直接提出是否满意或信任欧盟（欧共体）的相关问题，所以图中净满意率的计算方法针对"大体而言，您是否认为（您的国家）在欧共体（或欧盟）成员席位是好（a good thing）还是坏（a bad thing），抑或是不好不坏？"的问题中的回答，将认为是"好"的比例减去认为是"坏"的比例即为民众对欧盟的净满意率。

三 第三阶段：东扩与欧盟危机——"限制性异议"的进一步发展

在 2004 年后，欧洲一体化的政治化局面已经进入了一个以认同政治突出、大众疑欧主义、激进右翼政党崛起为特点的新阶段。首先，欧洲认同政治的重要性增加，欧洲一体化的深入已经将认同问题和身份归属问题推向政治讨论的前台。欧洲一体化进程不仅仅局限于欧盟范围内部功能性合作领域的扩大，更包括以吸纳新成员国为标志的领土范围的扩展，这进一步模糊了东西欧的传统界限，移民国别和种族的变化也改变了欧洲的人口构成。自欧共体成立至今六十余年里，欧盟成员国数量从最开始的六个扩展至如今的二十七个，尤其是东欧国家的加入引发了西欧老成员国民众的忌惮和认同对立。他们一方面害怕本国的国家主权和传统经济优势会因此而葬送，另一方面也不希望本国民族认同的稀释甚至丧失。不仅如此，这种认同对立在近年来土耳其申请加入欧盟的过程中显得尤为突出，由于地缘位置和文化认同更偏向亚洲和伊斯兰化，土耳其不仅仅被欧洲民众视为各成员国认同的"外来他者"，更是与建立在欧洲基督文明之上的"欧洲认同"格格不入。

在这个阶段，政治化程度提升的另一个特征就是欧盟范围内民众疑欧情绪的加剧和疑欧主义势力的泛滥。反欧情绪的不断累积是近二十年来一体化进程的重要特点，欧洲一体化政治化的发展历程在一定意义上来说就是疑欧主义不断加强的过程。一方面，主流政治精英面对民众高涨的疑欧情绪被迫更多地采取公投的方式解决富有争议性的欧洲议题。自 1972 年出现第一次对欧公投以来一直到 1986 年，对欧议题的公投数量仅出现了六次；然而从 1986 年到 2009 年，围绕接纳新成员国、协议和单一欧洲议题的全民公投数量增至四十三个，不仅如此，欧洲问题的公投失败率在 21 世纪以来达到了40%，在 2010 年后失败率更是升至 60% 以上，[①] 其中最具代表性的就是法国和荷兰民众在 2005 年全民公投中将《欧盟宪法条约》否决。另一方面，欧盟所面临的多重危机在国家和欧洲层面都为反欧情绪和欧洲议题政治化提供了条件。欧盟和各国主流政党面对危机和选民的分裂诉求一筹莫展，这更加剧了民众对欧盟和建制派精英的反感。自 2015 年春季难民危机爆发以来，

---

① Fernando Mendez and Mario Mendez，"Referendums on EU Matters（PE 571. 402）"，Brussels：European Parliament. 2017. p. 32. http：//www. europarl. europa. eu/RegData/etudes/STUD/2017/571402/IPOL_STU（2017）571402_EN. pdf.

移民议题及其衍生的安全议题就成为欧洲公民最为关注的两个议题,议题的高显著度和对欧盟处理难民危机方式的不满进一步激发了民众的反欧情绪,也加深了成员国之间的龃龉。匈牙利总理欧尔班·维克多(Orbán Viktor)指出,我们必须承认欧盟失败的移民政策是导致这种现状的重要原因。① 这也是 2016 年英国通过全民公投脱离欧盟的重要原因之一。英国脱欧对于欧洲的疑欧浪潮具有重要意义,因为疑欧民众和政党看到了退出欧盟不再是一个虚无缥缈的理论性选择,而是一种真正的可能性,也表明欧洲一体化是可逆的。在这种背景下,激进右翼势力迅速崛起,这些政党通过各种政治活动和话语策略向民众展现、灌输欧洲一体化及欧盟的阴暗面和负面认知,从而推动欧洲一体化的政治化趋势,这也是本书讨论的重点。在激进右翼政党的影响下,反对大量移民涌入,反对国家内部不同文化认同的对抗,以及反对其他国家和国际机构的外部压力,捍卫国家文化、语言、主权的呼声在民众和政治话语领域中越来越高涨,民众和激进右翼政党对于欧盟非民主化特点的控诉和改革的诉求屡见不鲜。

无论在"宽容性共识"还是"限制性异议"时期,欧盟政治精英们不止一次向民众乐观地承诺,不断深入的一体化进程会自然而然地带来经济繁荣与和平。然而,尽管成员国的经济形势正在逐渐复苏,但如今的民意比过去反应得更加灵敏,民众已经从近年来的危机中认识到盲目信任欧盟政治精英是不可取的,这意味着民众希望得到针对当下危机切实可行的解决办法,而非欧盟精英干瘪的承诺和空头支票。面对多重危机背景下民众对欧盟反抗情绪的加剧,欧盟精英们也逐渐改变了自己原有的乐观态度,欧盟委员会主席让-克洛德·容克(Jean-Claude Juncker)指出欧盟正在面临着生存危机。② 前欧洲理事会主席唐纳德·图斯克(Donald Tusk)也不得不承认:"我们太痴迷于实现快速完全一体化的想法了,我们没能及时注意到欧洲普通民众并没有和我们一样秉持欧洲一体化的热情。他们对欧洲融合前景的幻想已然破灭,并要求欧盟更应该先处理好现实问题而不是沉溺于推进一

---

① The Guardian, "Migration Crisis: Hungary PM Says Europe in Grip of Madness", 2015, available at: https://www.theguardian.com/world/2015/sep/03/migration-crisis-hungary-pm-victor-orban-europe-response-madness, last accessed on 2 Nov, 2019.

② "EU is Facing Existential Crisis, Says Jean-Claude Juncker", available from: https://www.theguardian.com/world/2016/sep/13/jean-claude-juncker-eu-is-facing-existential-crisis, last accessed on 31 Jan 2020.

体化。"①

这可以通过民众对欧盟发展方向的变化看出端倪，如图 1 - 2 所示，根据欧洲晴雨表的民调数据，自 2009 年欧债危机至今，认为欧盟朝着错误方向发展的民众比例就一直领先于认为朝着正确方向的民众比例，并且在金融危机和难民危机发酵后期这一差距尤为明显，在 2011 年秋季的民调统计中，差距达到了历史最高的 46 个百分点。

经过三个阶段的发展，政治化现象已经成为欧洲一体化进程中一个不可逆转的事实。波士顿大学薇薇安・施密特（Vivien Schmidt）教授指出，以往欧盟治理以与政治无关和精英统治为特点，然而通常成员国的分歧可以关起门来通过精英协商解决的时代已经结束了，欧盟政治领域实现了从《马约》前"没有政治的政策"（policy without politics）到如今"有政治的政策"（policy with politics）的转变。②

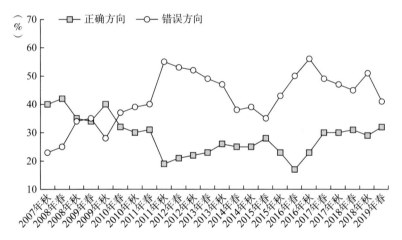

图 1 - 2　2007 ~ 2019 年欧洲民众对欧盟发展方向评价

资料来源：欧洲晴雨表（Standard Eurobarometer），https：//ec. europa. eu/com-mfrontoffice/publicopinion/index. cfm/Survey/index#p = 1&instruments = STANDARD。

如图 1 - 3 所示，自 20 世纪 90 年代以来，欧洲一体化政治化程度有了明显提升，而且政治化指数的峰值基本与欧洲一体化的重大进展事件相匹

---

① "Speech by President Donald Tusk at the Event Marking the 40th Anniversary of European People Party（EPP）", available from：https：//www. consilium. europa. eu/en/press/press-releases/2016/05/30/pec-speech-epp/, last accessed on 20 Oct 2019.

② Vivien Schmidt, "Politicization in the EU：between National Politics and EU Political Dynamics", *Journal of European Public Policy*, Vol. 26, No. 7, 2019, pp. 1018 - 1036.

配，如《马约》的签订、欧盟东扩、宪法公投和欧债危机等。此外，欧洲议题政治化程度的加深还可以通过欧洲民众对欧洲政治的了解程度和兴趣体现出来。根据欧洲晴雨表的统计数据，在面对"是否理解欧盟的运作方式"问题时，2006 年只有 40% 的民众认为自己理解欧盟的运行方式，而到了 2019 年，这个数字升至 62%；不仅如此，欧洲民众对参与欧洲政治议题讨论的兴趣也愈发浓厚，2006 年，有 59% 的民众表示自己会在和亲友的聚会中讨论与欧洲政治相关的话题，到了 2018 年，这个数字达到接近七成，上涨了 10 个百分点。[①] 这些数据都表明，欧洲一体化议题和欧盟事务已经进入了大众政治领域，引发了欧洲民众的兴趣和关注。

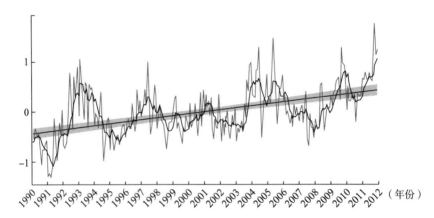

图 1 - 3　1990～2012 年欧洲议题的政治化趋势（纵轴为政治化程度指数）

注：图中灰线指每月指数值；黑线为六个月的滑动窗口均值；黑色直线是以月为单位的线性回归及其 95% 的置信区间。

资料来源：Christian Rauh，"EU Politicization and Policy Initiatives of the European Commission：the Case of Consumer Policy"，*Journal of European Public Policy*，Vol. 26，No. 3，2018，p. 347。

第三节　主流欧洲一体化理论与欧洲一体化政治化

长期以来，关于欧盟发展路径和动力的欧洲一体化理论之争主要围绕着新功能主义理论和政府间主义理论流派展开，欧洲一体化的政治化概念在两大主流理论中都有所涉及。

---

① 数据来源：https：//ec. europa. eu/commfrontoffice/publicopinion/index. cfm/Survey/index#p = 1&instruments = STANDARD。

一　新功能主义理论与欧洲一体化政治化

新功能主义理论起源于 20 世纪 50 年代末期，最早由学者厄尔斯特·哈斯在欧洲煤钢共同体和经济共同体建立的背景下创立。事实上，新功能主义是一种折中主义理论，受到两种理论的影响，即多元主义和功能主义。[①] 从前者来看，新功能主义者认为政府可以分解为多元化的组成部分，国家只是各个社会行为体（包括利益集团、政党以及国际机构等）追逐自身利益的场域，而非在国际体系中占据主要地位的政治行为体。因此，新功能主义者并不把国际政治看作国家间权力斗争的游戏，而是社会行为体之间的相互作用，现实主义者所推崇的权力政治，最终会被以技术和解决问题为导向的社会共识所取代。如果各社会群体认为跨国领域比国家层面更有机会协调和实现各方的共同经济利益，那么跨国机构治理框架下的地区一体化就会发生。从功能主义理论渊源来看，人类问题的跨国性和相互依赖性与本应解决这些问题的政治权威机构范围（通常以国家领土为基础）越加不相符，这也带来了管辖权改革（jurisdictional reform）的功能性压力。新功能主义理论把超国家机构框架下的国际合作看作各成员国减轻功能性压力的方式，认为实现共同利益的唯一方式是将部分国家职权转移到特定的超国家中心机构，从而在地方层面实现更深层次的治理。

然而与传统功能主义理论不同的是，新功能主义者认为一体化不断前进的动因不仅限于功能性压力，换句话说，这种压力只是影响地区一体化的必要的不充分条件。他们指出了欧洲一体化的两种主要推动力：政策的外溢效果以及政治行为体对跨国机构的认同感和忠诚转移，即功能性外溢与态度外溢。新功能主义尤其关注地区一体化所产生的发展动力如何从一个领域外溢到其他政策领域，换言之，某领域最初的合作目标必须要通过进一步的一体化进程才能够实现，最终形成功能性合作的良性循环。比如说，欧洲共同市场一旦形成，就会自然而然地带来欧盟范围内市场生产者所必需的环境和公共卫生等领域的标准统一。因此，新功能主义将欧洲一体化视为渐进式的过程，成员国在经济领域的合作会外溢到其他领域，且这种外溢过程不断自我持续，最终形成路径依赖，这也使得拒绝合作甚至去一体化的成本异常高

---

① Liesbet Hooghe and Gary Marks, "Grand Theories of European Integration in the Twenty-first Century", *Journal of European Public Policy*, Vol. 26, No. 8, p. 1114.

昂。欧盟的技术精英在聚集共同利益和推动外溢进程中发挥着重要作用。在外溢过程中，起初不愿意加入一体化合作的利益集团和政府精英，逐渐意识到它们无法仅从国家层面满足其功能性需求，便主动从国家政府领域加入超国家机构中的各种功能性合作领域，并将期望、政治活动和忠诚转移到超国家机构中，从而使各成员国的跨国联系和相互依赖日益增强。① 在这两种推动力作用下，欧洲一体化成为一种能动的过程而非给定的条件。

就新功能主义理论与欧洲一体化政治化的关系而言，事实上，早期新功能主义者最先创造了政治化这个概念，但是彼时他们没有重视民众的作用，认为普通民众影响欧洲一体化的可能性微乎其微。这是因为欧洲一体化是精英的产物，参与一体化进程的政治行为体（无论是政府决策者、政治说客还是政党发言人）无一例外都是精英领袖，欧洲一体化的精英主导属性决定着政策决策者要隔绝于民众监督和民意的影响，对一体化欠缺兴趣和理解的大众自然无法撼动这种精英驱动模式。② 然而随着新功能主义的进一步发展，哈斯、莱昂·林德贝格（Leon Lindberg）和施密特等著名新功能主义者开始更加关注民意的作用。他们逐渐认识到在欧洲一体化的最终步骤，即走向联邦国家之时，有可能会遭遇国内政治对立和民族主义兴起的挑战。但是在欧洲一体化的政治化问题上，他们都对民意推动欧洲一体化的深入充满信心。在他们眼中，如果把功能比喻为地区一体化的引擎，那么政治化有足够的潜力成为"驱动轴"（driving shaft），决定着"功能性压力是否、何时以及如何导致地区一体化"③。

哈斯认为，在新功能主义的框架内，民众的意见和民族认同并不会成为欧洲一体化的阻碍，因为民意的反抗可以通过一体化参与者的相互妥协和"提升共同利益"而解决。④ 在一个更加繁荣与成熟的社会中，利益的力量终将会战胜非理性的、虚无缥缈的民族主义理想和认同因素。"民族主义的

---

① Ernst Haas, *The Uniting of Europe: Political, Social, and Economic Forces* 1950 – 1957, Stanford: Stanford University Press, 1958, p. 16.

② Ernst Haas, *The Uniting of Europe: Political, Social, and Economic Forces* 1950 – 1957, Stanford: Stanford University Press, 1958, pp. 16 – 18.

③ Liesbet Hooghe and Gary Marks, "The Neo-functionalists were (almost) Right: Politicization and European Integration", in Colin Crouch and Wolfgang Streeck (eds.), *The Diversity of Democracy: Corporatism, Social Order and Political Conflict*, Cheltenham: Edward Elgar, 2006, p. 207.

④ Ernst Haas, "International Integration: The European and the Universal Process", *International Organization*, Vol. 15, No. 3, 1961, pp. 366 – 392.

原始力量最终会被人类寻求更好的生活和地位的功利主义自然欲望所战胜。"① 在这个背景下，民族认同终归会被具包容性的政治忠诚所取代，意识形态政治也会走向终结。

学者莱昂·林德贝格和斯图尔特·莎因戈德（Stuart Scheingold）提出了两种不同的欧洲一体化设想：第一种设想是一体化的深入会促进民众对欧盟的忠诚转移；而在第二种设想中，两位学者预测如果超国家政治实体持续增大制度影响力和扩展自身影响范围，民众对它的支持以及其与政治进程的关系就会发生彻底的改变。虽然一体化的深入会伴随着激进政治的倾向以及民众的不满，然而他们认为，在"行为体社会化"（actor socialisation）的条件下，即随着民众逐步接受中产阶级价值观和形成欧洲认同，第一种设想更有可能成为现实。②

第一个真正提出政治化概念及其对欧洲一体化影响的新功能主义者是菲利普·施密特，他认为，随着欧盟跨国机构影响力的不断提高，欧洲一体化的广度和深度也有了新的发展，"外溢"阶段会延伸到"高级政治"领域，这最终会导致欧洲一体化政治化现象的出现，这意味着欧洲一体化可能会成为一个有争议性的议题，而政治化和民众也许会在一体化进程中起到重要作用。他认为政治化起初意味着集体决策争议性的增多，这就很有可能激发更多的民众对欧盟事务的兴趣并使他们积极参与其中。随着跨国机构的持续存在和由管辖权更迭所带来的惠民成果的不断增加，欧洲民众甚至是疑欧群体会逐步接受并支持欧盟，此即"态度外溢"的效果。这种对跨国机构的忠诚转移会发生在一体化的后期，因此，政治化也就成了欧洲一体化的最终步骤，为欧盟走向欧洲联邦共和国打下坚实基础。③ 不仅如此，施密特更否认了认同对于一体化进程的决定性影响："利益，而非认同，是欧洲一体化背后的关键推动力。"④

总而言之，新功能主义并没有重视民意和认同政治在一体化进程中的重

---

① Ernst Haas, *The Uniting of Europe: Political, Social, and Economic Forces* 1950 – 1957, Stanford: Stanford University Press, 1958, pp. XⅢ – LⅥ.

② Leon Lindberg and Stuart Scheingold, *Europe's Would-be Polity, Patterns of Change in the European Community*, Englewood Cliffs: Prentice Hall, 1970, p. 199; pp. 274 – 278.

③ Philippe Schmitter, "On the Way to a Post-functionalist Theory of European Integration", *British Journal of Political Science*, Vol. 39, No. 1, 2009, pp. 211 – 215.

④ Philippe Schmitter, "Ernst B. Haas and the Legacy of Neofunctionalism", *Journal of European Public Policy*, Vol. 12, No. 2, 2005, p. 259.

要性，也不认为认同政治会对欧洲一体化产生负面影响。尽管新功能主义者认为一体化之路并不总是一帆风顺的，但是在外溢作用和精英推动的影响下，其总体方向还是螺旋式向前发展的，如果政治化真的会发生，其对欧盟事务的影响只可能是正向的，即民意只会推动欧洲一体化的进一步发展。正如哈斯所言："尽管超国家主义机构在现实中很难判定其联邦和政府间主义倾向何者更胜一筹，但是这也足以使（民众的）期望和态度无悬念地朝着进一步一体化方向发展。"①

二 政府间主义理论与欧洲一体化政治化

在 20 世纪 60 年代的"空椅子危机"之后，一体化进程暂时陷入停滞，具有现实主义特性的政府间主义理论应运而生。政府间主义者认为，新功能主义者忽视了一体化进程中国家和国家利益的重要性，国家依然是一体化进程的操纵者与掌控者，所以政府间主义是从国家而非其他社会行为体寻求互利共惠的角度来理解欧洲一体化的。换句话说，新功能主义认为一体化是不同社会行为体之间合作和竞争的结果，而政府间主义则认为，一体化是不同民族国家之间通过政府间协商和讨价还价而实现国家利益的过程。

作为古典政府间主义的代表，斯坦利·霍夫曼（Stanley Hoffmann）反对新功能主义的基本假定，认为欧洲一体化不可能只通过"滚雪球"式的外溢过程和忠诚转移实现自我持续发展。他认为，民族国家及国家领袖仍然是欧洲政治中举足轻重的因素，并将一体化看作国家之间根据自身国家利益权衡利弊所做出的理性选择的结果。因此，欧洲一体化既没有从根本上改变国际政治以民族国家为中心的传统特性，也没有改变国家间利益零和博弈的本质。各民族国家政府依然需要在自助的无政府国际体系中尽可能实现其国家利益，一体化进程只是服务于国家利益的工具。在此背景下，国家愿意在"低级政治"领域让渡权力以实现经济合作，但是很难接受在防务、外交等"高级政治"领域放弃国家主权，因为这有可能会损害国家利益。这意味着新功能主义的"外溢"效应仅适用于经济一体化，而当一体化触及"高级政治"领域时，决策者和民众会更加谨慎地对待外来影响，一体化就会陷入停滞。②

---

① Ernst Haas, *The Uniting of Europe: Political, Social, and Economic Forces* 1950 – 1957, Stanford: Stanford University Press, 1958, pp. 526 – 527.

② Stanley Hoffmann, "Obstinate or Obsolete? The Fate of the Nation-state and the Case of Western Europe", *Daedalus*, Vol. 95, No. 3, 1966, pp. 862 – 915.

　　20 世纪 90 年代，学者安德鲁·穆拉维切克（Andrew Moravcsik）在古典政府间主义的基础上加入了自由主义理论和国际政治经济学要素，创造了自由政府间主义理论。尽管他认为国家依然是决定一体化走向的关键行为体，但成员国的利益并不是零和的，因为在经济相互依赖的背景下，各国的共同利益增多，它们更有动机通过合作实现共赢。和新功能主义一样，在功能主义理论的基础上，自由政府间主义认为国际制度是相互依赖的自然反应，国家会理性地选择走上制度化合作之路，欧洲一体化前进的每一步都是符合理性的欧盟成员国利益的选择。然而与新功能主义不同的是，自由政府间主义将合作看作国家功能性利益的产物，在谈判过程中各国都努力维护本国国家利益，而最终决议只是在不同国家利益对抗下所能妥协达到的"最大公约数"。自由政府间主义主要将欧洲一体化描绘成国家政府间谈判的进程，政府的动机主要受经济因素而非地缘政治和意识形态因素推动。自由政府间主义把国家间的谈判分为三个阶段：第一阶段是国家偏好的形成；第二阶段是政府间谈判；第三阶段是建立或强化超国家机构以确保达成政府间协议。谈判主要在两个场域进行：形成国家偏好的国内场域以及国家间协商场域。①

　　值得一提的是，政府间主义理论并没有过多解释政治化问题。但古典政府间主义理论通过两个方面预测了欧洲一体化议题显著度和争议性增加的可能性：一方面是前文提到的关于"高级政治"和"低级政治"的区分；另一方面是民族意识（national consciousness）的反弹。② 霍夫曼指出，大众基础（popular basis）是现代国家政治体制的重要组成部分之一，这与难以改变的民族认同一起，有可能成为欧洲一体化的主要阻碍。③ 而欧洲认同被看作虚无缥缈的存在，霍夫曼曾哀叹欧盟成员国之间分歧之大很难将它们团结到一起。④ 由此可见，古典政府间主义在当今反欧洲一体化层面比新

---

① Andrew Moravcsik, *The Choice for Europe: Social Purpose and State Power from Messina to Maastricht*, Ithaca: Cornell, 1998.

② Richard Sinnott, "Bringing Public Opinion Back in", in Oskar Niedermayer and Richard Sinnott (eds), *Public Opinion and Internationalized Governance*, Oxford: Oxford University Press, 1995, pp. 11 – 31; Theresa Kuhn, "Grand Theories of European Integration Revisited: Does Identity Politics Shape the Course of European Integration?", *Journal of European Public Policy*, Vol. 26, No. 8, 2019, pp. 1213 – 1230.

③ Stanley Hoffmann, "Obstinate or Obsolete? The Fate of the Nation-state and the Case of Western Europe", *Daedalus*, Vol. 95, No. 3, 1966, p. 892.

④ Stanley Hoffmann, "Europe's Identity Crisis Revisited", *Daedalus*, Vol. 123, No. 2, 1994, pp. 1 – 23.

功能主义更有解释力，因为该理论认为民族国家及其认同很难被一体化进程抹去，所以一体化的前景是难以预测的。然而，霍夫曼等古典政府间主义者只是将民意与认同变量一笔带过，其理论核心依然是强调精英和国家利益在一体化进程中的重要性。

自由政府间主义者看到了国内政治中国家偏好和利益的异质性与冲突性，这似乎为民意在其中发挥重要作用提供了可能性，然而在自由政府间主义理论框架中，这种冲突仅限于经济利益层面，且能够通过成员国间的协商而得以有效解决，因此该理论较少涉及欧洲议题在大众政治层面的政治化和身份认同等相关话题。和新功能主义类似，自由政府间主义理论依然具有强烈的技术精英决定论色彩，并没有把民众因素纳入其理论框架，欧洲一体化进程中政治精英依然占据主导地位。"欧洲一体化实际上可以被理解为由（追求经济利益的）国家领导人所做出的一系列理性选择。"[1] 不仅如此，穆拉维切克还认为欧洲一体化的政治化在本质上是暂时性的，并不会发展为长久的政治现象，这是因为欧盟仍然在民众"理性无知"（rationally ignorant）[2]的领域运作，对于普通民众的日常生活而言，欧盟仍然显得过于技术化。因此，自由政府间主义并没有帮助我们理解欧洲一体化进程中民意和认同政治的重要作用。有学者认为，在自由政府间主义偏好形成框架中，缺少了认同因素的重要变量。[3]

有趣的是，2018 年，自由政府间主义的创始者穆拉维切克对后功能主义和欧洲一体化的政治化做出了评论。尽管他肯定了后功能主义理论把政治化概念纳入欧洲一体化研究理论讨论的尝试，并认为将民众政治和认同因素作为新的欧洲一体化的解释变量无疑是正确的，但他仍坚持认为自由政府间主义依然是目前最具解释力的欧洲一体化理论，并没有受到后功能主义理论的冲击。这是因为：首先，欧洲一体化的总体发展方向还是不断深化和渐进的，并没有像后功能主义预测的那样走向去一体化道路；其次，穆拉维切克认为以激进右翼政党为代表的疑欧力量在欧洲层面所获得的成功被严重夸大

[1] Andrew Moravcsik, *The Choice for Europe: Social Purpose and State Power from Messina to Maastricht*, Ithaca: Cornell, 1998, p. 18.

[2] Andrew Moravcsik, "In Defence of the 'Democratic Deficit': Reassessing Legitimacy in the European Union", *Journal of Common Market Studies*, Vol. 40, No. 4, 2002, pp. 603 - 624.

[3] Mareike Kleine and Mark Pollack, "Liberal Intergovernmentalism and its Critics", *Journal of Common Market Studies*, Vol. 56, No. 7, 2018, pp. 1493 - 1509.

了，不仅如此，疑欧力量所秉持的民粹主义和民族主义对民众的吸引力有限，用穆拉维切克的话说，因为它们只不过是一种"没有内核的象征主义"，是"话语上的空头支票"，以及一种"有组织的伪善"，就如在"歌舞伎剧院"一般。①

第四节　后功能主义理论与欧洲一体化政治化

一　后功能主义理论的背景与理论逻辑

根据前两小节的论述可以看出，以新功能主义为代表的主流一体化理论预测，当欧盟政治精英的"大欧洲"计划终将超越其各国市场统合和经济结构优化的初衷，精英们已无法继续垄断这个超国家组织对于各国主权和社会生活的影响时，其可以凭借政治化路径来说服持怀疑态度的社会群体。对于这种政治化的前景，主流一体化理论家们普遍乐观地认为，社会大众由于享受到经济改革的实惠，自然会憧憬一体化政治和文化整合的红利，"欧洲联邦"这一梦想的实现可谓顺理成章。② 总之，两种欧洲一体化的主流理论都将政治化看作国家主权进一步向欧盟让渡和集中的驱动力。③ 新功能主义者强调民众和政党对欧洲事务的关注会导致"态度外溢"效应，推动民众对欧洲认同和忠诚的形成。然而从目前来看，民众的"态度外溢"迟迟没有发生，欧洲一体化的政治化非但没有推动一个欧洲联邦的建立，反而导致再国家化和民族主义的反弹。在欧洲一体化进程总体一帆风顺的时候，两大主流理论流派具有较强的解释力，也没有受到任何一个"去一体化"新流派真正的理论冲击。然而，乐观的主流一体化理论无法解释近年来的欧盟危机及其带来的后果，欧债危机的不期而至、经济数据的多次探底以及难民危机爆发所致的蜂拥而至的中东、北非难民，不仅损耗了欧盟经济的长期竞争力，而

---

① Andrew Moravcsik, "Preferences, Power and Institutions in 21st-century Europe", *Journal of Common Market Studies*, Vol. 56, No. 4, 2018, pp. 1 – 27.

② 玄理，孙晨光：《激进右翼政党与欧洲一体化的政治化问题探析》，《国外理论动态》2019年第3期。

③ Tanja Börzel and Thomas Risse, "From the Euro to the Schengen Crises: European Integration Theories, Politicization, and Identity Politics", *Journal of European Public Policy*, Vol. 25, No. 1, 2017, pp. 83 – 108.

且再度唤起各国民众的疑欧主义情绪。① 国内政治中围绕欧洲一体化议题的争议逐步升级，欧盟政治精英依靠原有的政府间谈判、游说或技术辩论等手段已无法有效促进公民的一体化意识，而民意和认同政治对于理解欧洲一体化进程则愈加重要。

在此背景下，以莉斯贝特·霍克和加里·马科斯为理论先驱的后功能主义学派完善了政治化理论构想，他们以多层治理为基点，针对欧洲一体化进程本身的制度缺陷，将政治化概念作为其理论的核心。他们认为自后《马约》时代以来，欧洲一体化进程在公众议程和选举政治领域都出现了明显的政治化现象，在他们看来，欧洲一体化议题已经成为大众政治争议的对象，并极富预见性地提出一体化议题面临政治化风险的三个主要特征：第一，政治权力向跨国机构欧盟的转移会加剧欧洲议题的政治化；第二，国内政治中的大众、政党偏好和认同因素对于欧洲管辖权有决定性影响，许多机制和国内政治行为体（尤其是激进右翼政党）可以推动政治化进程；第三，欧洲一体化的政治化对于欧洲一体化进程而言具有消极影响，因为这会引起各国国内对欧盟决策的异议。②

具体而言，后功能主义构建了欧洲一体化在国内政治中被政治化的理论模型，其主要理论逻辑可以归结为如下几步。

第一，人类对合作的功能性需求的增加与共同体狭小的地域范围之间的矛盾。当前的制度现状与多层治理推动下的相互依赖所产生的功能性压力之间的张力，是欧洲一体化的根本动力。然而随着欧洲一体化的深入，一个根本的现实问题不容忽视：功能性合作需求与以领土为基础的共同体认同相违背。因此欧洲一体化生成了成员国间功能性合作需求与合作所面临的共同体威胁（community threat of cooperation）的张力。

第二，共同体威胁是通过民族认同所受到的冲击来体现的。后功能主义者认为那些秉持排外民族认同的民众会更有可能反对欧盟。在他们看来，尽管民众有可能形成欧洲认同而且与其原本的民族认同互不排斥，然而，集体认同是非常稳固的，从排外民族认同到欧洲认同的转化速度要比欧洲机构的

---

① 玄理，孙晨光：《激进右翼政党与欧洲一体化的政治化问题探析》，《国外理论动态》2019年第 3 期。

② Liesbet Hooghe and Gary Marks, "A Postfunctionalist Theory of European Integration: from Permissive Consensus to Constraining Dissensus", *British Journal of Political Science*, Vol. 39, No. 1, 2009, pp. 1 - 23.

建立与推广缓慢得多。换句话说，在《马约》签订后，随着欧洲一体化深度和广度的不断发展、欧盟权力和影响力的提升和各国边界的模糊化，欧洲管辖权发生了重大变更，但是这种变更并没有换来民众欧洲认同的迅速建立。因此，欧洲管辖权的迅速变革与民众相对稳固的民族认同之间的矛盾在欧盟内部尤为突出。

第三，随着欧洲一体化议题在国内政治领域显著度的提升，认同与管辖权变更之间结构性矛盾的政治意义更加显著，欧洲一体化议题进入政治竞争结构中，以政党为代表的政治倡导者（political entrepreneurs）抓住并利用这个政治机会，通过各种政治策略将欧洲议题建构成与民众日常感受更具有联系的切身关切，推动欧洲议题和排外认同的政治化。

第四，伴随这个政治化进程，围绕着欧洲和认同议题的政治动员开始增加，在政党政治体制内导致了新分歧线的产生，这条分歧线的两端分别为秉持民族主义和国际主义的政党和民众，与传统左翼、右翼经济分歧线垂直相交。后功能主义者将其称为超越传统左右划分的"新政治"（green/alternative/libertarian，简称为 GAL）和"旧政治"（traditional/authoritarian/nationalist，简称为 TAN）的分野，并认为二者的差异与身份认同相关，这决定着民众究竟是以排外还是包容的民族认同对待他者认同：前者是主张包容性的，支持欧洲认同的国际主义者；后者则是"排外的民族主义者"。

第五，国内政治越来越成为影响欧盟偏好和成员国策略的重要因素，压缩了成员国相互妥协让步的政策空间，创造了"限制性异议"的政治环境。在后功能主义者看来，《马约》签订后，欧盟政治环境经历了从"宽容性共识"向"限制性异议"转变的过程。欧洲一体化议题的争议性越加显著，欧洲民众也可以通过国家选举、欧洲选举和公投等政治活动来表达对欧盟政治的不满，使得政策制定者如今已经无法忽视民意的重要性。欧洲一体化议题越能激发其他相关认同议题，政治化现象就越会给现有政党制度带来威胁，这使得欧盟范围内冲突解决机制的形成更加困难，给解决超国家问题带来更大的难度。不仅如此，在欧洲层面，民众在欧洲议会中代表性的重要性逐渐与欧盟理事会不相上下，这就意味着欧洲一体化的政治化很有可能会改变欧盟政治决策的内容和进程。

第六，后功能主义强调了大众政治中排外认同的政治化对欧洲一体化的阻碍作用，认为政治化和认同政治的兴起很可能会导致一体化的下行压力。

本研究将此理论逻辑简要总结为图 1 - 4 中的内容。从以上的理论逻辑论述中可以看出，"后功能主义"理论的名称与主流一体化理论有着千丝万缕的联系，仍冠以"功能主义"的名称是因为后功能主义和主流一体化理论一样，都将功能主义理论作为出发点，即欧洲一体化的动力来自制度和领土现状与相互依赖背景下功能性合作需求日益增加之间的不相符，而国家间的制度化合作是解决跨国问题和这一矛盾的有效途径。然而自此以后，主流一体化理论就与后功能主义理论走在了不同的岔路上，后功能主义认为，国家间制度化合作会受到国内政党政治和秉持排外民族认同的民众的阻碍。这是因为，随着国内政治中欧洲议题显著度和争议性的提高，主流政党领袖在欧盟层面协商欧洲相关政策和议题时，不得不考虑国内政治领域中其他政党的策略性挑战：

> 欧洲议题进入了政党竞争领域。在重大的（欧洲）议题上，政府和行使行政权力的政党领袖会考虑他们的决策对国内政治的影响。在欧洲问题上的民意问题已经成为争夺政治权力的政党精英策略性互动的场域。①

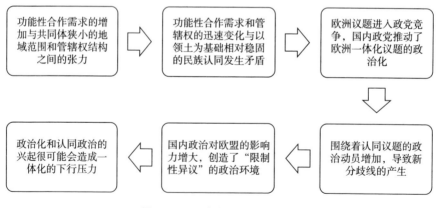

图 1-4 后功能主义理论逻辑

资料来源：笔者自制。

可见，后功能主义将大众政治与认同政治纳入考量，提出了民族认同在

---

① Liesbet Hooghe and Gary Marks, "A Postfunctionalist Theory of European Integration: from Permissive Consensus to Constraining Dissensus", *British Journal of Political Science*, Vol. 39, No. 1, 2009, p. 9.

何种情况下被动员起来及其对国际治理的影响等问题，这与支撑新功能主义和政府间主义的理性主义经济逻辑完全不同。新功能主义和政府间主义将欧洲一体化看作一种经济视角下提高效率的进程，而后功能主义者认为公民的经济偏好只是解释其行为的众多原因之一，且其重要性不如认同因素。他们强调功能性压力与排外认同之间的张力对一体化进程造成的潜在威胁。管辖权偏好在很大程度上受到民意和认同因素的影响，这是因为治理不仅仅是通过协调人类活动实现集体利益的机制，而且还是共同体认同的表达形式。①

二　后功能主义理论的解释力评析

从对主流一体化理论的追溯中可以看出，新功能主义和政府间主义都将欧洲一体化看作在民众"宽容性共识"的前提下，利益集团或政府之间的一种合作式进程。其研究的主要对象是理性的利益追逐者，他们很难被民族认同和民意所左右，因此民意和大众政治在欧洲一体化中的作用微乎其微。正如学者拉斯－埃里克·赛德曼（Lars-Eric Cederman）所言：无论是新功能主义还是政府间主义，都没有正面解释民众对欧洲一体化影响的问题。② 主流一体化理论只是强调了超国家精英对欧洲一体化自上而下的推动作用，也正是因为上层精英驱动的欧洲一体化进程将决策过程与大众民意相隔离，欧盟才能成功实现有效的治理。尽管主流理论都提到了一体化遇到挫折的可能性，但它们认为这不会妨碍欧洲一体化的前进方向。对比之下，后功能主义的核心贡献在于将大众政治、认同和政治化概念引入欧洲一体化研究的学术讨论中，并预测认同政治与民意的"去一体化"潜力。后功能主义者将目光更多地集中于国内政治，即民众意见和政党竞争对欧洲一体化的影响，其中政党对欧洲议题的政治化和大众认同的构建起到了引导作用，大众则是欧洲议题政治化的根本性推动力量。而这种政治化被后功能主义者视为欧洲一体化的阻碍性因素，国内政治与选举竞争中关于欧洲议题的政治冲突日益增多，政治精英对于欧洲议题的控制力和去政治化能力受到削弱，这冲击了欧盟政治的共识政治和精英驱动模式。

新功能主义注重经济利益集团的重要性，而后功能主义者认为利益集团

---

① Catherine De Vries, *Euroscepticism and the Future of European Integration*, Oxford：Oxford University Press, 2018, p. 213.

② Lars-Eric Cederman, "Nationalism and Bounded Integration：What it Would Take to Construct a European Demos", *European Journal of International Relations*, Vol. 7, No. 2, 2001, pp. 139–174.

并没有对一体化起到决定性作用。在欧洲一体化的前三十年中，利益集团的功能性合作需求是一体化的重要推动力，但是这对普通民众并没有太大的意义。在后功能主义者看来，欧洲一体化不仅仅具有经济内核，欧盟政治也不仅限于消除跨境交易壁垒，政治才是具有优先地位的，这是对经济至上的主流一体化理论的冲击。后功能主义理论将欧洲一体化看作一种冲突式进程，重点解释了认同政治以及一体化功能性压力与集体认同之间的张力，对欧洲一体化进程面临的由政治化引起的去一体化压力和欧洲认同政治现状有更强的解释力。施密特也在评论后功能主义理论时承认，其所倡导的新功能主义理论并没有意识到政治化的负面作用："我们没有预料到这种动员会威胁而不是推动一体化进程。在新功能主义理论的预想下，无论国家政治精英如何维护国家主权，民众本应该维护欧盟既定法规。"① 正如坦娅·布泽尔和托马斯·里斯教授所言，后功能主义理论中的理论核心政治化概念给主流一体化理论带来了"双重挑战"。一方面，自由政府间主义和新功能主义都认为欧洲一体化进程是受有效解决社会经济问题的动力驱动的，而文化认同和政治因素并不是影响一体化的变量。在政府间主义的视角下，民族国家通过共享国家主权以达成更有效的政策成果进而满足国内的经济利益。就新功能主义来看，国家政府向欧洲层面的超国家机构让渡主权是以提高经济效益为最终目的。另一方面，两种主流理论都认为欧洲一体化是一种精英驱动进程，忽视了民众的作用。只要欧盟能够持续提供有效政策解决各成员国无法独立处理的社会经济问题，建立在"宽容性共识"基础上的、以精英为核心的主流理论就具有较强的解释力。② 学者埃德加·格兰德和汉斯皮特·克雷斯（Hanspeter Kriesi）在其著作《欧洲政治化：一体化与大众政治》一书中，对近年来不同国家出现的欧洲一体化政治化的新现象进行研究，最终得出结论，尽管后功能主义理论个别假定有偏颇之处，但该理论"基本是正确的"，且仍是当今最具解释力的欧洲一体化理论。③ 瑞士苏黎世联邦理工学院教授

① Philippe Schmitter, "On the Way to a Post-functionalist Theory of European Integration", *British Journal of Political Science*, Vol. 39, No. 1, 2009, pp. 211 - 215.

② Tanja Börzel and Thomas Risse, "Revisiting the Nature of the Beast-Politicization, European Identity, and Postfunctionalism: A Comment on Hooghe and Marks", *British Journal of Political Science*, Vol. 39, No. 1, 2009, pp. 217 - 220.

③ Edgar Grande and Hanspeter Kriesi, "Conclusions: the Postfunctionalists were (almost) Right", in Swen Hutter, Edgar Grande and Hanspeter Kriesi (eds.), *Politicising Europe: Integration and Mass Politics*, Cambridge: Cambridge University Press, 2016, p. 300.

弗兰克·施梅尔芬宁（Frank Schimmelfennig）指出，在欧元危机背景下，欧盟政策在国内政治层面的显著度、争议性和政治化程度都是前所未有的，因此"欧元危机在欧洲一体化的历史上构成了一个'后功能主义时刻'（postfunctionalist moment）"。①

　　然而，尽管后功能主义理论在当今欧洲政治具有较强的解释力，但是仍存在部分局限性。首先，后功能主义太过于关注欧洲一体化的政治化在成员国国内政治领域的发展，却忽视了政治化也有可能在欧洲层面被推动。诚然，由于欧洲一体化的政治化是国内政党竞争中新分歧线的重要组成部分，国内层面仍然是政治动员和政治化的核心场域，国家政府和政党仍然是欧洲一体化关键决议的最重要的行为体，欧洲一体化的政治化进程也必须要在欧洲国内政治竞争的根本转型背景下进行解释。但是必须看到，欧盟是一个政治权能被分割为欧洲和成员国两个层次的政治实体，由跨国行为体和国家行为体共同治理，政府间结构和跨国结构共存于欧洲层面。这就导致了欧盟层面的"双重代表"机制：成员国代表（欧盟理事会）和公民代表（欧洲议会），前者主要由成员国政府主导，而后者则由欧洲议会中的政党推动。这种多层治理机制使得国家层面的政治行为体（政党）在欧盟决策中能够发挥更大的作用。② 在国内层面，欧洲一体化的政治化表现为日益分裂的议程讨论、分化的选民和动荡的政党政治，然而，这种政治化现象不仅仅体现在国家层面，还会自下而上地传递；在欧洲层面，政治化在欧盟理事会中的表现是各国代表在谈判中越来越受国内政党竞争和民意的影响，在欧洲议会中的体现则是欧洲激进右翼政党的崛起。

　　后功能主义理论是一体化研究的一种中观理论，在这种视角下，主要解释的是国内政治因素如何成为影响欧洲议题政治化乃至整个一体化进程的关键要素。然而欧洲层面的政治化，即疑欧党团在欧洲议会中对于推动政治化所发挥的作用，并没有在后功能主义理论中被提及。霍克和马科斯承认，后功能主义理论重点关注的是与欧盟相关的国家政治行为，而非新功能主义和

① Frank Schimmelfennig, "European Integration in the Euro Crisis: The Limits of Postfunctionalism", *Journal of European Integration*, Vol. 36, No. 3, 2014, p. 322.

② Edgar Grande and Swen Hutter, "Introduction: European Integration and the Challenge of Politicisation", in Swen Hutter, Edgar Grande and Hanspeter Kriesi (eds.), *Politicising Europe: Integration and Mass Politics*, Cambridge: Cambridge University Press, 2016, p. 18.

政府间主义所重视的欧盟层面的制度行为体。① 后功能主义理论的主要预测是由政治化导致的"限制性异议",迫使成员国领导人更加关注国内选民的喜好,这会自下而上地阻碍欧洲一体化的深化。因此,在欧洲层面和国内层面,欧洲一体化的政治化都是不可避免的,而且会长期存在下去。

其次,后功能主义理论并未过多涉及激进右翼政党的相关内容。近年来,以激进右翼政党为代表的疑欧势力在欧洲广泛崛起,它们成了推动欧洲一体化政治化的代表性力量,对于研究民众与政党的互动对欧洲一体化的影响具有重要意义。遗憾的是,后功能主义理论问世之时,激进右翼政党还处于欧洲政党格局的边缘地位,重要性与今天不可同日而语,因此该流派并未阐述在后功能主义视角下激进右翼政党与欧洲一体化的政治化之间的联系,对于激进右翼政党推动欧洲议题政治化进程的动因、政治策略及影响都缺乏深入的论述。霍克和马科斯承认,后功能主义并没有详述认同建立和调动的过程。② 更确切地说,后功能主义没有阐释激进右翼政党是如何调动起民众排外认同的。

最后,后功能主义的核心理论假设,即欧洲一体化的政治化会对一体化进程产生下行压力和阻滞影响,未免太过于消极。事实上,政治化是一种中性概念,是指欧洲议题在国内政治中重要性和争议性增加的一种客观政治现象,政治化程度的提升并不一定意味着一体化或去一体化程度的提升。本书在分析激进右翼政党推动政治化对欧洲政治的影响时认为,即使是激进右翼政党主导下消极作用最为显著的政治化进程,其影响也并没有足够的路径直接传递到欧盟决策模式、立法等核心政策领域之中,尽管在国内政治中欧洲议题政治化的负面影响有较为明显的体现。后功能主义者并没有看到政治化的客观正面作用,欧洲一体化的政治化是欧盟框架下增加政治讨论和竞争的前提条件,而必要的政治对立和讨论是民主政治的重要组成部分,民主化是欧洲一体化进一步推进的重要前提,政治化程度的提高为之提供了政治机会。本书在论及西欧激进右翼政党借助政治化进程重构对欧盟关系时,主要借助了后功能主义的视角,并力图在分析中弥补上述后功能主义理论的缺陷。

① Liesbet Hooghe and Gary Marks, "Grand Theories of European Integration in the Twenty First Century", *Journal of European Public Policy*, Vol. 26, No. 8, 2019, pp. 1113 – 1133.

② Liesbet Hooghe and Gary Marks, "A Postfunctionalist Theory of European Integration: from Permissive Consensus to Constraining Dissensus", *British Journal of Political Science*, Vol. 39, No. 1, 2009, pp. 22 – 23.

三　后功能主义理论视域下激进右翼政党与欧洲一体化政治化的内在关联

前文提到，欧洲一体化的政治化是指欧洲议题成为民众讨论对象的政治进程，通过这种政治进程将该议题上升为国家领域的政治关切。其中，政治化的重要维度分别为在欧洲议题上的显著度和立场的对立。在欧盟和主流政党精英一直以来"弱化"欧洲议题的努力以及持续推动并支持欧洲一体化进程的背景下，政治化程度提升的重要原因在于立场的另一端出现了强大的疑欧主义"反作用力"。本书认为，部分欧洲民众之所以近年来秉持对欧盟的批判立场，与这股"反作用力"的重要发起者和推动者，即以激进右翼政党为代表的政治行为体推动欧洲议题政治化并向民众灌输欧盟负面认知息息相关。正如学者德·维尔德所言："疑欧主义的表达是欧洲一体化政治化的根本推动力。"[1] 诚然，欧洲一体化的不断深入最终触及主权和认同导致民众不满情绪也是一个因素，而后功能主义者认为这种不满情绪抑或是对欧盟的负面态度，并不会自然而然发展为政治化趋势，政治化是政治和社会行为体积极推动的结果，换句话说，他们把政党动员看作推动政治化进程的核心路径。学者埃德加·格兰德和斯温·胡特也强调了以政党为代表的政治行为体在政治化中的关键作用："（欧洲一体化深化进程中的）关键事件也许会导致政治争议。然而，只有当这些争议被政治行为体或机构在公众领域提出时，它们才有意义。"[2] 这就为政党政治在欧洲一体化议题上的竞争提供了基础，也为激进右翼政党在欧洲一体化议题上施加影响提供了条件，这也是本书的基本分析逻辑起点。前文提到，相比传统欧洲一体化理论，后功能主义理论主要提出了将认同和民众意见的构建作为推动政治化和影响一体化进程的新要素，这与激进右翼政党有着不可分割的联系。

首先，激进右翼政党擅长围绕认同因素进行政治动员。后功能主义者指出，民众意见及其认同正在成为欧洲一体化政治化进程中越来越重要的影响

---

[1] Pieter de Wilde, "The Politicization of European Integration: Towards Democratic Renationalization?", in Achim Hurrelmann and Steffen Schneider (eds.), *The Legitimacy of Regional Integration in Europe and the Americas*, Basingstoke: Palgrave Macmillan, 2015, p. 20.

[2] Edgar Grande and Swen Hutter, "Introduction: European Integration and the Challenge of Politicisation", in Swen Hutter, Edgar Grande and Hanspeter Kriesi (eds.), *Politicising Europe: Integration and Mass Politics*, Cambridge: Cambridge University Press, 2016, p. 22.

变量，认同因素是大众对一体化态度不可忽视的层面，因为"认同在形成对欧洲的争论上是关键"；不仅如此，认同对于多层治理，特别是对于区域一体化来说是具有决定性意义的，要理解欧洲一体化，就需要去理解"认同是如何、在何时被调动起来的"①。他们认为和精英与利益集团相比，认同对于大众来说更为重要。虽然欧盟的管辖权形式已经迅速发生了变化，但是人们传统的认同方式还没有随之改变，因此后功能主义者认为问题的关键在于面对他者（欧洲）认同时，民众将自己的民族认同看作"可包容的"还是"排外的"。②

这种民族认同与欧洲认同的对抗来自社会认同理论（Social Identity Theory），该理论认为"我们是谁"的问题取决于个体的认同归属，而不同认同之间的碰撞是社会冲突的重要来源，个体通常会通过与他者认同的对比而定义和内化自身的认同，这有可能会导致对族外认同的强烈排斥。③ 民族认同实际上隐含着这种"自我"与"他者"的对立关系。全球化和欧洲一体化使得各国的界限越来越模糊，这就给中下层民众带来了很大的冲击，这种冲击不仅仅来自经济，更来自文化认同。以这种群体为代表的部分欧洲民众之所以对欧洲认同产生排斥情绪，就是因为他们认为欧洲一体化进程损害了其原有的国家认同，而这种国家认同也是他们维持自尊和引以为豪的唯一途径。正如学者劳伦·麦克拉伦（Lauren Mclaren）所言："许多欧洲民众将欧洲一体化计划看作一个整体，认为其会夺走他们的国家文化和民族认同……当民众认为自己的经济资源和认同受到威胁时更不易对欧洲一体化产生认同感。"④ 波士顿大学教授里娅·格林菲尔德（Liah Greenfeld）指出，民族认同区别于其他认同的重要特性就是，它能够给予政治体制内所有成员一定程度的尊严。⑤ 由此看来，国家归属感和民族自豪感不利于民众对欧洲

① Liesbet Hooghe and Gary Marks, "A Postfunctionalist Theory of European Integration: from Permissive Consensus to Constraining Dissensus", *British Journal of Political Science*, Vol. 39, No. 1, 2009, p. 2.

② Liesbet Hooghe and Gary Marks, "A Postfunctionalist Theory of European Integration: from Permissive Consensus to Constraining Dissensus", *British Journal of Political Science*, Vol. 39, No. 1, 2009, p. 13.

③ Brent Sasley, "Theorizing States' Emotions", *International Studies Review*, Vol. 13, No. 3, 2011, pp. 452 – 476.

④ Lauren McLaren, *Identity, Interests and Attitudes to European Integration*, Basingstoke: Palgrave Macmillan, 2006, p. 74.

⑤ Liah Greenfeld, "Is Nation Unavoidable? Is Nation Unavoidable Today?", in Hanspeter Kriesi, Klaus Armingeon, Hannes Siegrist and Andreas Wimmer (eds.), *Nation and National Identity: The European Experience in Perspective*, Zurich: Ruegger, 1999, p. 52.

一体化的支持，秉持排外民族认同的民众比那些拥有欧洲认同抑或是"混合"认同的民众更加反感甚至是抵制欧盟和一体化进程，也更容易受到欧洲一体化与自己的爱国情结完全不兼容的负面提示的影响，这种提示更多地来自以政党为代表的政治推动者，更确切地说，来自激进右翼政党的政治策略。

　　激进右翼政党的崛起反映了西方民众排外认同反弹的现象，激进右翼政党所秉持的民族主义恰恰是一种具有高度排外性质的意识形态，表达的是底层民众认同和身份定位的迷茫感，也是身份认同作为政治分野尺度的新体现。本书会在第二章中分析指出，西欧激进右翼政党的意识形态基础就是建构他者的认同，而欧盟和欧洲一体化进程更是构成"他者"的重要组成部分。激进右翼政党获得选举成功的关键在于它们对于认同的诉求，以及利用人们在去国家化背景下失去认同的焦虑感。在本书的第四章中会具体阐述这些政党如何成功地运用了议题强调和架构（framing）的策略。早在 1995 年，学者伯恩哈德·维塞尔斯（Bernhard Wessels）就曾指出，在支持或反对欧共体方面，政党有能力动员选民，拉近其对欧立场与政党立场的距离。[1] 激进右翼政党秉持排外的民族认同观，将自己描绘为本国民族认同和文化的捍卫者和继承者，为民众提供了一种"认知捷径"，针对他们对欧盟的政治感知起到引导和启发的作用。著名民族主义研究专家安东尼·史密斯认为，民族认同是通过社会化塑造的，可以在特殊背景下进行再创造和再解释，民族认同并不是固定的，而是在政治竞争中被重新加强或构造的。[2] 激进右翼政党会竭尽所能将关于欧洲议题的政治竞争构建为关于"我们是谁"的认同政治，而不是传统的"谁获得什么"的利益分配政治。激进右翼政党在欧洲议题上的动员优势表现为：它们注重不同群体间的认同差异性以及对"他者"和"自我"认同之间冲突必然性的认知，通过污名化欧洲一体化进程，向民众宣扬欧盟和一体化一直以来都在侵蚀本民族宝贵的、独一无二的文化认同的信息，并放大化和激进化围绕欧盟议题的危机感，将阴谋论的特征融入疑欧主义理念中传递给民众，强化民众的疑欧情绪；暗示民族认同与欧洲认同的不可兼容性，促使主流价值观走向激进化。这使民众原有的排外认同和政

---

① Bernhard Wessels, "Evaluations of the EC: Elite or Mass-Driven?", in: Oskar Niedermayer and Richard Sinnot (eds.), *Public Opinion and Internationalized Governance*, Oxford: Oxford University Press, 1995, pp. 137-162.

② Anthony Smith, *National Identity*, Harmondsworth: Penguin, 1991.

治态度更加稳固，难以转化为欧洲认同，并可以让这种疑欧态度转化在公投和选举的投票中。

其次，激进右翼政党也有充足的动机推动欧洲一体化的政治化，因为这符合它们的选举策略利益。霍克和马科斯认为，欧洲议题进入大众政治议程和走向政治化，有时并不依靠它本身的重要性，而在于是否有一个政党会提出它，即是否有政党把该议题提上政治议程。[①] 而且，欧盟一体化深入和欧盟扩张所带来的一体化认同问题很难依靠经验产生，需要被政治行为体建构，这种建构认同的行为对于那些对新政治事物没有特殊先决态度的个体来说是很有影响力的。[②] 后功能主义者认为，一方面，由于信息和知识的局限性，民众对于欧洲一体化的理解可能需要外界如政党、媒体等的提示，民众在不了解欧洲议题的情况下很容易受到激进右翼政党的影响；另一方面，民意又是疑欧主义的重要来源，因为在后功能主义者看来，激进右翼政党"天生的疑欧主义更加接近民众的意向"。[③] 前文提到，学者西斯·范德伊奇克和马克·富兰克林通过研究发现，欧洲民众愈发对本国的欧盟成员国席位和欧洲一体化进程采取态度鲜明且极化的立场，但是由于一直没有政党选择围绕欧洲议题进行政治动员，民众缺乏对欧情绪和意见表达的渠道，所以两位学者认为欧洲议题已然"成熟"，亟待政治行为体的政治化："政策推动者抓住机会……在欧洲议题上展现自身特异性只是时间早晚的问题。"[④] 在这种情况下，推动欧洲议题的政治化无疑是激进右翼政党的政治机会。对于激进右翼政党这样的小政党而言，政党竞争的多维度特性是实现选举翻盘的重要资源，所以寻找自己所擅长的新议题维度来提升选举成绩是十分关键的策略。在解释议题会在何时被政治化时，后功能主义者认为政党寻求政治化某种议题一

---

① Liesbet Hooghe and Gary Marks, "A Postfunctionalist Theory of European Integration: from Permissive Consensus to Constraining Dissensus", *British Journal of Political Science*, Vol. 39, No. 1, 2009, p. 18.

② Liesbet Hooghe and Gary Marks, "A Postfunctionalist Theory of European Integration: from Permissive Consensus to Constraining Dissensus", *British Journal of Political Science*, Vol. 39, No. 1, 2009, p. 13.

③ Liesbet Hooghe and Gary Marks, "A Postfunctionalist Theory of European Integration: from Permissive Consensus to Constraining Dissensus", *British Journal of Political Science*, Vol. 39, No. 1, 2009, p. 21.

④ Cees van der Eijk and Mark Franklin, "Potential for Contestation on European Matters at National Elections in Europe", in Gary Marks and Marco Steenbergen (eds.), *European Integration and Political Conflict*, Cambridge: Cambridge University Press, 2004, p. 47.

般需要满足三个要素：首先，政党会充分考虑其在某议题上的立场与其他政党和选民立场的对比，从而衡量对该议题的政治化是否能够提高本党的选举成绩；其次，该议题符合本党的意识形态声誉；最后，该议题会在多大程度上导致本党的团结或分裂，政党绝不会在导致内部龃龉的议题上大做文章，因为这有可能会使政党走向衰亡。[①] 绝大多数欧盟国家主流的中左和中右政党认为，对于它们而言，欧洲议题并不符合这三点要素，自然选择抵制对欧洲议题的政治化。这使得欧盟各国的激进右翼政党比主流政党更有动机将欧洲一体化政治化，以展现自身特异性从而在选举竞争中脱颖而出，吸引更多选民的支持。

综上所述，无论是从意识形态特性还是从政党动机角度而言，激进右翼政党更有能力将欧洲一体化议题推向政治化，对欧洲一体化进程产生影响。学者格兰德和胡特认为，成功的激进右翼政党可以在一定程度上解释欧洲一体化政治化的增强，他们指出在选举场域中激进右翼政党是欧洲议题政治化的主角，它们主要做到了如下几点：一是强调欧洲一体化议题，尤其是在其构成性方面；[②] 二是采取疑欧立场；三是主要从文化认同的角度来支撑其疑欧立场，激进右翼政党将选民注意力引向因欧洲一体化可能导致的丧失国家主权、认同和经济资源的恐惧上来。而这恰恰与主流政党的去政治化策略完全相反，主流政党主要做到了如下几点：一是给欧洲议题降温；二是普遍采取亲欧立场；三是主要通过经济和功利主义角度支撑其亲欧立场。[③] 多米尼诺·霍格林格也发现在政党竞争的文化维度秉持激进立场且崇尚传统价值观的政党会更加重视欧洲一体化议题，因此政治化总体上也是由疑欧政党围绕新分歧线所主导的。[④]

[①] Liesbet Hooghe and Gary Marks, "A Postfunctionalist Theory of European Integration: from Permissive Consensus to Constraining Dissensus", *British Journal of Political Science*, Vol. 39, No. 1, 2009, p. 19.

[②] 欧洲议题的构成性方面主要指欧盟政治实体的本质层面，主要涉及地区一体化问题、权力的转移、成员国资格、制度效能和决策规则等。

[③] Edgar Grande and Swen Hutter, "Introduction: European Integration and the Challenge of Politicisation", in Swen Hutter, Edgar Grande and Hanspeter Kriesi (eds.), *Politicising Europe: Integration and Mass Politics*, Cambridge: Cambridge University Press, 2016, p. 24.

[④] Dominic Hoeglinger, "The Politicisation of European Integration in Domestic Election Campaigns", *West European Politics*, Vol. 39, No. 1, 2016, pp. 44 – 63.

本章小结

本章的论述主要有三个目的：其一，厘清政治化与欧洲一体化的政治化的概念和基本构成维度；其二，追溯欧洲一体化的政治化从"宽容性共识"到"限制性异议"的发展趋势；其三，通过回顾主流欧洲一体化理论中政治化概念并将其与后功能主义理论中的政治化概念相对比，认为后功能主义理论中的政治化概念更能解释当前欧洲认同政治的现状，铺设本书后续研究的理论基础，然后，通过将激进右翼政党与后功能主义理论和政治化概念的结合，引出本书的分析逻辑。

政治化指政治议题进入大众政治领域，并引起民众和政治精英参与和争议的政治进程，主要包含显著度和立场极化两个方面的维度，对这两个维度的解释也为本书第四章分析激进右翼政党推动政治化所采取的政治策略奠定了基础。在欧洲一体化理论中，主流一体化理论将一体化进程看作由精英推动的自上而下的政治进程，其中新功能主义理论看到了欧洲议题政治化增加的潜力，但是认为这会推动民众对一体化进程的支持，因此低估了民意和认同政治对于欧洲一体化的负面作用。对比之下，后功能主义理论认为理解国内政治掣肘欧洲一体化进程的关键在于民意和认同政治，在他们眼中，六十余年前哈斯认为民意与欧洲一体化毫不相干的论点早已过时。当欧盟不仅仅满足于经济和市场一体化并逐步拥有了国家政治体制的基本要素时，欧盟便走进了大众政治领域，政党和民众已经成为影响欧洲政治的重要因素。民众和政党疑欧主义的发展冲击了新功能主义者所推崇的"宽容性共识"，这个概念可以使欧盟绕过民主监督推动一体化进程。后功能主义者将政党所推动的政治化看作导致民众对欧态度从"宽容性共识"到"限制性异议"转变的关键机制，而这种转变可能对一体化进程产生消极影响，因为政府和主流政党不得不将民意和公众偏好，尤其是他们的疑欧态度纳入政策考量之中。后功能主义挑战了主流一体化理论，认为欧洲一体化进程不是不可逆的，相对于政府间主义和新功能主义以经济维度解释欧洲一体化进程，后功能主义则是从文化认同的角度提出民族认同和欧洲认同不兼容性的可能，这伴随着并进一步导致以激进右翼政党和选民为基础的疑欧主义的上扬。克雷斯等学者也认为民众对欧洲一体化的反对是西欧政治转型的一部分，其中最重要的特点在于政党竞争的文化维度越来越重要，从这个意义上而言，他们认为激进右翼政党是最重要的"政治化者"（politicizer）。① 本节认为这主要体现在两个方面。其一，在围绕民族认同等相关议题的动员能力上，激进右翼政党有着得天独厚的优势。民族认同是维系一个民族国家的根基，更是决定个体对欧态度偏好的关键因素，民众对以领土为基础的政治实体的归属感是非常重要的，而国家作为"终极政治共同体"更是享有民众绝对的崇尚。欧洲认同与民族国家认同的张力问题由来已久。安东尼·史密斯认为，二者之间是一种零和关系，随着欧洲一体化过程不断深化，成员国的民族认同会越来越弱。② 激进右翼政党通过制造、聚集和煽动反欧情绪，突出强调了欧洲议题以及欧洲认同和民族认同的不兼容性，展现了"自我"民族认同与"他者"欧盟的差异。其二，政治化也符合激进右翼政党的策略利益。后功能主义理论认为："议题是如何与社会主要矛盾相联系的，以及议题是否会被政治化，都由政党寻求选票和避免内部纷争的策略所决定。"③ 激进右翼政党抓住主流政党普遍亲欧的政治机会，围绕欧盟的负面问题进行政治动员和宣传，这可以展现其与主流政党的差异性，有机会吸引更多选民群体的支持。

然而，后功能主义理论对国内民意和政党因素的过度关注也使其具有难以避免的局限性。该理论对欧盟所遇到的"限制性异议"做出了国内层面的理论性阐释，却极少涉及欧盟层面的解释，只是着重说明国家层面的政治化会自下而上地阻碍欧洲一体化的深入；不仅如此，后功能主义尽管预测到了激进右翼政党推动政治化的可能性，但是并没有对其具体动机、策略和影响路径进行细致分析；最后，后功能主义理论认为政治化会对欧洲一体化进程产生阻碍作用，这个理论假设过于悲观，并没有看到政治化的正向价值。本书将在分析中弥补上述后功能主义理论的缺陷。

---

① Kriesi, Hanspeter, et al. （eds.）, *Political Conflict in Western Europe*, Cambridge：Cambridge University Press, 2012.

② 〔英〕安东尼·D. 史密斯：《全球化时代的民族与民族主义》，龚维斌、良警宇译，中央编译出版社，2002，第 145 页。

③ Liesbet Hooghe and Gary Marks, "A Postfunctionalist Theory of European Integration：from Permissive Consensus to Constraining Dissensus", *British Journal of Political Science*, Vol. 39, No. 1, 2009, p. 21.

第二章

激进右翼政党及其疑欧主义立场

    欧盟是二战后欧洲最重要的地区一体化成就，也是确保各成员国稳定和繁荣的关键保障。在过去的几十年里，欧洲一体化进程从经济一体化发展到政治和文化一体化，并将其管辖权扩展至单一市场、贸易、欧元货币和公民权等关键政策领域。然而，不断深入的政治和经济一体化导致了成员国国内部分政党和民众的反对，即疑欧主义的出现。自 20 世纪 80 年代以来，疑欧主义就成为一种内嵌于国家和欧洲政治中的重要政治现象，而激进右翼政党则是当今最具有代表性的疑欧政党团体。本章将重点解释激进右翼政党及其与疑欧主义立场之间的关系，这也为探索激进右翼政党推动欧洲议题政治化的原因奠定了意识形态基础。本章首先对疑欧主义的概念和分类进行简要的介绍并分析了政党疑欧主义的主要来源，指出政党疑欧主义既来自政党的意识形态基础，也源自政党的选举策略考量。其次，在对激进右翼政党的概念进行界定的同时，简要追溯了激进右翼政党的发展历程和其对欧立场从亲欧到疑欧的演变，重点分析了激进右翼政党的民族主义和民粹主义意识形态与疑欧主义的联系，通过意识形态因素解释激进右翼政党将欧盟和欧洲一体化作为他者认同的原因。

第一节　疑欧主义的内涵与来源

一　疑欧主义的概念与分类

    疑欧的概念（eurosceptic）最早出现于 20 世纪 80 年代中叶的英国，由记者和政客首先采用，意指在《单一欧洲法案》签订后英国保守党议员对欧洲一体化进程前进方向所持的怀疑态度。因此，疑欧主义在最初只是被作为英国的特有标签，或一种专属于岛国的"英国病"①，用以指代对当时英国参与欧盟事务的敌意或完全反对的态度和立场。几年后，直到欧洲共同体委员会制订货币联盟的三步计划以及在《马约》签订的准备期，疑欧标签逐渐演变为疑欧主义（Euroscepticism），并在政治讨论中广泛流行开来。前文提到，《马约》成为大众和政党疑欧主义兴起的关键转折点，因为它标志着欧洲一体化新的政治一体化阶段——从欧洲经济共同体变为欧洲联盟，也标志着成员国国内政策和欧洲政策的界限越来越模糊，从而拉开了欧洲议题政治化程度急剧提升的帷幕。② 欧洲一体化进程的加速客观上把欧盟决策问题纳入选举和政党竞争之中，直接导致了围绕欧洲一体化的政治斗争，对成员国国内政治和公民社会产生了极大影响。在疑欧政客和政党在国内政治中的话语权和影响力持续提高的同时，民众对欧盟和欧洲一体化进程的信任度不断探底，他们对欧盟的敌意和负面感知越发加深。疑欧主义的主流化和部分欧盟成员国的"再国家化"已经成为欧洲政治中的新特点，并于2016年6月的英国脱欧公投到达顶峰，超过52%的英国民众选择脱欧，这也使得欧洲去一体化现象在疑欧主义的影响下第一次成为现实。

　　疑欧主义重要性的提升也引起了学界的注意。然而从历史因素考虑，疑欧主义最初只是消极的建构，表达了一种负面的态度和立场，意指对欧洲一体化怀疑、反对的态度。然而这个概念界定涵盖面过广，并且没有包含为什么会有此反对态度，反对的形式是什么以及这会导致怎样的后果，也未包含任何积极的信条内核和思想统一性，所以疑欧主义并不是一种严格意义上的意识形态。这也是一直以来学术界对疑欧主义的内涵界定十分困难的原因。保罗·塔格特是第一位提出疑欧主义定义的学者，他认为疑欧主义指"对欧洲一体化进程有保留的反对或是完全的反对"。③ 塔格特和亚历克斯·斯泽比亚克进一步拓展了他们以政党为基础的疑欧主义研究，提出了强硬疑欧主义（Hard Euroscepticism）和柔性疑欧主义（Soft Euroscepticism）的分类，这个

---

① Ben Wellings, "Rump Britain: Englishness and Britishness, 1992 – 2001", *National Identities*, Vol. 9, No. 4, pp. 395 – 412.

② Simon Usherwood and Nick Startin. "Euroscepticism as a Persistent Phenomenon", *Journal of Common Market Studies*, Vol. 51, No. 1, 2013, pp. 1 – 16.

③ Paul Taggart, "A Touchstone of Dissent: Euroscepticism in Contemporary Western European Party Systems", *European Journal of Political Research*, Vol. 33, No. 3, 1998, pp. 363 – 388.

分类为区分有保留的或者完全反对欧盟的政党提供了一个有价值的工具。强硬疑欧主义指的是对欧洲经济和政治一体化计划持原则性的完全反对的立场，秉持强硬疑欧主义的政党认为本国应当退出欧盟；而柔性疑欧主义则有条件地或有限制地反对欧洲一体化，政党也许会在某一个或一些政策领域反对向欧盟转移特定的权能，但总体上仍是支持欧盟的。①

然而，这种二元化的分类也遭到了部分学者的质疑。彼得·科佩奇（Petre Kopecky）和卡斯·穆德就认为，仅仅根据对欧洲一体化成员国席位的态度作为疑欧主义标准未免太过狭隘，他们提出疑欧主义两条不同的轴线。第一条轴线是有关一体化基本原则（成员国让渡主权基础上的制度化合作和自由市场经济理念等）的态度，这一轴线的两端分别是支持欧洲一体化基本原则的亲欧（Europhile）政党和反对其中至少一项原则的恐欧（Europhobe）政党。另一条轴线为对欧盟作为政治体制的态度，轴线的两端分别为欧盟乐观主义者和欧盟悲观主义者，前者也许反对欧盟的个别政策，但是对欧盟整体前进方向和政治体制采取支持的态度；而后者则认为其与一体化基本观念不符。在这两条轴线的基础上产生了对欧立场的四种维度，分别为欧洲热情主义者（Euro-enthusiast）、欧洲实用主义者（Europragmatic）、欧洲怀疑主义者（Eurosceptic）和欧洲反对者（Euro-reject）。② 简言之，欧洲怀疑主义者支持欧洲一体化的基本原则但是怀疑欧盟的前进方向，而欧洲反对者则对基本原则和前进方向都持反对态度。然而对于激进右翼政党而言，这种分类方式显得太过复杂，因为激进右翼政党同属于欧洲怀疑主义者和欧洲反对者分类。不过这两种分类方式都遭受了其他学者的质疑，认为分类太过简单不够细化，克里斯多夫·弗拉德（Christopher Flood）就将政党对欧的态度分为六类，由疑欧程度从强到弱分别是——抵制主义、修正主义、最简主义、渐进主义、改良主义和最大化主义，激进右翼政党主要被归类于前两个

① Paul Taggart and Aleks Szczerbiak, "Contemporary Euroscepticism in the Party Systems of the European Union Candidate States of Central and Eastern Europe", *European Journal of Political Research*, Vol. 43, No. 1, 2004, pp. 1 – 27; Paul Taggart and Aleks Szczerbiak, "Introduction: Opposing Europe? The Politics of Euroscepticism in Europe", in Paul Taggart and Aleks Szczerbiak (eds.), *Opposing Europe? The Comparative Party Politics of Euroscepticism*, Volume 1: *Case Studies and Country Surveys*, Oxford: Oxford University Press, 2008, pp. 1 – 15.

② Petre Kopecky and Cas Mudde, "The Two Sides of Euroscepticism. Party Positions on European Integration in East Central Europe", *European Union Politics*, Vol. 3, No. 3, 2002, pp. 297 – 326.

类别。① 但这种分类方式相互之间的差异并不明显，也很难进行数据测量。索菲亚·瓦西尔洛普罗（Sofia Vasilopoulou）进一步将激进右翼政党分为反体制（anti-system）、反自由（anti-liberal）和正常化（normalised）三个类别，并认为这三种激进右翼政党会采取不同程度的疑欧立场：反体制激进右翼政党往往选择抵制主义立场，利用欧盟批判国内亲欧共识，这有可能会导致选民态度的极化并破坏本国政治体制的合法性；反自由激进右翼政党秉持有条件疑欧立场，这种政党的目标往往是在留住核心选民的同时扩展其选民基础，所以它们一般会避免疑欧政治话语的激进化，将欧洲议题与其他中间选民靠近的政治讨论相融合；正常化激进右翼政党会采取妥协疑欧立场，这些政党在国内政党制度中将欧洲议题作为在国内政党政治中稳定自己政治地位的工具，并积极向潜在的联盟伙伴靠拢，以增加自己进入政府执政的机会。②

　　本书的重点并不在于探究各激进右翼政党采取不同程度疑欧立场的原因，所以并不会过度纠结于根据疑欧程度不同而出现的冗杂疑欧主义政党分类。本书依然采用占据着疑欧主义研究主流的强硬和柔性疑欧主义分类，因为这种分类的优点在于从广义上概括性地指出了疑欧主义是对欧洲一体化的怀疑性或批判性立场。欧洲一体化在不同国家和不同时间背景下有不同的含义，疑欧主义的主体也各自具有特殊性，所以对于疑欧主义，广义的定义是十分必要的。

二　政党疑欧主义的来源

　　上述疑欧主义相关定义和分类都是以政党为基础的，政党疑欧主义的研究者大多承认倒 U 形曲线，即中间政党支持欧洲一体化，而在政党制度中处于边缘化的政党反对欧洲一体化。换句话说，主流政党支持欧洲一体化，激进右翼和激进左翼政党反对欧洲一体化。然而，关于这种曲线关系是因何产生，即为什么政党会采取疑欧立场的问题，学术界仍有争议。以政党为基础的疑欧主义研究通常包括两个层面的解释模型：一个是政党意识形态层面；另外一个是策略层面。这两个层面的倡导者分别被称为北卡罗来纳学派

---

① Christopher Flood, "The Challenge of Euroscepticism", in Jackie Gower (eds.), *The European Union Handbook*, *2nd edition*, London: Fitzroy Dearborn Publishers, 2002, pp. 73-84.

② Sofia Vasilopoulou, *Far Right Parties and Euroscepticism*: *Patterns of Opposition*, ECPR Press, 2018.

（North Carolina School）和苏塞克斯学派（Sussex School）。

（一）意识形态

在预测政党是否会反对欧盟时，北卡罗来纳学派更加注重意识形态的作用。该理论流派认为，政党反对欧洲一体化的立场植根于其意识形态、价值观和信仰，科佩奇和穆德指出，"意识形态是解释政党对欧立场的关键因素"，所以属于同一类型的政党在对欧问题上采取相同的看法，而且它们通常不会改变自己在欧洲议题上的立场和观点。① 理解政党在意识形态方面对欧立场的基础来自分歧线理论（Cleavage Theory）。政党竞争的分歧线理论将政治竞争看作社会结构转变的产物，而政党是长期以来社会分化的体现。② 当新议题出现在政党竞争中时，主流政党通常会维持自己所擅长的原有选举竞争模式，即传统左翼、右翼的经济竞争维度，从而保证自身意识形态的一致性，维护政党声誉。因此，在面对欧洲议题时，主流政党的对欧立场通常由其根深蒂固的意识形态所决定，由于意识形态的不易变性，政党的对欧立场也是相对稳定的。在经济维度上的竞争通常围绕市场的作用以及对平等的态度展开，左翼政党通常会支持国家进行再分配政策以摒弃不平等现象，右翼政党选择新自由经济政策以维护个人经济自由。因为欧洲单一市场开放边界，便利资本流动，鼓励私有化，主流右翼政党理应是欧洲一体化的支持者；而一体化带来的全球经济竞争和市场自由化加剧了贫富不均现象，左翼政党应秉持疑欧立场。然而事实却复杂得多，自20世纪90年代以来，欧洲中左翼政党和社会民主党也体现了比右翼更强烈的亲欧态度，所以传统经济维度很难判定政党的对欧立场。而政党在新分歧线上的分布为其对欧立场提供了可靠稳定的标准，更易于预测政党的对欧态度。这条分歧线价值维度主要是非经济议题，比如多元文化主义和移民等文化议题。靠近旧政治一端的激进右翼政党对欧洲一体化的反对在很大程度上植根于其排外的民族主义的意识形态，它们主张民族国家优先，并反对一切外来"他者"对民族认同、国家利益和国家主权的威胁，而裹挟着移民和多元文化"威胁"的欧洲一体化也自然成为被批判的对象。相比之下，秉持自由主义和进步主义认同观的

---

① Petre Kopecky and Cas Mudde, "The Two Sides of Euroscepticism. Party Positions on European Integration in East Central Europe", European Union Politics, Vol. 3, No. 3, 2002, pp. 320 – 321.

② Seymour Lipset and Stein Rokkan, "Cleavage Structures, Party Systems, and Voter Alignments: An Introduction.", in Seymour Lipset and Stein Rokkan (eds.), *Party Systems and Voter Alignments*, New York: Free Press/Collier Macmillan, 1967, pp. 1 – 64.

绿党和部分左翼政党处于这条新分歧线的另一端，它们通常对欧洲一体化采取支持的态度。

（二）策略因素

苏塞克斯学派则将政党看作理性的策略性行为体，认为疑欧主义立场是政党竞争中经过策略计算而生的产物，而政党的意识形态与其对欧态度并没有直接的线性关系："政党的意识形态不能为推断其对欧立场提供足够的信息。"[①] 塔格特将疑欧主义视为"国内政治异议的试金石"，认为疑欧主义可以通过不同的方式展现出来，也可以通过不同的方式被政党所使用。[②] 在策略因素影响下，政党的对欧立场会根据本国特点和政党竞争的变化而变化。因此，国情和政治制度的特殊性、政党制度的结构与特点、政党目标、政党类型以及其在政治体制中的地位等要素成为疑欧主义的解释因素。政党并非孤立的政治团体，会受到上述因素的制约，推动它们调整自己的价值观和议题立场。按照这种解释框架，疑欧主义成了反对党以及抗议型政党在政党竞争中的政治资源，学者尼克·希特尔（Nick Sitter）也因此将疑欧主义称为"反对的政治"。[③] 反对党和在政治体制中处于边缘的政党更有可能选择反对欧盟的立场，以体现其自身区别于建制派主流政党的特异性。换句话说，政党在国内政党体系中的策略性地位也许会影响它们对欧洲一体化的政策立场。联合政府中的主流政党不愿意政治化新的议题，因为这可能会使它们与执政伙伴产生龃龉从而限制其联合执政能力。相比之下，边缘政党短期内并没有执政的目的，它们享有更大的机动性与政治能动性，更有动机利用欧洲作为"动员"议题，确信它们可以通过提高欧盟议题显著度而增加自己的选票。激进右翼政党将自己描绘为欧洲一体化威胁下国家主权和文化认同的唯一捍卫者，以期获取更大的选举红利。[④] 值得一提的是，当疑欧主义政党希望参与联合政府执政时，它们会策略性地缓和自己疑欧的立场，从而在民众面前淡化自身的激进色彩，提升自身政治可信度，近年来这一点在法国、奥

① Paul Taggart, "A Touchstone of Dissent: Euroscepticism in Contemporary Western European Party Systems", *European Journal of Political Research*, Vol. 33, No. 3, 1998, p. 377.

② Paul Taggart, "A Touchstone of Dissent: Euroscepticism in Contemporary Western European Party Systems", *European Journal of Political Research*, Vol. 33, No. 3, 1998, p. 368.

③ Nick Sitter, "The Politics of Opposition and European Integration in Scandinavia: is Euroscepticism a Government-opposition Dynamic?", *West European Politics*, Vol. 24, No. 4, 2001, pp. 22–39.

④ Catherine De Vries and Erica Edwards, "Taking Europe to its Extremes: Extremist Parties and Public Euroscepticism", *Party Politics*, Vol. 15, No. 1, 2009, pp. 5–28.

地利和意大利等国的激进右翼政党身上有了很好的展现。

本书认为激进右翼政党的疑欧主义倾向是由意识形态和策略双重因素决定的。前者是决定政治行为体做出选择的重要认知因素，是决定政党是否采取疑欧立场的基础；而在政党竞争方面，短期的策略性因素往往制约着激进右翼政党疑欧立场程度的变化。激进右翼政党是理性的政治行为体，会强调与它们意识形态相符的议题，以此尽可能拉近与潜在选民之间的距离，所以它们的疑欧主义是有条件的，受到国内政治竞争和政治议程因素的制约。学者塔格特和斯泽比亚克指出，在意识形态和策略中何种因素更重要主要取决于政党的目标是什么，以价值和目标为导向的政党会更注重意识形态的作用，而以利益和执政为目标的政党的对欧立场会更受策略因素驱使，但他们认为在意识形态影响下政党总体的对欧态度是相对稳固的，政党是否会在选举竞争中利用欧洲议题则取决于其选举策略和联合执政前景。① 因此，政党疑欧主义程度的不同既源自政党关于价值认同和意识形态的长期目标，也源自政党在政党制度中的地位和选举策略的短期目标。政党意识形态和策略紧密结合在一起共同成为衡量政党对欧立场的基础，正如艾格尼斯·巴托里（Agnes Batory）和尼克·希特尔所言："如果一个政党将欧洲一体化视为对选民价值观或经济利益的威胁，那么很有可能采取强硬疑欧主义，然而，如果这两个条件无法满足，选民策略和联盟策略就决定了政党关于疑欧主义的动机。"② 尽管意识形态是决定政党对欧立场的关键，政党仍有可能将欧盟议题作为政党竞争的策略性因素，因此，德弗里斯和埃里克·爱德华（Erica Edwards）指出，意识形态和政治策略因素并不是相互排斥的，而是相互加强的。③

---

① Paul Taggart and Aleks Szczerbiak, "Theorizing Party-Based Euroscepticism: Problems of Definition, Measurement, and Causality", in Paul Taggart and Aleks Szczerbiak (eds.), *Opposing Europe? The Comparative Party Politics of Euroscepticism*, Volume 2: *Comparative and Theoretical Perspectives*, Oxford: Oxford University Press. 2008, pp. 238 - 262.

② Agnes Batory and Nick Sitter, "Cleavages, Competition and Coalition-building: Agrarian Parties and the European Question in Western and East Central Europe", *European Journal of Political Research*, Vol. 43, No. 4, 2004, pp. 523 - 546.

③ Catherine De Vries and Erica Edwards, "Taking Europe to its Extremes: Extremist Parties and Public Euroscepticism", *Party Politics*, Vol. 15, No. 1, 2009, pp. 5 - 28.

第二节　西欧激进右翼政党概述

一　激进右翼政党的概念界定

西方学界对于激进右翼政党团体的名称和分类非常冗杂和模糊。[①] 本书认为，激进右翼政党名称、概念和分类的模糊化不利于对该党派学术研究的准确性与科学性。一方面，烦冗的标签和复杂化的划分不利于对激进右翼政党的认知与理解；另一方面，随着时间的推移和政治环境的变化，早年的分类和命名标准以及概念也失去了准确性与时效性。本书基于德国传统的研究取向，对激进右翼、极端右翼和极右翼的概念进行了厘清。[②] 激进右翼政党和极端右翼政党的主要区别在于政党对暴力和民主的态度以及意识形态的差别。极端右翼反对程序民主和实质民主，激进右翼支持民主制度但反对精英民主和自由主义，前者是反体制，而后者是反建制。极端右翼政党与战时法西斯主义政党有关联，秉持种族主义，而激进右翼政党与法西斯主义的种族和血统论彻底断绝关联，而是将"他者"的建构作为意识形态重要内核。二者具体的差别如表 2 - 1 所示。

[①] 参见前文诸论部分国内外研究现状中关于"激进右翼政党的概念与类型研究"的内容。中外学界也通常将此类政党称为"右翼民粹主义政党"，但本书认为"激进右翼政党"是更加符合该类政党的标签，原因有以下两点。第一，尽管民粹主义是该政党团体的意识形态和重要策略，但这并不是相对于其他政党而言的区别性特征。现如今，不少欧洲主流政党也倾向于采用民粹主义的策略动员选民支持（如鲍里斯·约翰逊领导的英国保守党）。相比而言，"激进"不仅囊括了民粹主义的基本意涵，更体现该政党团体在政治光谱中相对极端的定位。第二，民粹主义并非激进右翼政党最为重要的意识形态，其以人民为中心、反对传统政治精英的民粹式政治话语通常将民族主义意识形态作为逻辑基点，如政治精英背叛国家利益拥抱多元文化主义、向欧盟出卖国家主权等。因此，"激进"而非"民粹主义"是体现该类政党特点的最大公约数。

[②] 德国学界对激进主义和极端主义进行了严格的区分，从德国传统研究取向而言，激进主义反对宪法，但并不会彻底或部分破坏自由民主秩序；而极端主义则仇视宪法，旨在颠覆自由民主制度。与此相对应，极端主义政党通常会受到德国联邦或州宪法保卫机关的监控，甚至有可能会被实行党禁，而激进主义政党则不会受到这些措施的限制。参见 Cas Mudde, *The Ideology of the Extreme Right*, Manchester：Manchester University Press, 2000, p. 12.

表 2 – 1　极端右翼政党与激进右翼政党的对比

	极端右翼政党	激进右翼政党
对体制的态度	反体制、反民主	反建制、反自由主义
意识形态核心	种族主义、排外主义、极端主义	本土民族主义、民粹主义
与法西斯主义联系	直接或间接	无
对暴力的态度	支持或暗中支持	反对

资料来源：笔者归纳自制。

　　学术界和新闻界广为使用的概念是极右翼（far right），西方学者普遍认为极右翼政党与极端右翼政党和激进右翼政党是包含与被包含的关系，即极右翼政党的范围更广，而激进右翼政党是 20 世纪 70 年代末出现的极右翼政党的分支。[1] 极右翼的概念囊括了激进右翼政党和极端右翼政党，极端右翼政党处于左右政治光谱的最右端，而相比之下激进右翼政党则位于主流右翼政党之右和极端右翼政党之左的位置。[2] 通过以上分析可以总结出欧洲政党的主要政治光谱构成和激进右翼政党的意识形态定位，如表 2 – 2 所示。

表 2 – 2　欧洲政党的主要政治光谱构成

极左翼		民主中间派		极右翼	
极端左翼	激进左翼	主流左翼	主流右翼	激进右翼	极端右翼
		尊重民主宪法和民主制度			

资料来源：Vera Stojarova, *The Far Right in the Balkans*. New York：Manchester University Press，2013, p. 14。

　　因此，激进右翼政党指的是处在主流右翼和极端右翼之间、反对个人和社会平等并秉持本土民族主义和民粹主义意识形态的政党团体，在那些与其意识形态路径（社会文化维度）相关的议题上，它们通常采取激进的立场。这种"激进"有两种表现形式：首先，在政治话语层面，它们所采用的政治话语是激进的；其次，在价值取向层面，其政治主张通常是与西方主流政治价值观和自由民主内核格格不入的。

---

[1]　David Art, *Inside the Radical Right：the Development of Anti-immigrant Parties in Western Europe*，Cambridge：Cambridge University Press, 2011；Cas Mudde, *Populist Radical Right Parties in Europe*, Cambridge：Cambridge University Press, 2007.

[2]　Vera Stojarova, *The Far Right in the Balkans*, New York：Manchester University Press, 2013, p. 13.

二 西欧激进右翼政党的选举突破

近几十年来，欧洲政治的一个重要主题就是激进右翼政党势力的壮大，而激进右翼政党既不是欧洲政治体系中的陌生者，也不是欧洲政治文化中的陌生元素。1945 年二战结束后，随着法西斯主义被挫败和自由主义的大获全胜，西欧的选举制度和政治架构趋于稳定，在此背景下，激进右翼政党虽然没有彻底消失，但被限制于政治舞台的边缘。欧洲反法西斯的胜利、经济持续发展、低失业率、种族主义名声的败坏都是阻止激进右翼政党取得进步和合法性的障碍。20 世纪 50 年代到 80 年代，西欧大多数激进右翼政党仍然处于西欧政党体制边缘化的地位，很少有激进右翼政党能够获得议会议席所需的最低选票数量。1973 年，丹麦进步党在议会选举中获得第二名，得到了15.9% 的选票和 28 个议席，这是历史上第一次有激进右翼政党取得这样令人瞩目的成绩。20 世纪 80 年代以来，伴随着欧洲福利国家危机，西欧激进右翼政党在欧洲逐渐兴起，但真正在选举中有所收获的仅仅局限于法国、意大利和奥地利等国，如 1986 年法国议会选举中法国国民阵线获得 35 个议席。20 世纪 90 年代，法国国民阵线和奥地利自由党起初看似偶然的选举突破逐渐被其他激进右翼政党复制，这标志着疑欧势力大范围崛起的开始，反移民和民粹主义的策略让激进右翼政党找寻到了通向主流的路径。自 2008年全球金融危机和欧债危机以来，欧洲各国国内经济发展停滞不前，移民的大量涌入挤占了国民福利空间和工作机会，欧洲许多激进右翼政党借机在国内迅速扩展自己的力量。在此期间，学术界中"正常病理理论"（Normal Pathology Theory）盛行一时，意指将激进右翼政党的崛起视为经济社会和政治危机下昙花一现的异常现象，而不是永久的特点。[①] 激进右翼政党在政治版图中的存在仅仅被视为一种历史的残存，注定会在西方民主社会中被同化，因此激进右翼政党所推动的议题通常会被主流政党所忽视。然而在最近几年，激进右翼政党又迎来了新一轮勃兴。

西欧激进右翼政党新一轮的兴起首先突出表现在欧洲议会选举中。2014年欧洲议会选举可视为激进右翼政党全面爆发的开端，共有 26 个激进右翼政党获得了 135 个席位，约占全部议席的 18%，它们分属于欧盟 28 个成员

---

① Cas Mudde, "The Populist Radical Right: A Pathological Normalcy", in Cas Mudde (eds.), *On Extremism and Democracy in Europe*, London: Routledge, 2016, pp. 3 – 12.

国中的 19 个，其中，英国独立党、丹麦人民党、法国国民阵线等在本国选举中夺得了第一名，而获得本国前四名的激进右翼政党多达 10 余个。与以往不同的是，本次欧洲议会选举的结果也对激进右翼政党在国内的选举产生了助推作用。2014 年欧洲议会选举后，瑞典民主党、丹麦人民党、英国独立党等激进右翼政党都在本国的议会选举中获得了历史性突破。此后，西欧激进右翼政党并没有停下脚步，在 2017 年荷兰和法国大选中，尽管亲欧派政党党魁都有惊无险地获得选举成功，但荷兰自由党和法国国民阵线分别取得了历史最好选举成绩。其中，在荷兰议会选举中，荷兰自由党取得 20 个席位，成为议会第二大党，这也给新政府的联合组阁带来了很大的麻烦，直到大选后第 208 天，荷兰才建立了由四个党派组成的新联合政府。在法国大选中，玛丽娜·勒庞（Marine Le Pen）在第一轮总统选举中获得 21.3% 的得票率，高居第二位，尽管在第二轮中不敌埃马纽埃尔·马克龙（Emmanuel Ma-cron），但是玛丽娜·勒庞领导的法国国民阵线仍然得到了超过 1000 万张选票，创造了历史最佳选举成绩，将其父在十五年前的选举纪录提高了一倍之多。这个选举结果也直接导致了法国主流中左翼社会党和中右翼共和党的边缘化，传统主流政党的衰落以及国民阵线的强势崛起表明法国政党体制的重新洗牌。在 2017 年 9 月的德国联邦议院选举中，建党仅仅四年的德国选择党取得了选举突破，在大选中跃居得票率第三名（12.6%），拿到了 94 个议席并成为德国联邦议院第三大政党和第一反对党，成为二战后首个进入德国联邦议院的激进右翼政党。在 2017 年 10 月的奥地利国会选举中，奥地利自由党获得 26% 的得票率，以微弱的劣势落后于奥地利社会民主党排在第三位。表 2 - 3 总结了自 1990 年至今欧洲主要激进右翼政党在国内议会选举中的得票率，可以看出，在二十年里，激进右翼政党的支持率总体趋势还是稳中有升的，从 20 世纪 90 年代的 9.5% 升至 2016 ～ 2019 年的 15.7%。有学者认为，尽管疑欧主义已经不是欧洲政治的新现象，然而在激进右翼政党的带领下，近年来欧盟反对者所取得的选举突破仍然是令人惊讶的。①

随着激进右翼政党得票率的持续上升，在奥地利、芬兰、意大利、荷兰、挪威和瑞士等国，许多激进右翼政党已经得到了作为主流政党的联盟对象进入联合政府执政的机会，意大利的北方联盟和五星运动党也在历史上首

---

① Karsten Grabow and Florian Hartleb, "Europa-No, thanks?: Study on the Rise of Right-wing and National Populist Parties in Europe", Bonn: Konrad-Adenauer-Stiftung, 2014.

次成为联合政府的合作伙伴。① 当然也必须看到，激进右翼运动的勃兴不能被过度夸大，并不是所有的激进右翼政党在过去的几十年中都经历了选举突破，荷兰富图恩名单党、瑞典新民主党等激进右翼政党甚至逐渐在国内政治舞台中销声匿迹；并非所有西欧国家都有成功的激进右翼政党，在比利时、法国、瑞典和英国等国，在选举制度等外界因素的制约下，激进右翼政党没有得到进入政府执政的机会。然而，对于大多数激进右翼政党而言，趋势是向上发展的，它们在选举方面的进步和在联合政府中的执政表现表明，激进右翼政党已经成为欧洲政治中一支举足轻重的力量，激进右翼势力的崛起也已经成为欧洲政治的"新常态"。在学者安德烈·扎斯洛夫看来，随着激进右翼政党的支持率稳步升高，以及其在政府中开始承担更大的责任，可以预测它们非但不会昙花一现，反而将成为欧洲政治舞台上不可或缺的力量。②

表 2 - 3　1990 ~ 2019 年西欧主要激进右翼政党在本国大选中的平均得票率③

单位:%

国家	政党	1990 ~ 1999 年	2000 ~ 2009 年	2010 ~ 2015 年	2016 ~ 2019 年
奥地利	未来联盟党（BZÖ）		7.4	3.3	
	自由党（FPÖ）	22.0	12.8	20.5	26.0
比利时	弗拉芒利益党（VB）	8.1	11.8	5.8	11.95
	新比利时阵线（FNb）	1.6	2.0		
丹麦	人民党（DF）	7.4	13.2	16.7	8.7
法国	国民阵线（FN）	13.7	7.8	13.6	13.2
荷兰	富图恩名单党（LPF）		11.4		
	自由党（PVV）		5.9	12.8	13.1
挪威	进步党（FRP）	10.8	19.9	16.3	15.2
德国	选择党（AfD）			4.7	12.6
瑞士	人民党（SVP）	16.4	27.8	28.9	

---

① 组阁 14 个月后，意大利五星运动党和北方联盟党的民粹联盟政府于 2019 年 9 月宣告瓦解。而后，五星运动党与意大利民主党组成新的联合政府。

② Andrej Zaslove, "Here to Stay? Populism as a New Party Type", *European Review*, Vol. 16, No. 3, 2008, pp. 319 - 336.

③ 在国内选举中得票率少于 2% 的西欧激进右翼政党未被列入表中。

续表

国家	政党	1990 ~ 1999 年	2000 ~ 2009 年	2010 ~ 2015 年	2016 ~ 2019 年
瑞典	新民主党（NyD）	4.0			
	民主党（SD）		3.3	12.9	17.6
英国	独立党（UKIP）		1.9	7.9	1.8
意大利	北方联盟（LN）	9.1	5.6	4.1	17.4
	五星运动（M5S）			25.5	33.3
芬兰	正统芬兰人党（PS）	2.4	2.9	18.3	17.5
平均		9.5	9.5	13.7	15.7

资料来源：Parliaments and governments database，www. parlgov. org。

　　面对激进右翼政党所秉持的激进的意识形态思想，主流政党很容易将激进右翼政党视为自由民主价值观的威胁，欧洲在 20 世纪三四十年代遭受法西斯和纳粹主义荼毒的历史也使得激进右翼政党的崛起备受关注。2013 年，时任欧盟委员会主席若泽·曼努埃尔·巴罗佐（José Manuel Barroso）就不无担忧地说："我非常担心政治极端主义和民粹主义正在分裂我们得以团结对抗危机的政治支持和社会结构。分裂充斥着欧洲的中心和角落，一条新的分界线重新横亘在欧洲，偏见与歧视重新出现并再次撕裂着我们的人民。"[1] 不过，当代激进右翼政党的崛起并不是臭名昭著的法西斯主义的复兴，因为现在政治经济背景与那时早已大相径庭。自由主义和资本主义民主根深蒂固，全球化、欧洲一体化、移民的自由迁徙、后物质主义价值观和认同政治的作用越发显著，极右翼法西斯主义政党的传统意识形态核心，如反犹太主义、反共产主义和种族主义等特点，已经在激进右翼政党温和化的政党主张纲领中销声匿迹，它们将对民主、公民权和对宪法法律的尊崇纳入其政治话语和纲领之中。如今，激进右翼政党已经发展到一个崭新的阶段，它们越来越有意愿和能力在不失去自己"本性"的前提下在民主体制中发挥自己的作用。

---

[1] European Commission，"Speech：More Integration Would Boost European Cooperation"，22 April 2013，available at：http：//ec. europa. eu/debate-future-europe/ongoing-debate/articles/barroso_federalism_20130422_en. htm，last accessed on 4 December 2018.

第三节　激进右翼政党与疑欧主义

一　从亲欧到疑欧——激进右翼政党对欧立场的变化

在欧洲政党政治中，激进右翼政党自 20 世纪 90 年代以来是疑欧立场最明显的政党团体，正如莉斯贝特·霍克等学者所言："它们毫无例外，都是高度疑欧的。"① 然而，激进右翼政党的疑欧立场并非一贯如此，一部分激进右翼政党在 20 世纪 80 年代秉持着亲欧的立场和"欧洲故土情结"，这种积极的情绪集中体现在 20 世纪 80 年代的法国国民阵线和奥地利自由党等政党身上，但是这两个激进右翼政党选择支持欧洲一体化的原因各不相同。

自 1956 年建党以来，奥地利自由党就是欧洲一体化进程的狂热支持者，也是当时奥地利政坛中唯一一个支持奥地利加入欧共体的政党。这一方面是因为奥地利毗邻东欧社会主义国家而产生的"不安全感"，欧共体则是能为当时的奥地利提供庇护的最好选择；另一方面，自由党希望奥地利能搭上欧洲一体化的顺风车，加入欧洲共同市场以实现经济高速发展。而法国国民阵线支持欧共体的原因有三点：其一，基齐特教授曾指出，彼时激进右翼政党的"制胜之道"是政治上的威权主义与经济上的自由主义相结合②，在 20 世纪 80 年代国民阵线就将自己标榜为经济自由派政党，对欧共体的支持代表着国民阵线对自由市场政策的崇尚；其二，法国国民阵线将欧共体视作对美国和苏联的平衡；其三，法国国民阵线的亲欧立场并非希望欧共体向制度化合作方向迈进，而是意图建立一个以文化和民族为基础的大欧洲实体，彼时法国在欧洲的地位缺失，而欧共体这个政治实体越强大，法国就越有可能重新树立对国际事务的政治和文化影响力。③ 因此，即使在 1986 年富有争议的《单一欧洲法案》通过后，法国国民阵线在 1989 年欧洲议会竞选宣言中依然旗帜鲜明地在移民、反恐怖主义、边境控制和共同防御政策等敏感议题

---

① Liesbet Hooghe, Gary Marks, and Carole Wilson, "Does Left/Right Structure Party Positions on European Integration?", in Gary Marks and Marco Steenbergen (eds.), *European Integration and Political Conflict*, Cambridge: Cambridge University Press, 2004, p. 133.

② Herbert Kitschelt and Anthony McGann, *The Radical Right in Western European Comparative Analysis*, Ann Arbor: University of Michigan Press, 1995.

③ Dimitri Almeida, "Europeanized Eurosceptics? Radical Right Parties and European Integration", Perspectives on European Politics and Society, Vol. 11, No. 3, 2010, p. 241.

上支持欧洲的进一步一体化。

　　然而 1991 年《马约》签订之后，这些激进右翼政党就成了国家主权的维护者并反对超国家主义。例如 20 世纪 90 年代初，国民阵线前党魁让 – 玛丽·勒庞（Jean-Marie Le Pen）开始转变态度，将欧洲一体化看作针对民族国家的阴谋，也是主流政党推动法国外交走向衰落的第一步。① 国民阵线在 1994 年的欧洲议会选举竞选宣言中就以"反对马斯特里赫特的欧洲——前进吧法国！"为题，并于 2002 年法国议会选举竞选宣言中首次提出要夺回法国的主权并带领法国退出欧盟的强硬疑欧主张。② 前党魁勒庞之女玛丽娜·勒庞继任国民阵线党魁后，除了尽力实现对本党去污名化和正常化的目标，仍然继续了其父的强硬疑欧主义立场，把欧盟称作自由主义全球化的特洛伊木马。在 1986 年约尔格·海德尔（Jörg Haider）当选党魁后，奥地利自由党逐渐向激进右翼立场转移，对欧盟的支持也出现了转向。在 1994 年决定奥地利是否加入欧盟的全民公投中，奥地利自由党成为反对奥地利加入欧盟的重要领导者，接近 60% 的自由党选民在公投中投了反对票。德国共和党起初也秉持欧洲是欧洲人的欧洲和欧洲联邦主义的想法，认为"团结的欧洲是我们这一代人的历史任务"，因为欧洲各国的深度合作有助于与其他国家重新协商一份对德国更为有利的和平协议；但是共和党跟其他激进右翼政党类似，只是支持一定形式的欧洲合作，反对欧盟。《马约》签订之时，共和党将其称作"没有武器的《凡尔赛和约》"③。对于意大利北方联盟党而言，他们起初把欧洲共同体视作政治机会以帮助他们实现地方自治，但自 1998 年起北方联盟开始转向疑欧，只是在联合政府期间并没有显示对欧洲一体化强烈的反对。丹麦人民党尽管反对欧洲的统一，不希望向欧盟让渡权力，但也承认欧洲多边合作的重要性。在人民党官方文件中明确反对联邦制欧盟的发展，同时又希望在保证丹麦主权国家地位的基础上，就事关丹麦利益的政策在欧洲范围内展开紧密的协作。④ 瑞典民主党也曾指出："欧洲合作是一件好

---

① Jean-Marie Le Pen, "Discours prononce 'lors de la 18e' me Fête des Bleu-Blanc-Rouge", 26 September 1998, available at: http://www.frontnational.com/doc_interventions_detail.php? id_inter 6.

② Front National, "Programme du Front National pour les élections législatives de 2002", Parliamentary Election Manifesto, 2002.

③ REP, *Parteiprogramm*. Bonn: Die Republikaner, 1990, cited from Cas Mudde, *Populist Radical Right Parties in Europe*, Cambridge: Cambridge University Press, 2007, p. 160.

④ Sofia Vasilopoulou, "European Integration and the Radical Right: Three Patterns of Opposition", *Government and Opposition*, Vol. 46, No. 2, 2011, p. 240.

事情，但是建立一个欧洲超国家就不是好事了。"①

从以上例子中可以看出，激进右翼政党自 20 世纪 90 年代逐渐增强的疑欧立场并不意味着完全反对任何形式的欧洲计划和欧洲一体化进程，而是支持欧洲各国的合作，反对深度一体化进程。一些激进右翼政党怀疑欧洲一体化能否给国家带来真正的益处，但是它们仍然支持欧盟存续的基本观念，比如认可政治合作和共同市场对国家是有利的；另一些激进右翼政党则完全反对欧盟，然而没有任何一个激进右翼政党是欧洲一体化的坚定支持者。这也是有学者在 21 世纪初将激进右翼政党归属于"欧洲悲观者"（europessimists）的原因，即它们"不支持现阶段的欧盟，抑或是对欧盟的发展方向表示悲观"②。卡斯·穆德认为，欧洲怀疑者包括两个类别，分别是疑欧政党和欧洲排斥政党。前者支持欧洲一体化的基本观念，但是认为当前的欧盟并没有体现这种观念；而欧洲排斥者则是从根本上反对欧洲一体化的观念和欧盟。穆德观察到，大多数激进右翼政党只是欧洲怀疑者而非欧洲排斥者，因为它们并不反对欧洲实现政治和经济合作的观念。③

二　激进右翼政党疑欧主义立场的意识形态基础

保罗·海恩斯沃斯（Paul Hainsworth）认为，政治意识形态是一系列相关联的观念和思想，是政治行动、思想和讨论的理论基础。④ 激进右翼政党的意识形态往往与建构他者认同有关，它们认为作为非本民族的异质元素，群体之外的"他者"是对本民族同质性的威胁，理应被排斥。学者鲁斯·沃达克（Ruth Wodak）将这种建构"他者"的行为称作"恐惧的政治"："替罪羊和阴谋论的建构是（激进右翼政党）最常用的工具，简单地说，只要能达到相应目的，任何人都有可能被建构成危险的"他者"。"⑤

① Cas Mudde, *Populist Radical Right Parties in Europe*, Cambridge：Cambridge University Press, 2007, p. 165.

② Petre Kopecky and Cas Mudde, "The Two Sides of Euroscepticism. Party Positions on European integration in East Central Europe", *European Union Politics*, Vol. 3, No. 3, 2002, p. 302.

③ Cas Mudde, *Populist Radical Right Parties in Europe*. Cambridge：Cambridge University Press, 2007, p. 164.

④ Paul Hainsworth, *The Extreme Right in Western Europe*, New York：Routledge, 2008, p. 67.

⑤ Ruth Wodak, *The Politics of Fear：What Right-wing Populist Discourses Mean*, London：Sage, 2015, p. 2.

（一）民族主义

对于激进右翼政党和欧盟的关系而言，民族主义发挥着重要作用，激进右翼政党会利用民族主义将自己描绘成在欧洲一体化威胁下民族认同和国家主权的捍卫者，反对欧盟对民族国家事务的管控权和决定权。在这个背景下，欧盟框架下的欧洲一体化进程就成了他者认同的重要构成部分。

民族主义是激进右翼政党意识形态的内核性因素，用穆德的话说，民族和国家的概念"像衣架一样撑起了激进右翼其他所有意识形态特点"，因为没有任何一个政党像激进右翼政党这样将国家与民族、公民权、人民和种族概念联系得如此紧密，民族主义政治观将激进右翼政党与其他政党区分开来。[1] 激进右翼的民族主义是偏狭的、排他的，是由内部的"自我"和外部的"他者"组成的，而后者是对前者乃至整个民族国家的威胁。那么是什么决定着个体属于"自我"而不是"他者"？尽管有学者认为在民族共同体中的成员资格是自愿的[2]，然而大多数激进右翼政党将民族文化特点当作决定民族共同体资格的核心条件。马克·史文吉道（Marc Swyngedouw）和吉尔斯·伊瓦尔蒂（Gilles Ivaldi）认为，激进右翼政党将国家看作由享有同种文化、种族、血缘和领土的个体单元组成的政治实体，而没有这些特点的个人或群体不被视为国家共同体的一员。[3] 保罗·布洛克（Paul Blokker）也指出，民族是自然注定的和同质的整体，这种排外的民族主义观将非本族人口当作不受欢迎的"他者"。[4] 这种"自我"与"他者"的二元界分使得激进右翼政党可以建构替罪羊，利用阴谋论理论将社会顽疾的责任推给外国人、少数族裔或犹太人，也正是因为这种文化和民族同质化的诉求，激进右翼政党普遍反对外来移民。类似于"奥地利优先""法国是法国人的法国""相信英国"的话语在它们的政治诉求中屡见不鲜。

每一个民族都有区别于其他民族的特定认同，学者奥利弗·齐默（Olive Zimmer）提出这种认同可以分为两种形态：一种是公民形态，主要是唯意志

---

[1] Cas Mudde, *Populist Radical Right parties in Europe*, Cambridge: Cambridge University Press, 2007, p. 16.

[2] Rogers Brubaker, *Ethnicity without Groups*, Cambridge: Harvard University Press, 2004.

[3] Marc Swyngedouw and Gilles Ivaldi, "The Extreme Right Utopia in Belgium and France: The Ideology of the Flemish Vlaams Blok and the French Front National", *West European Politics*, Vol. 24, No. 3, 2001, pp. 1 – 22.

[4] Paul Blokker, "Populist Nationalism, Anti-Europeanism, post-nationalism, and the East-West Distinction", *German Law Journal*, Vol. 6, No. 2, 2005, pp. 371 – 389.

论的特点，即共同的制度、主权、领土、经济和法律因素；另一种是族群形态，主要是先天决定论的标准，包括语言、教义、种族和出生地等。① 值得一提的是，所有民族的认同都包含这两个形态。民族主义的两种类型也由此抽象而来——以法国为原型的公民民族主义（Civic Nationalism）和以德国为原型的族裔民族主义（Ethnic Nationalism）。激进右翼政党的民族主义意识形态也包含这两方面的因素。从族裔民族主义因素来看，它们将国家看作由享有同种文化、种族、血缘和领土的个体单元组成的政治实体，强调国家内部同质化与外部排他性的统一，旨在民族边境之内建立一个单一文化的国家。② 吉斯·莱准将这种排他性民族主义称为"民族多元主义"（Ethno-Pluralism），与传统的种族主义不同的是，民族多元主义并非有等级的，不同种族之间并没有高低优劣之分，但它们之间是不兼容、无法互通的，因此激进右翼政党将保护文化认同免受外来威胁视为合理合法的诉求。③ 而就公民民族主义而言，一方面，主权问题在激进右翼的政治话语中非常显著，有学者将激进右翼政党的对欧态度归结为以主权为基础的疑欧主义④；另一方面，激进右翼政党在公民角度通过定义"他者"，在自身意识形态中加入宽容、自由主义因素以温和化其意识形态，增强其可信度和合法性。

因此，激进右翼政党认为欧洲一体化所带来的威胁是双重的。从族裔民族主义的角度来看，激进右翼政党将欧盟视为破坏各国民族认同的重要威胁。欧洲概念越来越多地"充斥于"各个成员国的日常生活和社会文化空间，其重要性大有与民族国家平起平坐的趋势。激进右翼政党认为一个政治实体的文化认同理应局限于本土群体中，担忧欧洲概念的涌入会让国家失去本国特殊的民族认同和文化传统。不仅如此，在欧盟的人员自由流动政策以及多元文化主义和自由主义基本价值观念的共同影响下，欧盟部分成员国逐渐走向多民族、多文化趋势，本土民众所占人口比重逐年下滑，这是将自己视为本国文化认同捍卫者的激进右翼政党所不能容忍的。它们尤其反对欧洲

---

① Olive Zimmer, "Boundary Mechanisms and Symbolic Resources: towards a Process-oriented Approach to National Identity", *Nations and Nationalism*, Vol. 9, No. 2, 2003, pp. 173 – 193.

② Vera Stojarova, *The Far Right in the Balkans*, New York: Manchester University Press, 2013, p. 30.

③ Jens Rydgren, "Introduction: Class Politics and the Radical Right", in Jens Rydgren (eds.), *Class Politics and the Radical Right*, London: Routledge, 2013, p. 4.

④ Sofia Vasilopoulou, "European Integration and the Radical Right: Three Patterns of Opposition", *Government and Opposition*, Vol. 46, No. 2, 2011, pp. 223 – 244.

大陆的"伊斯兰化",认为伊斯兰教是与欧洲价值观和现代民主完全不兼容的宗教,会使欧洲民族认同受到侵害,进而引发国家底层民众的不安全感。

在公民民族主义的视角下,政党疑欧主义是与主权紧密相连的。激进右翼政党的疑欧主义一般通过主权的角度来诠释,这是因为跨国多层治理结构下的欧盟与激进右翼政党的民族主义意识形态相违背,而民族主义与主权原则是息息相关的。① 尽管激进右翼政党对于民族国家的概念理解或许是不同的,但所有的激进右翼政党无一例外地认为民族国家是大众主权的基础,国家文化的同质性是实现这种主权的必要前提,而欧洲一体化计划与这种狭义的大众主权观相违背。相比之下,超国家一体化的大众主权观并未局限于民族国家,而是凌驾于民族国家之上,这与国家是至高无上的、由文化和种族同质群体构成的民族观背道而驰。因此,激进右翼政党认为欧盟的存在及其精英建立"欧洲合众国"的计划是对主权国家原则的践踏,并将欧盟视为民族国家主权的敌人,主张抵御超国家冲击,捍卫民族国家原有的经济、政治运作方式和社会生活方式。

由此可见,欧洲是由享有不同文化、历史和语言的不同民族国家构成,欧洲认同的形成和各成员国的团结在很大程度上只能依靠文化多元主义的包容性和民主价值观,欧盟多元文化主义价值观念以及超国家决策机制与激进右翼政党所秉持的民族主义背道而驰。族裔民族主义和公民民族主义在激进右翼政党的民族主义意识形态中往往是相辅相成的,激进右翼政党认为,欧盟框架下的欧洲一体化进程既会弱化自身族裔共同体的生命力和民族认同,又会给国家主权带来侵害。② 比如瑞士人民党反对瑞士加入申根区和欧盟共同庇护体系时就指出,这些协定不仅意味着"让我们拱手让出自决的权力,放弃我们自己的责任,损害瑞士令人骄傲的联邦制、中立立场和直接民主",而且会带来更多的罪犯、非法移民和黑工。③ 所以在民族主义意识形态的影响下,它们自然而然地将欧盟视为"他者",欧洲一体化进程也就成为激进右翼政党抨击的目标。

---

① Sofia Vasilopoulou, "The Radical Right and Euroskepticism", in Jens Rydgren (eds.), *The Oxford Handbook of the Radical Right*, Oxford: Oxford University Press, 2018, p. 191.

② Liesbet Hooghe, Gary Marks, and Carole Wilson, "Does Left/Right Structure Party Positions on European Integration?", in Gary Marks and Marco Steenbergen (eds.), *European Integration and Political Conflict*, Cambridge: Cambridge University Press, 2004, p. 131.

③ Cited from Dominic Höglinger, *Politicizing European Integration. Struggling with the Awakening Giant*, Basingstoke: Palgrave Macmillan, 2016, p. 110.

（二）民粹主义

前文提到，对于民粹主义的定义分歧主要集中于意识形态、话语和政治策略之争。然而在欧洲政治领域，学界普遍认同卡斯·穆德的观点，即民粹主义是一种意识形态，其将社会二元界分为两个同质且对立的群体，纯洁的人民和腐败的精英，认为政治理应被作为人民共同意志（general will）的表达；① 学者丹尼尔·阿尔贝塔奇（Daniele Albertazzi）和邓肯·麦克唐纳尔（Duncan McDonnell）在这个定义的基础上加入了第三方"他者"的概念，更加突出了民粹主义的二元对立观点，他们认为民粹主义作为一种意识形态，其中心特点是构建了善良、同质化的人民群体与以精英为代表的危险"他者"的善恶对立，后者剥夺了人民的权利、价值观、财富、认同和发言权。②

民粹主义为疑欧主义提供了丰厚的土壤，按照学者尤吉尼奥·萨瓦蒂（Eugenio Salvati）的理解，疑欧主义的核心要素是："关于欧盟政治体制的公开争论，即任何欧盟的政治产物都是不具备合法性的，因为其政治制度本身是不被认可的。"③ 这在一定程度上可以帮助我们理解民粹主义和疑欧主义之间的内在联系，也体现了欧盟范围内民粹主义的内核：欧盟是由精英创造的政治产物，不但没有体现人民的意志，而且损害了普通民众和成员国的利益。疑欧主义和民粹主义的共同点可以归纳为：对精英的批判（疑欧主义角度下，对欧盟精英和欧洲政客的批判）；人民和精英的对立（疑欧主义角度下，国家民众与欧洲政治精英的对立）；对地方、国家和欧盟层面民主运行现状的批判，认为可以通过直接民主解决一切社会矛盾和政治对立。民粹主义者认为，国际机构以及允许国际机构侵犯国家主权的国家精英没有资格代表人民的利益，在激进右翼政党看来，这种代表赤字只有通过两种途径才能得以解决：一是从国际机构中夺回本属于国家的主权；二是选择民粹主义者执政，这样民众真正的声音就能够重构国家和欧盟之间的关系。早在1997年，荷兰激进右翼政党领袖皮姆·福图恩（Pim Fortuyn）就在其书《没有灵

① Cas Mudde, "The Populist Zeitgeist", *Government and Opposition*, Vol. 39, No. 4, 2004, pp. 541 – 563.

② Daniele Albertazzi and Duncan McDonnell, "Introduction: The Spectre and the Spectre", in Daniele Albertazzi and McDonnell Duncan (eds.), *Twenty-First Century Populism. The Spectre of Western European Democracy*, Basingstoke: Palgrave Macmillan, 2008, pp. 1 – 11.

③ Eugenio Salvati, "The Five Star Movement in the European Parliament. A Real Eurosceptic Party?", Paper Presented at 2016 ECPR General Conference Prague, 2016.

魂的欧洲》中，将欧盟形容为"无情的、冷漠的官僚怪兽"①。英国独立党前党魁奈杰尔·法拉奇（Nigel Farage）在英国脱欧公投结果公布时，大声疾呼："这是属于真正的人民的胜利！这是属于普通人民的胜利！这是属于正直的人民的胜利！"②

在许多西方学者看来，民粹主义已经成为一种意识形态，或者更确切地说，是一种薄意识形态（thin ideology）。③ 从这个意义来说，民粹主义缺乏纲领性内核和解决社会问题的方案，但这也意味着民粹主义可以与其他综合性的意识形态（如同样具有识别"他者"属性的民族主义）相结合，成为民粹民族主义（Populist Nationalism），这一概念也在近年来受到学界关注。事实上，民粹主义与民族主义之间有着千丝万缕的联系，正如本杰明·德科里恩（Benjamin de Cleen）所言，民粹主义和民族主义在各个方面都是天然的伙伴。④ 弗朗西斯·福山（Francis Fukuyama）教授认为："当民粹主义者宣称'我支持人民'时，他们所指的通常不是全体人民。他们所说的人民是某一特定类别的人民，通常以种族或民族来定义，并且常常依照传统文化价值观或者传统的民族身份认同感来划分。"⑤由此可见，民族主义是人民与精英二元对立背后的逻辑所在，本族人"自我"和非本族人"他者"的界分因其产生，人民可以批评政治精英放任非本族"他者"的渗透。更为重要的是，由于民族非常依赖内部同质性，而民族主义可以为"人民"的概念构建提供现成的共有标志、文化和意义，这就为发展民粹主义提供了坚实基础。学者约瑟夫·莱西（Joseph Lacey）认为民粹主义与民族主义的联系与国家提供本体安全（ontological security）的能力息息相关，本体安全指民众需要政治、经济和社会资源以保护其基本价值观和生活方式不受外界影响。而民族国家一直以来都是这种本体安全的供给者，因此个人希望保卫民族国家从

---

① Pim Fortuyn, *Zielloos Europa*, Uithoorn: Karakter, 1997.

② Paul Armstong, "Nigel Farage: Arch-eurosceptic and Brexit 'Puppet Master'", CNN, 15 July 2016, available at: http://edition.cnn.com/2016/06/24/europe/eureferendum-nigel-farage, last accessed on 1 Aug 2018.

③ Cas Mudde, "The Populist Zeitgeist", *Government and Opposition*, Vol. 39, No. 4, 2004, pp. 541 – 563; Koen Abts and Stefan Rummens, "Populism versus Democracy", *Political Studies*, Vol. 55, No. 2, 2007, pp. 405 – 424.

④ Bejamin De Cleen, "Populism and Nationalism", in Cristóbal Rovira Kaltwasser, Paul Taggart, Paulina Ochoa Espejo, Pierre Ostiguy (eds.), *The Oxford Handbook of Populism*, Oxford: Oxford University Press, 2017. pp. 342 – 362.

⑤ 〔美〕弗朗西斯·福山、吴万伟、罗亮：《新身份政治》，《国外理论动态》2019 年第 7 期。

而维护他们的基本价值观和利益。而民粹主义的成功与否恰恰取决于公民本体安全受到外界威胁的程度，当外界"他者"的影响损害了国家为本国公民提供本体安全的能力时，民粹主义最有可能民族主义化。①

民粹民族主义是激进右翼政党利用欧盟政治精英与底层民众裂痕而大做文章的关键所在，鲁斯·沃达克认为所有的激进右翼政党都依赖"他者"替罪羊的角色，这个替罪羊会给"人民"带来存在性威胁，② 而欧盟恰恰被描绘成这种威胁的主要来源。民粹民族主义关注国家主权和国际机构以及移民等议题，当国家主权和移民议题交织在一起时，民粹主义话语就会变得非常有影响力。作为一个以人员自由流动政策为基础的超国家政治机构，欧盟导致了成员国国家主权的丧失和移民数量飞涨，这成为欧洲范围内民众与精英对立的主要来源。欧盟具有复杂且不透明的机构设置，其核心权力由非民选的政治和技术精英组成的欧盟委员会和理事会牢牢把持，而民选的欧洲议会仍处于欧盟权力的边缘。由此，激进右翼政党质疑欧盟的民主性，它们反对一个超国家的欧盟出现，也不希望国家将权力让渡给布鲁塞尔。激进右翼政党将保守的民族主义态度与反精英情绪融合在一起，它们认为国家文化和认同正在被各种威胁所包围，在激进右翼政党看来，建制派精英不但没有意愿也没有能力阻止这场社会文化变革，反而用更加自由的移民政策和亲欧立场推波助澜，进一步损害了国家的文化认同和主权。总而言之，激进右翼政党所秉持的民粹民族主义意识形态的特点可以归结为"为了民族和国家，反对精英"。

本章小结

近年来随着欧债危机、难民危机和英国脱欧等多重危机的爆发，欧盟遭遇了前所未有的挑战，疑欧主义已经成为内嵌于成员国国家和欧洲政治中的重要特点，而这会对欧盟的稳定和合法性造成无法修复的伤害。③ 欧盟没能

---

① Joseph Lacey, "Populist Nationalism and Ontological Security", in Lise Herman and James Muldoon (eds.), *Trumping the Mainstream*：*The Consequence of Democratic Politics by the Populist Radical Right*, London：Routledge, 2018, p. 95.

② Ruth Wodak, *The Politics of Fear*：*What Right-wing Populist Discourses Mean*, London：Sage, 2015.

③ Simon Usherwood and Nick Startin, "Euroscepticism as a Persistent Phenomenon", *Journal of Common Market Studies*, Vol. 51, No. 1, 2013, pp. 1 – 16.

迅速妥善地解决欧债危机和难民危机也进一步侵蚀了其可信度，加剧了民众的反欧情绪。在这种"限制性异议"的政治背景下，对欧盟和欧洲一体化进程批判最猛烈的政治团体当属激进右翼政党，保罗·海恩斯沃斯认为，欧洲一体化进程破坏了基本概念和价值观，如民族国家、民族认同、国家主权以及根深蒂固的民族归属感等，因此激进右翼政党很有资格作为大众反对和抗议去国家化进程的发声者。①

本章认为，激进右翼政党秉持疑欧主义立场的基础来自它们的民族主义和民粹意识形态，对激进右翼政党和欧盟的关系而言，这两个意识形态特点都发挥着重要作用。首先从民族主义角度看，它们创造了本国人和国家的敌人的二元对立，这植根于保卫国家利益和民族主义政治准则，核心诉求是保卫国家主权和认同免受其他全球化力量的侵害。在激进右翼政党看来，欧盟是这种全球化力量的典型代表，是对每一个欧盟成员国文化同质化和自治权的巨大威胁。换句话说，针对欧洲一体化的民族主义反抗不仅仅包含激进的民族排外因素，即保护本国民族认同不受欧洲一体化的侵害，如对移民和欧洲穆斯林化的反对，而且包括相对缓和的公民民族主义因素，比如对国家主权的捍卫。激进右翼政党利用民族主义将自己描绘成在欧洲一体化威胁下民族认同和民族自决权的坚定捍卫者，欧盟被看作异质的政治实体，将欧洲各民族国家融合在一个文化大熔炉之中，导致所有国家都会失去自己的特异性。而民粹主义则是激进右翼政党利用欧盟政治精英与底层民众龃龉契机的重要意识形态。民粹主义联系民族主义意识形态和话语以定义人民、"他者"以及"他者"带来的存在性威胁。因此，民粹主义可以定义为人民与制造威胁的"他者"对立起来的一种政治话语或意识形态，人民和"他者"都是同质化的群体，人民是值得赞扬的善者，"他者"则被描绘为腐败的犯罪者。疏离民众、高高在上的欧盟精英无疑成了"他者"构建的绝佳人选。

必须要看到，激进右翼政党不仅仅是凭意识形态反对欧洲一体化并推动欧洲议题政治化，而且采取疑欧立场也符合它们的策略利益。意识形态和政党策略都是激进右翼政党反对欧盟的解释模型。激进右翼政党在国内政党制度中边缘化的角色也使得它们更有动机批判欧盟，它们将疑欧主义视为策略性工具，这是激进右翼政党将其与主流政党区分并迎合民众疑欧情绪的重要手段。本书将在接下来的章节中对此进行具体阐述。

---

① Paul Hainsworth, *The Extreme Right in Western Europe*, New York: Routledge, 2008, p. 67.

第三章

——❦❦❦——

激进右翼政党推动欧洲一体化政治化的动机

近年来，西方学者借助"选举市场理论"模型来探究激进右翼政党崛起的原因。[①] 选举市场理论通过"供给—需求"模型的互动逻辑，从理性选择视角出发，阐释政党作为理性行为体是如何根据选举市场的需求做出选择判断并在政党竞争中占得先机的。需求因素是指政党可利用的导致选民不满和怨恨的社会结构性因素，这些因素为政党的崛起提供社会环境土壤，比如对全球化的不满情绪，精英群体与中下层民众的尖锐矛盾，对移民大量涌入的恐惧，等等。外部供给因素可以通过政治机会结构理论来阐释，政治机会是指一切有利于社会运动或组织的外部政治环境，主要分为制度和政党竞争两个维度。制度层面上表现为政治和选举制度对小党的开放程度；政党竞争层面上则是主流政党在政治谱系中的意识形态定位为小党提供的博弈空间。

这种以供给—需求为基础的分析框架同样可以用于分析激进右翼政党对欧洲议题政治化的动机。在上一章中提到，激进右翼政党采取疑欧主义立场并推动欧洲一体化政治化的基础在于其意识形态，但政治化得以持续发展也取决于大众意见的变化以及政党对民意的迎合。在政治化进程中，政党和大众其实也是一种供给与需求的互动关系，当政党意识到在欧洲议题上迎合民众偏好有利可图时，更会积极围绕该议题进行政治动员。[②] 换句话说，激进

---

① Cas Mudde, *Populist Radical Right Parties in Europe*, Cambridge：Cambridge University Press, 2007；Pippa Norris, *Radical Right Voters and Parties in the Electoral Market*, Cambridge：Cambridge University Press, 2005.

② 李明明：《论欧债危机的政治化与大众意见：基于权威合法性关系的视角》，《德国研究》2013 年第 3 期。

右翼政党推动政治化的动机主要在于迎合民众疑欧主义需求和赢得选票。从需求因素来看，民众长期以来的疑欧情绪以及对欧洲一体化和欧盟的信任危机，是由一体化进程中带来的价值危机需求、认同危机需求、安全危机需求和经济公平需求等需求因素交织而成。在这种多重危机背景下，欧洲议题在政治社会中的显著度明显提升，普通民众与欧洲精英之间的裂痕也逐渐拉大，为激进右翼政党推动欧洲议题的政治化提供了充分的社会条件。从外部供给因素看，主流政党多年未变的亲欧共识立场以及大众媒体的推动作用都给予了激进右翼政党政治化欧洲议题的政治机会与空间。

第一节　需求因素：民众疑欧主义情绪的上升

一　经济公平需求

2008 年美国次贷危机的负面影响迅速波及了欧洲金融市场，导致欧洲金融危机的出现和经济的急速衰退。2009 年，欧盟国家和欧元区的平均经济负增长率分别高达 4.4% 和 4.52%，国民生产总值增幅较 2007 年危机前骤降了 7 个百分点。直到 2014 年，欧盟主要成员国的负债率依旧居高不下，英国、法国和西班牙等国的负债率都达到了 85% 以上，而意大利甚至高达 132.3%。欧债危机的持续发酵不仅进一步加剧了原本就很严重的收入分配不平等的问题，也引发了欧盟成员国之间新分歧的出现：以德国为代表的"北方国家"和以希腊为代表的"南方国家"在紧缩与宽松财政政策之争中矛盾重重。更为重要的是，危机之初欧盟迟缓低效的应对举措造成了欧盟体制合法性危机的进一步加深。无论如何，欧债危机增加了欧洲议题在大众政治中的重要性与争议性，卡斯·穆德曾指出，虽然欧洲经济危机导致的后果需要多年后才能准确衡量，但毋庸置疑的是，欧债危机已经"将欧洲一体化（议题）重新带回政治与民众议程中来"。[①]

事实上，早在欧债危机之前，欧盟和欧元区的经济发展自 20 世纪末开始就异常乏力，远远落后于民众期望；而在欧债危机后，经济发展潜力更是不容乐观。如表 3 - 1 所示，无论是自欧洲单一市场的形成到统一货币政策期间（1993 ~ 1998），还是自欧元区正式运行到金融危机前（1999 ~ 2007），

① Cas Mudde, "The Comparative Study of Party-based Euroscepticism: The Sussex versus the North Carolina School", *East European Politics*, Vol. 28, No. 2, 2012, p. 200.

抑或是债务危机爆发后（2008～2013），与世界其他国家相比，欧元区国家在这三个时期有着最为缓慢的 GDP 平均增长率和最高的平均失业率。

表 3 - 1　1993～2013 年欧元区经济表现对比

	GDP 平均增长率（%）			平均失业率（%）		
	1993～1998 年	1999～2007 年	2008～2013 年	1993～1998 年	1999～2007 年	2008～2013 年
欧元区	1.85	2.26	-0.11	11.26	8.77	9.25
欧盟	2.17	2.54	-0.08	10.65	8.71	8.74
OECD 国家	2.62	2.56	0.19	7.32	6.45	7.59
世界国家	2.89	3.26	1.55	5.30	5.83	5.86

资料来源：Mark Baimbridge, "Economy and Monetary Union", in Kyriakos Demetrio (eds.) *The European Union in Crisis Explorations in Representation and Democratic Legitimacy*, Berlin: Springer, 2015, p. 83。

　　不仅如此，经济全球化导致欧盟成员国各社会阶层的收入与利益分配产生了明显分化，在一体化进程中出现了"赢家"与"输家"的界分。经济全球化是指世界经济活动通过产品、服务、人员和资本等要素的跨国界自由流动而相互依存，并通过这些要素的重新整合和分配形成一个有机整体的过程。自 20 世纪 60 年代以来在全球化和经济一体化背景下，西欧国家享受着交易成本降低和科技进步所带来的经济繁荣，它们的产业结构也在悄然发生改变——工业生产的式微和服务业的蓬勃发展。而收益分配和发展的不平衡是这种变化的最重要特征。这种不平衡的集中体现之一，就是全球化和欧洲一体化进程打造了一种赢者通吃型经济，全球化的赢家明显比输家更加适应一体化进程，大部分利润和资本红利涌向上层精英，而输家则认为自己被全球化和经济现代化进程所抛弃，他们在与精英的博弈中落入下风，利益严重受损，更为糟糕的是他们在工作市场中的竞争力也不如廉价的外来劳工，这使其劳动条件和生活条件都进一步恶化，贫富差距日益扩大。根据欧盟统计局的数据，从 2000 年到 2018 年这十几年中，欧盟部分国家的收入不平等现象有所加剧，比如德国的基尼系数从 0.25 升至 0.31，意大利从 0.29 升至 0.33。[①] 法国著名经济学家托马斯·皮凯蒂（Thomas Piketty）也在其著作《21 世纪资本论》中用丰富的数据证明自 20 世纪 70 年代以来，发达国家的

---

① Available at: https://ec.europa.eu/eurostat/web/products-datasets/-/tessi190, last accessed on 1 June 2019.

不平等现象急剧增加的事实。[1] 表 3 - 2 中来自 2018 年《世界不平等报告》的数据也体现了这个趋势，自 1980 年到 2016 年三十余年以来，欧洲底层 50%民众群体的人均收入增长率远低于前 10% 人群，而前 10% 人群占据了接近半数的国民总收入增幅，前 1% 人群的收入增长占比甚至超过了底层 50%的民众。

表 3 - 2 1980～2016 年欧洲人均收入增长率及总收入增长占比

单位：%

	欧洲人均收入增长率	总收入增长占比
总人口	40	100
底层 50%	26	14
中间 40%	34	38
前 10%	58	48
前 1%	72	18
前 0.1%	76	7
前 0.01%	87	3
前 0.001%	120	1

资料来源：World Inequality Report 2018, available at：https：//wir2018. wid. world/part - 2. html。

这种发展的不均衡进一步导致欧洲社会阶层的分化，代际矛盾和阶层矛盾日益尖锐。这种矛盾直接体现于英国脱欧公投所表现出的鲜明的阶层撕裂之中。对此，欧盟缺乏成熟的社会保障机制，其促进经济复苏、保障就业等关乎民生的相关政策收效甚微。这使得社会中下层民众直接受到了自由开放的经济模式的威胁，产生了强烈的相对被剥夺感，以及对于推行新自由主义政策并支持全球化和一体化进程的欧洲主流精英的不满情绪，从而极易受到主张"国家和民众利益最大化"的国家保护主义承诺的吸引。欧洲委员会的报告显示，63% 的欧洲民众认为全球化进程会加剧社会经济的不公平。[2] 正因为主流政党和欧盟精英没有能力也没有意愿解决中下层民众的经济怨恨，

---

① 〔法〕托马斯·皮凯蒂：《21 世纪资本论》，巴曙松译，中信出版社，2014。

② European Commission, "Designing Europe's Future：Trust in Institutions Globalisation Support for the Euro, Opinions about Free Trade and Solidarity", 2017, p. 37, available at：http：//ec. europa. eu/commfrontoffice/publicopinion/index. cfm/Survey/getSurveyDetail/instruments/SPECIAL/surveyKy/2173, last accessed on 1 June 2018.

有研究指出在欧债危机期间，欧洲民众在一定程度上将自身经济窘迫的局面怪罪于欧盟，欧盟公众福利政策的消极影响导致了民众对欧盟支持率的显著下滑，这在受欧债危机影响最大的南方国家中尤为明显：葡萄牙、意大利、希腊、西班牙和塞浦路斯五国民众在 2013 年对欧盟的信任率仅为 25%。① 欧盟信任率的急剧下滑也成了欧洲民族主义和民粹主义爆发的温床。根据美国政治学教授皮帕·诺里斯和罗纳德·英格尔哈特的研究，民粹主义势力的崛起与民众收入不安全感呈明显的正相关趋势，随着民众收入不安全感的增加，在三十二个欧洲国家中有多达三十个国家的民粹主义价值观和对政府的不信任度指数显著提升，这在比利时、荷兰和德国等西欧国家中体现得最为明显。②

在这一背景下，欧盟境内持续涌入的移民和难民在一定程度上成了分利者，他们挤压了底层民众的就业空间、分摊了公共福利资源，是导致民众收入与社会地位降低的重要原因。根据克里斯蒂安·达斯特曼（Christian Dust-mann）等学者的计算，英国移民人口每增加 1%，就会造成英国低收入工人收入下滑 0.6%；同时，他们还发现移民数量的增加与高收入人群的收入上升呈正相关趋势，这进一步增加了劳动市场中的不平等现象。③ 这就为激进右翼政党的政治话语提供了材料，它们纷纷指责外来移民在福利服务中频繁插队，从而剥夺了底层民众的福利和工作机会，而欧洲一体化进程成了欧债危机和移民危机的始作俑者。这种论调往往以移民与本国人利益的零和属性为逻辑起点，认为经济和社会资源是有限的，移民人数的上升势必会给现有的国家资源带来更大的压力，移民群体的所得意味着本国人的所失。所以激进右翼政党呼吁本国人，尤其是底层民众，应当优先享有对本国资源的使用权，而这通常以牺牲移民利益为代价。④

① Raul Gomez, "The Economy Strikes Back: Support for the EU during the Great Recession", *Journal of Common Market Studies*, Vol. 53, No. 3, 2015, pp. 577 – 592; Daniela Braun and Markus Tausendpfund, "The Impact of the Euro Crisis on Citizens' Support for the European Union", *Journal of European Integration*, Vol. 36, No. 3, 2014, pp. 231 – 245.

② Pippa Norris and Ronald Inglehart, *Cultural Backlash: Trump, Brexit, and Authoritarian Populism*, New York: Cambridge University Press, 2017, p. 157.

③ Christian Dustmann, Tommaso Frattini and Ian Preston, "The Effect of Immigration along the Distribution of Wages", *Review of Economic Studies*, Vol. 80, No. 1, 2013, pp. 145 – 173.

④ Aristotle Kallis, "Far-Right 'Contagion' or a Failing 'Mainstream'? How Dangerous Ideas Cross Borders and Blur Boundaries", *Democracy and Security*, Vol. 9, No. 3, 2013, pp. 221 – 246.

二 移民与安全需求

移民问题并非欧洲所面临的新现象，事实上自二战结束后，移民和外来劳工在欧洲的经济复苏上起到了重要作用。然而21世纪以来在欧洲一体化的东扩尤其是在欧盟人员自由流动的政策背景下，中东欧欠发达成员国的大量技术、政治或生活性移民涌入西欧老成员国，导致东欧与西欧的界限不再分明，从而引发了部分西欧民众的不满。更为重要的是，自2015年起持续发酵的难民危机使得中东和北非难民蜂拥而至，这再一次暴露了欧盟在危机前的治理困境，也进一步深化了欧洲民众与精英之间的龃龉。

图3-1中的数据表明近二十年来，欧盟的海外人口出生数量明显提升。1970年，土生土长的瑞典人占据了瑞典人口的绝大多数，而到了2018年，瑞典非本国出生人口数量所占比例飙升到了18.8%，有着同样上升趋势的欧洲国家还有荷兰（13%）、法国（12.6%）、德国（16%）、英国（13.8%）、比利时（16.3%）、奥地利（19.4%）和瑞士（29%）。欧洲国家的平均海外出生人口数量比例也从2000年的9.5%上升至2018年的13.6%。欧洲人口结构的变化引起了中下层民众的担忧，正如《金融时报》评论家马丁·沃尔夫（Martin Wolf）所言："欧洲人口中的移民比例显著升高，这很难给大众带来经济、社会和文化福利，但是毫无疑问这会有利于上层精英……那些重视国家公民权的民众对此充满怨恨，因为他们实现自我价值的途径少之又少。对于那些缺乏安全感、觉得自己地位缺失的人们而言，民族主义成了他们的港湾。"[1]不仅如此，在法国和荷兰等欧盟国家中，民众对于非本国出生人口数量的估计要远高于其实际数量，这更加剧了外来移民给欧洲民众带来的恐慌感。[2]

2015年的难民危机使得欧盟国家的移民问题雪上加霜。自2011年以来，利比亚和叙利亚安全形势不断恶化，这使得大批来自中东和北非的难民涌向欧洲，且人数不断急剧攀升。如图3-2和图3-3所示，欧盟的难民申请人数和永久性移民接收人数在2012年后都急剧增长，难民危机爆发之际难民申请人数达到了顶峰的125万余人。难民申请人数最多的国家均来自叙利

---

[1]　Martin Wolf, "The Economic Losers are in Revolt against the Elites", Financial Times, 26 January 2016, available at: https://www.ft.com/content/135385ca-c399-11e5-808f-8231cd71622e, last accessed on 20 December 2019.

[2]　Pippa Norris and Ronald Inglehart, *Cultural Backlash: Trump, Brexit, and Authoritarian Populism*, New York: Cambridge University Press, 2017, p. 181.

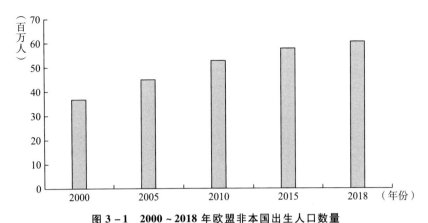

图 3 - 1　2000～2018 年欧盟非本国出生人口数量

资料来源：OECD, *International Migration Outlook* 2019, Paris：OECD Publishing, 2019。

亚、阿富汗等战乱中的国家。虽然近两年难民申请数量显著下降，但非法难民滞留的问题使难民危机迟迟无法得到彻底解决。这更凸显了欧盟治理危机能力的不足，进一步加剧了民众对欧盟的不满。

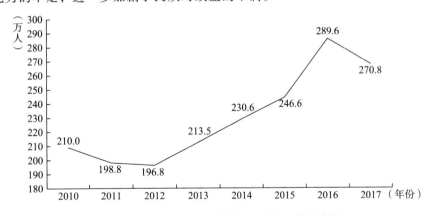

图 3 - 2　2010～2017 年欧盟永久性移民接收人数

资料来源：OECD, *International Migration Outlook* 2019, Paris：OECD Publishing, 2019。

一方面，地中海沿岸的欧盟国家作为接纳难民的第一入境国，几乎独自承受汹涌难民潮的冲击，不堪重负，治理能力迅速崩溃，它们既没有能力也欠缺动机承担欧盟申根制度中《都柏林公约》所赋予的"第一责任国"义务。[①] 在

————————

① 根据《都柏林公约》的规定，难民庇护申请的审理与登记统一由"第一入境国"处理，主要目的在于节约审查的人力与行政资源以及避免难民"二次申请"的情况出现，提高审查效率。参见陈蔚芳《共同体化的困境——从叙利亚难民危机论欧盟共同庇护体系的局限性》，《欧洲研究》2016 年第 6 期。

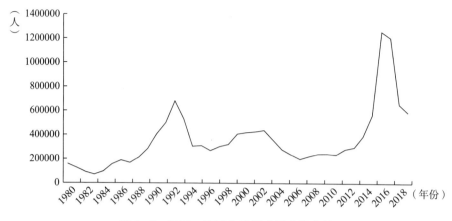

图 3 - 3 1980～2018 年欧盟难民申请人数

资料来源：OECD, *International Migration Outlook* 2019, Paris: OECD Publishing, 2019。

难民危机全面爆发的 2015 年，从地中海涌向欧洲的难民和移民总数达到了 100 万余人，这个数字是 2014 年的五倍之多①，这在一定程度上加重了南欧成员国原本脆弱的社会治理体系的负担，民众对此怨声载道。然而在面对危机时，欧盟缺乏成员国间的责任共担机制，迟迟无法对前线国家给予足够有效的支持。在这种背景下，希腊和意大利等前线国家迅速放弃履行第一责任国的义务，放任未经审理或登记的"非法"难民肆意前往其他申根国家，这使得难民危机的消极影响迅速波及整个欧盟国家。可见，南欧国家面对汹涌难民潮的脆弱性使得《都柏林公约》的法律约束力近乎完全瓦解。②

另一方面，欧盟以及各成员国对于难民的规模与所需财政支援预估不足，难民安置与治理所需资金与预算远高于预期。这就为各国本就捉襟见肘的社会财政支出增添了新的负担，冲击了社会福利制度，也拖累了欧盟各国在遭受欧债危机打击后的经济恢复速度。部分国家通过缩减本国民众的福利以弥补难民安置预算亏空的举措又进一步加剧了国内民众的强烈不满。2013 年，深受紧缩政策掣肘的意大利发起了名为"我们的海"（Mare Nostrum）的海上难民救助活动，每月花费高达约 1000 万欧元。仅在 2016 年，德国在

---

① International Organization for Migration, "Mediterranean Migration Update", 22 March 2016, available at: http://www.iom.int/news/mediterranean-migrant-arrivals-2016 - 160547 - deaths - 488, last accessed on 2 June 2019.

② 闫瑾、籍正：《欧洲难民治理的困境及其对欧洲一体化的影响》，《国际论坛》2019 年第 1 期。

自己所接纳的超过 100 万名难民身上支出了超过 200 亿欧元。

欧盟迟迟无法通过有效的共同难民庇护政策和一揽子计划应对这次难民危机，一直以来规制成员国接收难民的《都柏林公约》也饱受成员国质疑。欧盟所提出的难民强制摊派计划也因东欧国家的强烈反对而最终被迫搁浅，改革久拖不决，成员国间因难民安置问题分歧频发，这充分暴露了欧盟危机治理能力的缺失。尽管申根协议背景下在欧盟成员国之间已经消除了内部边境，但是欧盟共同的外部边境和边防部队迟迟没有建立，当大批难民涌入希腊和意大利时，欧盟领导人的反应又过于缓慢且无连续性。总之，难民危机将欧盟的弱点体现得淋漓尽致：有缺陷的机构设计、脆弱的治理结构、缓慢低效的决策机制、边界管控能力严重不足、东西欧国家的利益与认同分歧以及不断加深的合法性危机。尽管欧盟主管移民和公民事务专员迪米特里斯·阿夫拉莫普洛斯（Dimitris Avramopoulos）曾呼吁在面对难民危机时，"欧盟所有成员国都应该参与进来，我们应当更加团结"[1]，然而事实证明，在至关重要的议题上，欧洲各国可以用一个声音发声以及体现欧洲共同价值观内核的幻想化为了泡影。

从安全角度看，来自中东国家的恐怖分子通过混入难民队伍而大量涌入欧盟国家，这使得欧洲成为恐怖主义肆虐的重灾区。21 世纪以来，在伦敦、马德里、巴黎、柏林和布鲁塞尔等欧洲重要城市的恐怖主义威胁与暴力犯罪事件明显增多，2009～2016 年，欧洲境内因恐怖袭击死亡的人数达到近千人。保守主义民众通常希望将威胁传统社会价值观的外来"他者"拒之在外，大规模的移民，尤其是在外貌上体现出强烈差异感的穆斯林移民会引发民众的恐惧感，这种恐惧感因欧盟内部的自由流动政策、与恐怖主义相关的"伊斯兰恐惧症"和主流执政党无法做出控制移民的有效政策而放大。保守主义民众认为穆斯林移民想要在欧洲建立一个与主流社会完全不同的世界，而多数欧洲民众不赞同穆斯林民族的传统，如强迫婚姻、一夫多妻等，这无疑加剧了不同种族与文化间的隔阂与分歧。由此可见，难民危机已经从起初的人道主义危机进化为欧洲多元文化社会中的族裔冲突危机。此外，21 世纪以来欧洲频发的恐怖主义袭击事件也让人们越来越担忧在欧盟居住的第二代

---

[1] Dimitris Avramopoulos, "Speaking Points from the Meeting with the LIBE Committee", January 14, 2016", available at: https://avramopoulos.gr/en/content/speaking-points-commissioner-avramo-poulos-meeting-libe-committee - 1412016, last accessed on 10 Jan 2020.

穆斯林群体,因为他们大有在近年来的恐怖袭击中成为"主角"的趋势。尽管他们出生在欧洲,但事实上仍与穆斯林族裔生活在一起,生活和住房条件几乎处于欧洲社会底层水平。欧盟及各成员国也未能成功推行针对穆斯林二代移民的融合政策,这使得他们依旧与西方主流社会相疏离,且越来越与西方民主准则和文化价值认同格格不入,甚至感觉自己被视为"异类",这很容易导致一小部分穆斯林二代选择听信极端思想的蛊惑,从而与极端运动的联系愈发紧密。[①]

移民和难民问题的持续发酵也引起了欧洲民众的担忧,如图 3-4 所示,在 2015 年难民危机爆发之后一直到 2018 年,在欧洲民众认为欧盟面临最重要问题的榜单中,移民问题和恐怖主义问题超过了传统经济议题位列前两名。移民议题显著度提升的同时也暴露了民众与欧洲精英之间在移民问题态度上的巨大鸿沟。

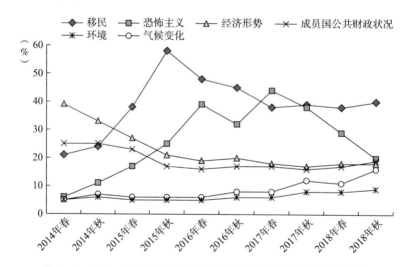

图 3-4 2014~2018 年欧洲民众认为欧盟所面临的最重要的议题

资料来源:欧洲晴雨表 (Standard Eurobarometer), https://ec. europa. eu/commfront-office/publicopinion/index. cfm/Survey/index#p = 1&instruments = STANDARD。

通过表 3-3 可以观察到欧洲民众与精英之间在移民问题上的巨大差异,超过半数的精英认为移民不仅对国家有利,而且丰富了本国的文化生活,他们并不认同移民导致犯罪率的提高和增加福利制度负担的说法,从这里可以看到多元文化主义在欧洲精英身上留下的明显烙印。相比之下,欧洲民众对

---

① 王鸿刚:《欧盟的结构性难题与一体化的未来》,《国际展望》2018 年第 2 期。

于移民的影响完全持相反的看法，持负面态度的民众比例更高。不仅如此，在穆斯林移民问题上，欧洲精英与民众的分歧依然存在，超过半数的民众认为来自伊斯兰国家的移民应当被完全叫停，并认为穆斯林与欧洲人的生活方式格格不入且无法调和，而同意该观点的欧洲精英仅占不足四成。伊尔科·哈特维尔德（Eelco Harteveld）等学者的研究表明，难民危机增加了民众的疑欧主义倾向。[①]

表 3 - 3　欧洲民众与精英对移民态度的差异

单位:%

是否同意以下有关移民影响的态度（同意）	精英	民众
国家		
对国家有利	57	25
中立	16	31
对国家不利	24	44
文化生活		
移民丰富了文化生活	58	32
中立	15	29
移民没有丰富文化生活	26	38
犯罪		
使犯罪更加严重	30	51
中立	15	25
没有使犯罪更加严重	54	24
福利		
移民是福利制度的负担	35	55
中立	14	24
移民不是福利制度的负担	49	21
对伊斯兰和穆斯林的态度		
应当阻止来自伊斯兰国家的移民涌入	32	56
中立	15	24
不应当阻止来自伊斯兰国家的移民涌入	50	20

① Eelco Harteveld, Joep Schaper, Sarah De Lange and Wouter Van Der Brug, "Blaming Brussels? the Impact of (News about) the Refugee Crisis on Attitudes Towards the EU and National Politics", *Journal of Common Market Studies*, Vol. 56, No. 1, 2018, pp. 1 - 21.

续表

是否同意以下有关移民影响的态度（同意）	精英	民众
国家		
欧洲人和穆斯林的生活方式无法调和	35	55
中立	15	24
欧洲人和穆斯林的生活方式可以调和	50	21

资料来源：Thomas Raines, Matthew Goodwin and David Cutts, "The Future of Europe Comparing Public and Elite Attitudes", Research Paper, Chatham House, 2017, pp. 20 – 21。

这就为激进右翼政党在欧盟和移民问题上大做文章并将其推向政治化奠定了基础。早在 20 世纪 90 年代，学者贝茨就指出激进右翼政党的崛起是由民众对移民和难民人数增长的反冲引起的："西欧激进右翼政党的崛起与移民的浪潮，特别是与寻求和平、安全和美好生活的难民人数的飞涨息息相关。而西欧国家对于这些新移民的反应是排外情绪的爆发和公开的种族主义……这为激进右翼政党通过强调和引发排外情绪攫取政治利益铺平了道路。"① 尽管激进右翼政党在不同的国家有不同的表现形式，但它们在民族主义意识形态的影响下在反移民问题上保持着高度的一致性，这表现在要求欧盟内部限制人员的自由流动政策，在欧盟外部抵制难民、移民和避难者的涌入，并认为外来移民应当主动融入国家文化（包括语言和生活习惯等）之中。

三 价值需求

部分欧洲民众的保守主义和民族主义价值观念和主张与欧盟所提倡的基本价值观念（多元文化主义、世界主义）相抵触。"世界主义"（Cosmopolitan）一词来自希腊语 kosmopolitês（世界的公民），意指各民族人民都生活在国际共同体下并相互影响，而非仅仅局限于自己的民族国家之中。世界主义价值观着重强调代议制民主的权力制衡，对少数族裔的保护，对社会政治多样性的包容与尊重，多元主义的协商和妥协，对全球治理和国际合作的追求，对女性、少数族裔、同性恋群体的平权运动以及对环境保护和气候变化的重视等。相比之下，随着时间的推移，秉持传统价值观的欧洲民众则依然保持最初接受的价值观体系，注重于对外来"他者"的怀疑，对国家历史荣

---

① Hans-Georg Betz, *Radical Right-Wing Populism in Western Europe*, Basingstoke：Macmillan, 1994, p. 81.

耀的怀念，对强人领导的尊崇，对文化多元主义和女性领导能力的不信任等。罗纳德·英格尔哈特将这种对立的价值观称为物质主义价值观与后物质主义价值观（post-materialist value），也有学者将其称作为"自由"（libertarian）价值观和"权威主义"（authoritarian）价值观，他们认为民众所秉持的这两种价值观的极化是发达工业社会的重要特征之一，从权威主义价值观到自由价值观的转变是长期世俗化的结果。[①]

　　早在 20 世纪 70 年代，英格尔哈特就预见到"在发达工业社会中的政治文化也许正发生转型。这种转型可能会彻底改变每一代人的价值优先等级"[②]。他认为随着全球化、欧洲一体化进程的深入和民众的代际更替，在西方社会中进步的后物质主义价值观逐步代替了传统价值观和物质主义价值观，他将这种文化价值观的嬗变称为"静悄悄的革命"（silent revolution）。二战后，欧洲民众经历了前所未有的安全与繁荣，福利国家的发展更使得生存问题不再是欧洲民众的心头之患。因此，当温饱和生存不再是生活中唯一的奋斗目标，并且年轻一代将生存和富足当成理所应当的事时，他们就更有可能追求精神生活的满足感，秉持新的后物质主义价值观，对新观念、新文化和族外"他者"采取更加包容的态度。20 世纪的大部分时间里，发达国家的工人阶级选民一般会支持左翼政党，而中产阶级和上层阶级支持右翼政党，左翼政府通过福利国家的建设追求再分配和收入公平政策。然而随着新一代年轻选民和中产阶级选民逐步成为选民主体，他们更加关注政党竞争中符合他们价值观的新议题，如环境、少数群体权利等，而左翼政党和右翼政党所擅长的阶级矛盾和经济分配等传统议题被他们视为乏味、欠缺吸引力的"老古董"。因此，经济议题和非经济议题的重要程度出现了此消彼长的变化，这与移民浪潮带来的完全不同的文化价值观加在一起，对传统价值观形成了巨大的冲击。选民由以阶级为基础的极化逐渐演变成了以价值观为基础的极化。

　　值得一提的是，高等教育的普及是导致价值观更迭的重要因素。高等教育的推广对于使民众自由价值观的社会化至关重要。有学者认为教育在西方

---

① Scott Flanagan and Aie-Rie Lee, "The New Politics, Culture Wars, and the Authoritarian-Libertarian Value Change in Advanced Industrial Democracies", *Comparative Political Studies*, Vol. 36, No. 3, 2003, pp. 235 – 270.

② Ronald Inglehart, "The Silent Revolution in Europe: Intergenerational Change in Post-industrial Societies", *American Political Science Review*, Vol. 65, No. 4, 1971, pp. 991 – 1017.

民主国家选民的投票选择上发挥着重要作用。[①] 不同群体之间的利益和价值观对抗也部分源于受教育因素,鲁内·斯图巴格(Rune Stubager)在研究中指出,以受教育程度的高低为标准会产生两种不同的集体认同,秉持两种集体认同的群体会发生利益对抗。作为在全球化赢家阵营中的两个重要群体,高学历和社会文化专家都更加支持开放边境,而低学历和低技能工人持完全相反的态度。[②] 欧洲政治精英与民众在受教育程度方面的鸿沟异常显著。举例而言,20 世纪 20 年代,受过高等教育的英国工党议员仅占不足 20%,而这一数字在 2015 年上涨到了 87%;在 2013 年德国议会中,只拥有高中学历的议员仅占不到 2%,在德国总理默克尔的 15 位内阁成员中,有 14 位部长拥有硕士学位,9 位拥有博士学位。教育鸿沟不仅仅体现在国家层面,在欧洲层面上,唯一的民选机构欧洲议会亦是如此,如图 3 - 5 所示,欧洲议会议员中拥有硕士研究生及以上学历的比重达到了七成以上,其中博士学历占25% 以上之多。由此可见,整个欧洲政治社会的领导阶层几乎被高学历精英所垄断,这种"学历民主"(diploma democracy)现象的出现在很大程度上推动了欧洲精英与民众的价值观对立。[③] 在欧洲议题上,低学历者对于欧盟的态度和信任度都远比高学历群体更加消极,根据 2018 年秋季欧洲晴雨表的民调数据,仅有 30% 在 15 岁就停止受教育的欧洲民众信任欧盟,而在 20岁以后停止受教育的民众对欧盟的信任度则高达 50%。[④]

从表 3 - 4 中的数据可以看出,欧洲民众与社会政治精英之间的价值观具有明显差异,民众相对而言更加遵循传统主义和威权主义价值观,并对于国家现状较为悲观,54% 的民众认为二十年前的国家比如今更好。而欧洲精英阶层的价值观明显偏向自由化,更支持同性婚姻并反对死刑,也对国家的现状和未来持乐观的态度。无论如何,这种价值观差距的鸿沟引发了由老年人和中下层阶级主导的文化反弹,换言之,这些秉持社会保守主义的民众群体的核心价值观和信仰被日益侵蚀,他们不得不采取措施表达对这种趋势的

① Oddbjørn Knutsen, "Education and Party Choice in Eight West European Countries: A Comparative Longitudinal Study", in Frank Brettschneider, Jan van Deth, and Edeltraud Opladen (eds.), *Das Ende der Politisierten Sozialstruktur*? Germany: Leske and Budrich, 2002, pp. 315 - 346.

② Rune Stubager, "Education-Based Group Identity and Consciousness in the Authoritarian-Libertarian Value Conflict", *European Journal of Political Research*, Vol. 48, No. 2, 2009, pp. 204 - 233.

③ Mark Bovens and Anchrit Wille, *Diploma Democracy: The Rise of Political Meritocracy*, Oxford: Oxford University Press, 2017.

④ European Commission, Standard Eurobarometer 90, Autumn 2018, p. 101.

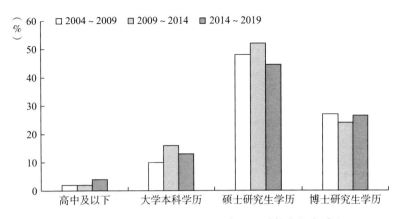

图 3 - 5　第六届至第八届欧洲议会议员受教育程度对比

资料来源：Mark Bovens and Anchrit Wille, *Diploma Democracy：The Rise of Political Meritocracy*, Oxford：Oxford University Press, 2017, p. 117。

不满，试图捍卫这种价值体系。这种不满情绪是双向的，向上而言针对的是欧盟和国家精英，向下而言针对的是"他者"移民。秉持传统价值观的民众对这个自己生活了几十年的国家愈发陌生，觉得自己在这场无声的文化战争中一败涂地，变成了处于弱势的少数派。

　　更令他们感到绝望的是，在欧洲建制精英罔顾现实和保守民众需求的背景下，这些所谓象征社会进步的自由价值观念逐步演变为扭曲的极端平等主义的政治正确。"政治正确"是以多元文化主义为基础的一种政治与社会伦理标准，要求避免对弱势和少数群体使用任何消极性的用语或评论。必须指出的是，政治正确具有明显的积极性与进步性，在一定程度上保护了少数群体的合法权利，也维护了弱势群体的自尊，避免了其受到多数群体的排挤与歧视。[1] 然而讽刺的是，在欧盟上层精英以吸引少数群体选票为目的的过分呵护之下，以实现社会公平和平等为最初目的的政治正确逐渐走向教条化和极端化，成了一种不可触碰的社会禁忌：任何程度的强调性别差异言语，甚至对不同族群中自然合理差异的中立性评论，都会被视为涉嫌冒犯或歧视少数群体或是粗鄙的排外情绪和种族主义表达，从而招致社会自由主义共识的谴责。[2] 这反而造成了对"沉默的多数群体"的"逆向歧视"，破坏了言论

---

① 张国军、程同顺：《当代西方民主的基础与危机——右翼民粹主义与多元文化主义对抗的政治冲击》，《中南大学学报》（社会科学版）2019 年第 4 期。

② 周穗明：《西方多元文化主义理论述评——对右翼民粹主义政治思潮崛起之源的一个政治哲学解析》，《国外理论动态》2019 年第 7 期。

自由和社会平等观念，并加剧了不同社会阶层和族群之间的冲突与撕裂，引发了民众的极大不满。

表 3 - 4　欧洲社会政治精英与民众的价值观差异

单位:%

是否同意以下关于价值观的说法（同意）	精英	民众
允许同性婚姻	70	56
当今年轻人对传统价值观缺乏尊重	36	63
努力工作不会带来成功，成功更与运气和人情相关	35	49
对于一些犯罪而言，死刑是最合适的刑罚手段	18	43
我们的国家在二十年之前是更好的地方	32	54
如今我们在一个更好的国家中生活	42	27

资料来源: Thomas Raines, Matthew Goodwin and David Cutts, "The Future of Europe Comparing Public and Elite Attitudes", Research Paper, Chatham House, 2017, p. 23。

　　值得一提的是，政治正确恰恰与欧盟所推崇的自由主义和多元文化主义基本价值观息息相关。欧盟精英将这种基本价值观视为促进民众欧洲认同构建的重要催化剂，是欧盟存续和一体化发展的根本基础。无论是在《里斯本条约》还是在《2019～2024 年战略议程》文件中，欧盟精英都将维系和推广欧洲价值观作为欧盟的基本目标。然而，欧盟过分强调所谓的自由、民主和平等的基本价值观以及相应的政治正确言论，甚至影响了关乎民生问题的政治决策，这种以价值观为导向的决策往往过于理想化，与普通民众的基本诉求相脱节。[1] 比如在难民危机爆发之初，以让－克洛德·容克、默克尔等为代表的欧盟和国家政治精英为鼓励各成员国敞开怀抱接收难民，大谈"人权""人类尊严""人道主义责任"等政治正确说辞，丝毫没有考虑到欧盟下层民众可能会因难民大量涌入遇到福利缩减和安全威胁等问题，这激发了保守民众的反感。总而言之，在近年来的欧洲政治社会中，这种政治正确演化为少数群体的话语霸权，反而会引发积怨已久的保守民众的情绪反弹。[2] 这不但进一步拉大了民众与欧洲精英的价值观鸿沟，而且也为激进右翼政党的威权主义诉求提供了广泛的社会基础。从这个意义上看，后物质主义价值观有可能成为自己的掘墓人，文化价值观的嬗变引发了激烈的传统价值观反

---

① 丁纯、杨嘉威:《欧盟当前的困境及其体制根源和发展前景》,《当代世界与社会主义》,2017年第 5 期。

② 周穗明:《西方右翼民粹主义政治思潮述评》,《国外理论动态》2017 年第 7 期。

弹。学者皮耶罗·伊尼亚奇把激进右翼政党的崛起看作价值观变革与"静悄悄的反革命"（Silent Counter-revolution）的副产品。[①]

四 身份认同需求

欧洲民众，尤其是欧洲工人阶级民众在欧洲一体化影响下的认同危机也是引发不满的重要因素之一。弗朗西斯·福山教授指出，对尊严的渴求是西方中下层民众民族主义倾向的根本驱动力。他认为这种对尊严和认同的需求早在柏拉图时期就曾以"血气"（themos）这个名词被提及。从政治意义上，福山把这种渴求分为两种形式，"特大激情"（megalothymia）和"平等激情"（isothymia），前者意指渴望被视为高人一等，后者则意味着希望被看作和其他人一样即可。[②] 从这个意义上看，西方中下层秉持的是平等激情，这就引出了"承认的政治"中认同的政治概念。认同是一种强有力的道德观念，这种认同告诉人们他们真正的自我是什么，而这种自我并没有被承认，认同反映了人们对于认可的自然需求。不同社会群体都认为自己的认同——无论是国家、民族、宗教还是性别等方面——没有得到足够的认可。现如今，认同政治不再是一种边缘化的政治现象，而是对当今大多数国际事务具有很强的解释力。当今认同政治主要以"承认的政治"为主要标志，根据学者马涛的定义，"承认的政治"是指一个群体要求被社会所承认并尊重其属性和特征的政治形式，可见，这种政治形式的主要表现就是争取其他社会群体对自己特殊文化身份认同和社会地位的承认。[③]

学者诺姆·吉德龙（Noam Gidron）和皮特·霍尔（Peter Hall）将这种被社会认同和承认程度定义为主观社会地位（subjective social status），意指民众在社会阶层中所受社会尊重程度。它反映了相对于社会中他人而言民众自身所受到认可和尊重的切身感受，因此主观社会地位是一种关系型变量，代表着个人是否感受到成为被社会完全认可的一分子。[④] 这个概念在研究激

① Piero Ignazi, "The Silent Counter-revolution: Hypotheses on the Emergence of Extreme Right-Wing Parties in Europe," *European Journal of Political Research*, Vol. 22, 1992, pp. 3 – 33.

② Francis Fukuyama, "Against Identity Politics, the New Tribalism and the Crisis of Democracy", Foreign Affairs, 2018, available at: https://www.foreignaffairs.com/articles/americas/2018 – 08 – 14/against-identity-politics? cid = soc-tw&pgtype = hpg, last accessed on 10 May 2019.

③ 马涛：《身份政治与当代西方民主的危机》，《当代美国评论》2019 年第 3 期。

④ Noam Gidron and Peter Hall, "The Politics of Social Status: Economic and Cultural Roots of the Populist Right", *British Journal of Sociology*, Vol. 68, No. S1, 2017, pp. 57 – 84.

进右翼政党的核心选民——"被遗弃者"（left-behinder）时尤为关键。主观社会地位受民众社会状态影响，包括职业、收入和受教育程度等，也会受到一系列社会条件的影响，包括对自身生活条件和财富的满意度等。许多社会学家和心理学家将人们对社会尊重的追求视为社会生活的基本特征和社会的根本驱动力。在很多时候，人们把社会地位看得跟权力和金钱一样重要，这是因为社会尊重与自尊联系紧密。工人阶级选民将自尊建立在通过辛勤工作就可以养家糊口的事实之上，然而在技术革命的今天，个人创新能力、高学历等其他形式的文化资本对于工作和生活机会而言越来越重要，也是实现自身社会价值的最重要的路径。而工人阶级民众抱残守缺的旧观念——只要努力工作就足够养家糊口——远远不足以维系其社会地位，他们只能被迫从事待遇极低的工作，社会地位也相应急剧下滑。有学者指出，工人阶级最大的隐忧在于无论做了多少牺牲和努力，他们都没有能力维持曾经拥有的生活条件和社会地位。①

一直以来，工人阶层社会地位的高低仰赖于雇主与工人之间的权力制衡关系，这种关系在不同的历史时期有着不同的体现。从农业社会到工业社会转变的阶段，对工人的需求量大幅增加，在工人经历了组织化和工会化之后，他们可以通过选举推行收入再分配和福利国家政策的左翼政党执政从而实现收入的公平。然而，自 20 世纪 70 年代以来，西欧发达国家逐步实现了从工业社会到服务经济的转变，随着产业结构的升级和科技的进步，越来越多低技能、低学历的劳工在工作市场中被淘汰，而工人阶级群体面对全球化的冲击和社会经济结构的转型却无能为力，面临着结构性失业的窘境，他们的整体规模与人数有了大幅下降。以英国为例，通过表 3-5 的数据可以看出，1964 年有大约半数的英国选民从事的是蓝领工作，40% 的选民从属于工会组织。然而到了 2012 年英国的社会结构发生了不小的变化。工人阶级选民所占比重不足 30%，比 20 世纪 60 年代减少了许多，工会成员选民所占比重也下滑了超过 50%，而从事中产阶级工作的选民数量已经超过了工人阶级选民。由此可见，中产阶级的扩张往往伴随着工人阶级的收缩，后者的政治影响力日渐式微，社会地位急剧下滑。

---

① Jörg Flecker, Gudrun Hentges and Gabrielle Balazs, "Potentials of Political Subjectivity and the Various Approaches to the Extreme Right: Findings of the Qualitative Research", in Jörg Flecker (eds), *Changing Working Life and the Appeal of the Extreme Right*, Aldershot: Ashgate, 2007, pp. 41 - 42.

表 3 – 5　1964 年与 2012 年英国选民特征对比

单位：%

年份	工人阶级选民比重	中产阶级选民比重	工会成员选民比重	拥有大学学历选民所占比重	少数族裔选民所占比重
1964	49	17	40	4	< 2
2012	29	35	18	33	10

资料来源：British Election Study, 1964 – 1983；British Social Attitudes, 1984 – 2012。[1]

在这种知识经济背景下，工人阶级民众的社会剥夺感更加强烈，这种剥夺感来自期望和所得的巨大差距，这种差距既来自与社会中其他群体的对比，也来自和自己过去生活条件的对比。[2] 从这个意义上看，个人社会地位的下降更有可能导致他们怀念过去的辉煌，正如著名法国社会学家皮埃尔·布迪厄（Pierre Bourdieu）所言，他们所能期待的最好的未来就是重回过去，恢复他们往日的社会地位。[3] 这些怀念过去的人更有可能对当局政治和政客表达不满情绪。英国脱欧派和英国独立党为了吸引这批民众的支持，不止一次地提及并怀念四十余年前英国加入欧共体之前的时光，那时的英国还是独立的主权国家，社会由盎格鲁 – 撒克逊白人所主导，制造业工厂和采掘行业仍能给英国中北部的蓝领工人体面的工资和稳定的工作以及社会地位；美国前总统唐纳德·特朗普在选战中提出的"让美国再次伟大"的口号也是要让美国重回在世界一骑绝尘的光辉历史。这种怀旧政治话语最有可能赢得老年人和工人阶级民众的支持，因为如前文所指出的那样，他们的核心价值观受到了很大威胁。

民族认同是社会地位的重要来源，尤其是对于没有其他社会地位来源的工人阶级选民更是如此。据欧洲晴雨表的民调数据显示，53% 的欧盟公民认为全球化进程威胁到了本国的民族认同，而认为没有威胁的仅占 38%。[4] 他们中的一部分人自然而然地会选择有希望能够提升自己社会地位的政党，但

---

[1]　Cited from Robert Ford and Matthew Goodwin, *Revolt on the Right*：*Explaining Support for the Radical Right in Britain*, London：Routledge, 2014, pp. 114 – 117.

[2]　Rupert Brown, *Prejudice*：*Its Social Psychology*. Oxford：Blackwell, 1995.

[3]　Pierre Bourdieu, *Distinction*：*A Social Critique of the Judgment of Taste*. London：Routledge, 1984, p. 111.

[4]　Special Eurobarometer 461, "Designing Europe's Future", Brussels：European Commission, 2017.

是一直以来代表工人利益的西欧左翼政党为了维持自身在选举市场的竞争力，在政策与价值观上逐渐向正在壮大的中间和中产阶层选民群体倾斜，这使得欧洲工人阶层产生强烈的被抛弃感、无力感和茫然感，他们在短时间内看不到任何能让自己社会地位好转的可能，急切希望能有新的政治力量可以代表自身的利益诉求，从而摆脱被边缘化的困境，而此时将自己描绘成民族认同唯一守护者的激进右翼政党就成了他们的最佳选择。对个人社会地位的威胁会引发对族外群体的敌意，所以激进右翼政党的反移民和疑欧政策和主张正对社会地位受到威胁的工人阶级选民的胃口。学者丹尼尔·奥尔什（Daniel Oesch）在研究为什么工人阶级选民比其他阶级选民更容易支持激进右翼政党时发现，"共同体和认同问题（抵御国家认同不受外来群体伤害）比经济因素能更解释激进右翼政党对工人阶级选民的吸引力"①。西奥多·坎普（Theodore Kemper）认为，社会地位的丧失有可能引发愤怒感，然而这种地位的丧失如果无法转责于"他者"而只能归咎于自己的话，就很容易引发个体的"屈辱感"（feeling of shame），而相对于愤怒感而言，屈辱感更加让人难以接受。② 因此，饱受屈辱感的民众更容易相信妖魔化"他者"的政治蛊惑。前文提到，欧洲一体化进程在经济收入、移民和价值观等方面都给中下层民众带来了巨大的不安全感，也间接导致了他们社会地位的下降，因此任何有关欧盟的负面政治话语都很容易被其接受，激进右翼政党推进欧洲议题政治化的成功在一定程度上可以归因于底层民众社会地位的降低。

五　信任需求

从以上的论述中我们可以看到，欧盟（欧共体）正面临着自建立六十余年以来最为严重的危机，而且这种危机并非单一的而是多重的，多重危机尽管有各自的历史缘由和特殊性，但它们之间是相互关联并相互加深的。所以欧盟所面临的危机是累积式的进程，很可能威胁欧盟的制度内核，而这种制度内核早已被欧盟的民主合法性危机所累。

---

① Daniel Oesch, "Explaining Workers' Support for Right-Wing Populist Parties in Western Europe: Evidence from Austria, Belgium, France, Norway, and Switzerland", *International Political Science Review*, Vol. 29, No. 3, 2008, pp. 349 – 373.

② Theodore Kemper, "A Structural Approach to Social Movement Emotions", in Jeff Goodwin, James Jasper, Francesca Polletta (eds.), *Passionate Politics: Emotions and Social Movements*, Chicago: University of Chicago Press, 2001, pp. 58 – 73.

　　德国哲学家尤尔根·哈贝马斯（Jürgen Habermas）曾说，只要民主决策的决策者没有扩大到受决策影响的所有人时，民主赤字就一直会存在，① 欧盟政治体制的民主赤字更是如此。欧盟合法性危机的来源具有其独特的历史特殊性，因为欧洲一体化进程最早是由秉持"欧洲统一"理想的欧洲精英提出的政治设想。他们认为政治冲突是数百年来欧洲大陆迟迟无法实现和平、团结和共同发展的重要原因，因而只有建立一种"非政治"的、以避免冲突和寻求共识为导向的治理决策模式才能真正实现欧洲的和平发展。这种治理模式只有通过欧洲和国内层面的政治精英和技术专家绕过民众、自上而下单方面推动才有可能奏效，这是因为一旦一体化的发展触及认同和国家核心主权时，各成员国大众政治的干扰和民意的撕裂都有可能成为一体化进一步推行的阻碍。② 《欧盟宪法条约》在欧盟各成员国内部遇到的挫折就是明显的例子。2005 年，欧盟创始成员国法国、荷兰通过全民公投否决《欧盟宪法条约》，使得宪法条约的推行被迫搁浅，这令欧盟精英始料未及。《里斯本条约》是宪法条约的修改版本，在爱尔兰也再次遭受了民众的抵制，制宪危机险些重演，《里斯本条约》在 2009 年第二次公投中才获得通过。绝大多数欧盟成员国为了防止《里斯本条约》再次被全民公投否决，都采取了绕过民众的议会批准方式使条约"强制"生效。因此可以看出，欧盟关键的法律和政策制定皆由欧盟政治精英决定，这些政治精英的利益诉求在很大程度上决定了欧洲公民的命运，欧洲一体化进程始终没有把欧洲民众真正纳入计划中来。换句话说，自建立之初，欧盟决策过程与成员国普通民众之间就有一条不可逾越的鸿沟，欧盟的民主赤字与日俱增。学者伊万·克拉斯托夫（Ivan Krastev）指出，一直以来欧洲精英悄然梦想着可以建立一个完美的政治体制，在这个体制中，"不负责任的选民"参与政治的权利被剥夺，理性政治可以畅通无阻，"他们希望用欧盟来实现这个梦想"③。

　　必须承认的是，欧盟现有两条路径可以体现其民主合法性与代表性，首先从间接路径来看，成员国政府首脑和执政党领袖是由本国民众通过选举产

---

① Jürgen Habermas, "Toward a Cosmopolitan Europe", *Journal of Democracy*, Vol. 14, No. 1, 2003, pp. 87 – 100.

② 李明明：《共识政治的危机：欧洲一体化与欧盟政治分歧的发展》，《德国研究》2019 年第 2 期。

③ Ivan Krastev, "The Populist Moment", *New Presence*: *The Prague Journal of Central European Affairs*, Vol. 11, No. 1, 2008, pp. 24 – 27.

生，他们在欧洲理事会中可以代表民众的利益和偏好；其次从直接路径来看，欧洲议会议员由民众通过直接选举产生，他们可以代表民众在欧盟机构内部行使相应的立法权和监督权。然而，欧盟民主赤字现象的确客观存在于欧盟主要机构中：尽管欧洲理事会由民选的国家政治精英构成，但其决策过程多为政治精英之间的闭门协商与妥协，民众缺乏直接影响和监督决策的途径；欧盟委员会作为欧盟的执行机构，其成员的任命是由理事会直接委派的，而非通过民选产生。虽然近年来欧洲议会极力倡导"领衔候选人"（Spitzenkandidaten）制度，即欧盟委员会主席的候选人由欧洲议会主要党团推举产生，此举的直接目的是加强欧盟政治的民主合法性，然而新一届欧盟委员会主席乌尔苏拉·冯德莱恩（Ursula von der Leyen）的胜选却并没有遵循"领衔候选人"机制，依旧是欧盟主要政治精英越过欧洲议会的制衡，在幕后妥协和"暗箱操作"的结果，这也象征着欧盟政治在民主化和议会化道路上的一次倒退；唯一民选的欧洲议会长期以来缺乏影响力和政治问责的能力，可见欧盟权力决策层长期缺乏民主参政议政的制度保证，也没有克服其精英属性，这加剧了欧盟的民主赤字现象。另外，越来越多的关键性政策由欧盟而非民选的国家政府层面所制定，传统的左右政党竞争和政府决策的模式被欧盟技术化精英决策所取代，成员国持续向欧盟让渡管辖权并未换来欧盟代表和问责机制的进步。民众在这个新型决策过程中没有发言权，缺乏参与欧盟决策的机会与渠道，也没有其他政治手段可以干预或影响欧盟的决策过程，民众对欧盟的情感和政治联系较弱，这进一步导致了民主赤字的增加。从这个意义上看，欧盟现阶段的核心困境在于，民众需求和偏好的异质性与解决这种异质性所必需的欧盟层面民主要素缺失之间的矛盾。[1] 此外，由于欧盟本质上是一种合作式的政治体制，没有一个明确的政府，也缺乏鲜明的执政和在野分界，这种体制内部反对派的缺位导致了民主体制所必需的政治对立和分歧的缺失，所以民众往往会将欧盟在某一领域政策失败归因于整个欧盟机构，从而使欧盟整体的合法性受到影响。有学者指出："柏拉图将精英治理（meritocracy）视为解决雅典民粹主义的一味良药，然而现如今，精英治理却成为民粹主义的温床。"[2]

---

[1] Catherine De Vries, *Euroscepticism and the Future of European Integration*, Oxford：Oxford University Press, 2018, p.212.

[2] Mark Bovens and Anchrit Wille, *Diploma Democracy：The Rise of Political Meritocracy*, Oxford：Oxford University Press, 2018, p.162.

　　长期以来，欧盟的精英共识决策模式的合法性来自产生绩效，即建立在满足民众功能性需求以及增加民众福利和福祉的基础上。换句话说，欧盟的合法性主要以功能合法性为基础。然而在危机的冲击之下，民众开始质疑欧盟产生绩效的能力，其功能合法性大打折扣。欧盟就业问题专员拉斯洛·安多尔（Laszlo Andor）认为欧盟多重危机造成了巨大的社会影响，导致民众对许多欧盟来之不易的成就（如人员流动和工作的自由）产生了质疑。[①] 民众对欧盟成就认可的缺乏意味着欧盟所寻求的任何合法性尝试都会被民众对欧盟政策努力的理解缺失所抵消。不仅如此，欧盟在整个欧洲层面既没有宏大的政治叙事和相应的政治认同，也欠缺关于合法性的泛欧洲政治话语和公众空间，这意味着国家政治话语对于民众理解欧盟的合法性至关重要。尽管成员国政府和主流政党精英的亲欧立场没有改变，但他们通常将自己在四五年内的国内执政表现和下一次大选的前景也即短期利益，置于欧盟发展的长期利益之上。因此，他们出于国内选情和维护自身形象的政治目的，往往不会公开地宣扬对欧洲一体化和欧盟的支持，反而公开指责欧盟应该对危机负责，这在民众面前放大了欧盟的功能合法性与治理能力赤字，久而久之，势必会稀释民众对欧盟的好感与信任度。

　　根据图3-6中欧洲晴雨表的民调数据显示，自欧债危机以来，欧洲民众对欧盟整体以及欧盟四大机构（欧洲议会、欧盟委员会、欧洲理事会和欧洲央行）的信任度不断下滑，尽管在近年来随着危机的缓解略有回升，但民众的信任度依然远没有恢复到危机前的水平，十年来欧盟民众不信任欧盟的比重都超过了信任欧盟的民众，而对亲欧政府的信任度也仅有三成，意大利、法国和英国等欧洲重要国家民众对欧盟的信任度分别为36%、33%和31%。仍然有大于五成的欧洲民众认为自己在欧盟没有发言权，这也是欧盟丧失民众信任的表现。

　　通过这些民调数据可以看出，部分民众已经不再把欧盟视为问题或危机的解决机构，甚至将其看作一切危机的源头所在。他们也不愿意认同欧盟存续的基本前提：欧盟主要成员国之间的和解与主权的让渡是保证欧洲经济和政治稳定的关键；一体化的进一步推进符合成员国和欧洲民众的利益。而因欧洲一体化所导致的民众疑欧情绪为激进右翼政党推动欧洲议题的政治化营

---

　　① Friends of Europe, "The State of Europe: Re-Thinking the European Project. Report of roundtable", Brussels, December 2011.

造了有利的社会环境。在欧洲议题显著度与争议性较高的情况下,激进右翼政党所传递的疑欧信息更加畅通无阻。

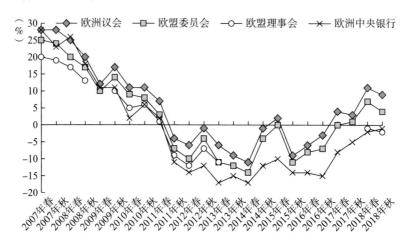

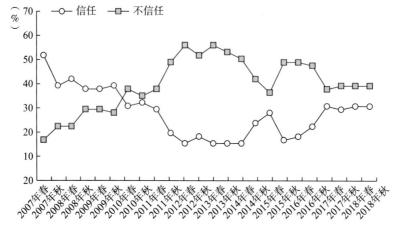

图 3-6 2007~2018 年民众对欧盟信任度以及民众对欧盟主要机构信任指数
(信任率 - 不信任率)

资料来源:欧洲晴雨表, Standard Eurobarometer, https://ec. europa. eu/commfrontoffice/publicopinion/index. cfm/Survey/index#p = 1&instruments = STANDARD。

第二节 外部供给因素:政治机会结构

一 主流政党的亲欧共识

政党体系内其他政党的亲欧立场也是影响激进右翼政党推动欧洲议题政

治化的外部动因。如果每个政党都对欧洲议题采取同样的态度，那么欧洲一体化的政治化则无从谈起。十几年来，欧盟各国政党政治的一个核心特点是主流政党的亲欧立场，欧盟各成员国的精英一直以来在欧洲议题的立场上团结统一，几乎所有主流政党都支持欧洲经济政治层面的进一步一体化，并对欧盟的发展方向持乐观态度。根据学者霍克和马科斯的数据统计，2014 年欧洲 112 个主流政党中只有 7 个反对欧洲一体化。[1] 也正因如此，推动欧洲一体化成为欧洲政党共识政治的重要体现。值得一提的是，尽管激进右翼政党近年来展现了更强的疑欧倾向，但是主流政党的亲欧立场并没有受到影响。如表 3 - 6 所示，2006 ~ 2014 年，在欧洲 140 余个政党中只有 6 个政党对欧洲议题立场的变化值大于 2，政党的平均方向变化值也只有 0.05，这说明欧洲政党在欧洲一体化议题上的立场非常稳定。

表 3 - 6　2006 ~ 2014 年欧洲政党的欧洲议题立场变化

2006 ~ 2014 年	欧洲一体化议题立场	
	绝对变化	方向变化
平均变化值	0.55	0.05
最小；最大变化	0；2.79	- 2.79；2.41
变化值大于 2 的政党数量（个）	6	3 个更加反对，3 个更加支持

资料来源：Liesbet Hooghe and Gary Marks, "Cleavage Theory Meets Europe's Crises: Lipset, Rokkan, and the Transnational Cleavage", *Journal of European Public Policy*, Vol. 25, No. 1, 2017, p. 121。

　　直到 20 世纪 90 年代，政党竞争也很少涉及欧洲一体化议题，西方政治学者长期以来几乎形成共识：欧洲议题对国内选举的影响是极其有限的，而选民的疑欧情绪还没有或很难被政党充分利用以影响国内政治。[2] 这主要归因于主流政党对欧洲一体化议题的去政治化（depoliticization）策略，其目的在于降低欧洲议题的显著度和争议性。主流政党选择此种策略出于四个原因。第一，欧洲议题对于欧洲政治而言是一个崭新的议题，很难融入主流政党所参与的传统政治竞争维度中来。欧洲一体化议题并不属于主流政党所熟悉的传统左右政党竞争模式，其无法确定在欧洲议题上是否能获得大多数选

①　Liesbet Hooghe and Gary Marks, "Cleavage Theory Meets Europe's Crises: Lipset, Rokkan, and the Transnational Cleavage", *Journal of European Public Policy*, Vol. 25, No. 1, 2017, p. 122.

②　Peter Mair, "The Limited Impact of Europe on National Party Systems", *West European Politics*, Vol. 23, No. 4, 2000, pp. 27 - 51.

民的支持。而主流政党精英若不能确定在一个议题上是否会得到多数人支持，他们宁愿不去政治化它，而是去关注其他获得多数人支持的议题。第二，欧洲议题的政治化有可能会使主流政党内部出现分裂，疑欧派和亲欧派成员间的原有裂痕扩大化会进一步加大政党内部团结和去政治化的难度，进而损害主流政党的选举结果。政党往往会强调和动员不会引起政党内部分裂的议题，并且对该议题的立场鲜明，会导致该议题的高显著度。而政党往往给能导致内部裂痕的议题降温处理，以期降低该议题的显著度。然而，在欧洲问题上党内的争执会给政党的"降温处理"增加难度，反而导致议题显著度的提高。第三，欧洲议题容易让主流政党陷入承诺两难的困境。皮特·梅尔指出，国家政府的问题在于在向民众负责、维系自身选举承诺和遵循欧盟承诺之间左右为难、进退失据。[1] 欧盟削弱了国家政府的决策能力，它们往往被迫推行民众强烈反对的欧盟政策，在欧债危机时期南欧各国政府迫于欧盟压力推行紧缩政策就是典型的例子。这种压力不仅存在于执政党身上，对于主流反对党而言，它们也可能面临上台后需要执行之前强烈反对的欧盟政策的局面，这一点在希腊激进左翼的齐普拉斯政府上台后体现得尤为明显。第四，欧洲议题立场的变化可能会损害政党的意识形态声誉，政治意识形态与政党在政治议题上的立场直接相关。政党立场的形成需要巨大的成本，一旦形成后很难轻易发生改变，因为这关乎政党的意识形态声誉。[2] 因此，执政党的任何疑欧倾向都会招致选民对其意识形态可信度和协商能力的质疑。

然而，近年来在欧洲民众对欧盟不满情绪不断扩大的背景下，围绕欧洲一体化议题的显著度和争议都大大加强，欧洲一体化议题已经进入大众政治和选举政治领域，主流政治精英对这一议题已经失去掌控力，政治化态势已经无法避免。主流政党去政治化努力的失败主要有两点原因：第一，欧洲一体化推进所仰赖的"宽容性共识"在欧债危机时消耗殆尽；第二，面对激进右翼政党所引领的汹涌的民族主义和民粹主义情绪，主流政治精英迟迟无法给出令人信服的反制话语（counter-discourse），没有向民众有效地传递一个

---

[1] Peter Mair, *Ruling the Void: The Hollowing of Western Democracy*, London: Verso, 2013.

[2] Dominic Hoeglinger, *Politicizing European Integration: Struggling with the Awakening Giant*, Basingstoke: Palgrave Macmillan, 2016, p. 24.

开放的、多元文化的欧洲有利于社会经济发展的信息。① 而主流政党依旧选择将欧洲议题去政治化，如此，后功能主义者认为像激进右翼政党这样的民粹主义势力就会"闻到血腥味"（smelt blood）②，将欧洲一体化议题推向议程中心，在一体化出现波折的情况下，它们更有机会赢得选民的共鸣进而获得选票。

根据安东尼·唐斯（Anthony Downs）的政治空间理论，政党是理性行为体，所以它们通常会采取最接近目标选民的最优立场以最大化自己的选票。③ 在这种情况下，以选票为目的的政治化的核心在于政党将对自己有利的议题政治化，迫使其他政党面对其本希望回避的议题。前文提到，主流政党在欧洲议题立场上的灵活性受到意识形态声誉等因素考量的制约，所以民众有可能会被激进政党在跨国议题上的立场所吸引，正如后功能主义者所言：

> 这种变化并不是因为主流政党对选民的偏好做出了反应，而是因为选民转向了那些在新分歧线中更具优势的政党。这些政党提出了主流政党通常会无视的移民和欧洲相关议题。激进右翼政党会在这些跨国议题的竞争上设置框架，而绿党则秉持完全相反的立场。相对于主流政党，这些政党给予了跨国议题更大的显著度并吸引了更多的选民，他们很少会被内部裂痕而掣肘。④

激进右翼政党围绕欧盟议题进行选举动员意在提高自身的选举成绩。议题竞争理论（issue competition theory）认为，政治失败者（没有机会参与执政的政党）想要通过引入新的议题维度的竞争来改变政策议程。议题推动者

---

① Tanja Börzel and Thomas Risse, "From the Euro to the Schengen Crises: European Integration Theories, Politicization, and Identity Politics", *Journal of European Public Policy*, Vol. 25, No. 1, 2017, pp. 83 – 108.

② Liesbet Hooghe and Gary Marks, "A Postfunctionalist Theory of European Integration: from Permissive Consensus to Constraining Dissensus". *British Journal of Political Science*, Vol. 39, No. 1, 2009, p. 21.

③ Anthony Downs, *An Economic Theory of Democracy*. New York: Harper Collins Publishers, 1957, pp. 13 – 14.

④ Liesbet Hooghe and Gary Marks, "Cleavage Theory Meets Europe's Crises: Lipset, Rokkan, and the Transnational Cleavage", *Journal of European Public Policy*, Vol. 25, No. 1, 2017, p. 126.

的策略包括重点讨论新议题以及在该议题上采取极化态度，从而向民众展现不同的政策选择，这样的策略可以让政党在选民眼中获得该议题的话语所有权从而增加吸引新选民的机会。[1] 而欧洲议题恰恰是议题推动策略的关键，在激烈的欧洲议题竞争中，激进右翼政党一直以来将自己标榜为真正坚定的"反欧斗士"，正如前文提到，相对于主流政党，它们拥有绝对的反欧声誉优势：欧洲一体化的相关政策与激进右翼政党的民族主义和民粹主义意识形态格格不入，这就意味着推动欧洲一体化的政治化对于激进右翼政党而言，既没有意识形态成本，又会带来巨大的选举回报。

二 大众媒体的推动作用

新闻媒体是民众获取政治信息、观察政治讨论和评价政府政策最便捷的资源和媒介。作为政党信息与选民之间的中间环节，媒体可以起到设置政治议程、影响选民的偏好和对特定议题的理解等作用，获得媒体的关注是政党将相关信息传递给选民的前提条件。就欧洲一体化议题而言，大众媒体是向民众传播欧盟相关信息的有力工具，欧洲议题的显著度可以通过在媒体中曝光度的提高而得到提升，这对于民众对欧盟态度以及政党针对议题的动员而言至关重要，这也是激进右翼政党推进政治化的一个宝贵的机会。

一直以来，媒体的曝光度，亦即将政党信息传递给选民的重要路径都由主流政党所垄断。激进右翼政党受制于松散薄弱的政党组织结构基础和自身经费的短缺，宣传渠道较为单一，主要以低成本的宣传方式为主，如街头抗议、小范围的公众演讲等，这难免具有受众面小且效率较低的缺点。因此，媒体资源对于小政党而言更加重要，依靠媒体资源可以更有效地宣传其对欧政策。而且，媒体的报道本身就是对政党可信度、重要性和合法性的肯定。威廉·加姆森（William Gamson）和加迪·沃尔夫菲尔德（Gadi Wolfsfeld）将这种媒体的作用称为"验证效果"（validation effect），认为媒体的聚光灯可以将政治行为体变为政治游戏中真正的玩家。[2] 这对于饱受政治污名化困扰的激进右翼政党就更为重要，因为媒体持续的曝光度可以向民众展现它们作为合法行为体参与政治的能力。

---

[1] Sofia Vasilopoulou, "The Radical Right and Euroskepticism", in Jens Rydgren (eds.), *The Oxford Handbook of the Radical Right*, Oxford: Oxford University Press, 2018, p. 189.

[2] William Gamson and Gadi Wolfsfeld. "Movements and Media as Interacting Systems", *Annals of the American Academy of Political and Social Science*, Vol. 528, No. 1, 1993, pp. 114 – 125.

从另一个角度看，媒体对于激进右翼政党疑欧信息的需求量也在与日俱增。首先，在新媒体冲击所导致的竞争压力下，主流媒体不得不寻求更广泛的读者群体的支持，这往往以牺牲对深度问题的分析和文章质量为代价。它们只能更加关注简化、肤浅但具有轰动效应的新闻话题以及富有争议性的新闻人物，而非具体政策的抽象内涵。而小报媒体更是对于违背常理和政治正确、偏激、"抓人眼球"的新闻有极大的需求量。激进右翼政党的党魁与政客通常又具有明显的新闻价值：他们极具领袖魅力，擅长用有争议性又易于理解的话语迎合部分读者的情绪与观念。

其次，对于国家和地方性媒体而言，在报道欧盟相关新闻时，它们不可避免地会存在"消极偏见"（negativity bias），因为"记者是专业的民族主义者"，他们知道只有在政治新闻中划清不同社会和共同体之间的地缘和经济边界，并实现对立和强调本国利益的重要性时，才会吸引更多的本地读者和更多的关注，所以"当政府领导人深夜从欧洲理事会会议中走出来的时候，等候多时的记者迫切想知道的不是困扰欧盟的分歧是否已经得到解决，而是谁欺骗了谁，谁受到了挫败以及谁赢得的最多"①。

最后，记者本身对欧盟事务的认知和理解程度参差不齐，并非所有人都具备报道或评论欧盟相关话题的专业素养，所以他们通常会受到政客对于欧洲议题提示的影响。希望在欧洲议题上大做文章的魅力型政党领袖会抓住机会，在媒体中找到传达自己政见和信息的平台，激进右翼政党的疑欧政见与这些媒体的需求一拍即合。因此，针对欧盟的政治新闻并非一直以公正评价和有意义的批判为特点，媒体中的很多疑欧报道和新闻是不准确或夸大其词的，正如有学者指出，对疑欧媒体新闻的真实性要打一个问号，"这些新闻也许会扭曲民众对（欧盟）真相的理解和判断"，向民众传递一种充斥着谎言、阴谋与丑闻的歪曲事实的政治世界。② 学者托马斯·帕特森（Thomas Patterson）也认为新闻媒体行业是"混乱的"（out of order），这无疑会激发民众的不信任感并侵蚀民主制度的合法性。③ 在这个背景下，疑欧主义的主

① Hans-Joerg Trenz, "Euroscepticism as EU Polity Contestation", in Benjamin Leruth, Nicholas Startin and Simon Usherwood（eds.）, *The Routledge Handbook of Euroscepticism*, London and New York: Routledge, 2017, p. 301.

② John Lloyd and Cristina Marconi, *Reporting the EU: News, Media and the European Institution*, London and New York: I. B. Tauris, 2014, p. 91.

③ Thomas Patterson, *Out of Order: An Incisive and Boldly Original Critique of the News Media's Domination of America's Political Process*, New York: Knopf Doubleday Publishing Group, 2011.

流化在一定程度上可以归结于民众从媒体获得的对于欧盟的负向输入。有学者认为，媒体帮助建立了一个有利于传播激进和极端主义的社会政治环境，比如在法国，媒体"通过描绘一个充满不确定性的政治生态，强调主流政治的无能"推动了法国国民阵线的崛起。[1]

此外，以社交媒体为代表的新媒体技术的发展也为激进右翼政党传播疑欧信息提供了政治机会。2016 年的美国总统选战中，在社交媒体上的政见宣传以及与民众的积极互动是特朗普胜选美国总统的重要原因之一，他本人也承认："如果没有推特的话，我也许就不会成为总统，因为美国的（主流）媒体是如此的虚假、不诚实。"[2] 激进右翼领袖，如奈杰尔·法拉奇、荷兰自由党党魁基尔特·维尔德斯、意大利北方联盟领袖马泰奥·萨尔维尼（Matteo Salvini）等，也同样十分擅长利用推特、脸书等社交媒体工具，将其作为展现自身领袖魅力和政党政见的橱窗，实现疑欧宣传的有效化。

首先，激进右翼政党需要与民众的不满之间建立"直接的、没有中介环节的联系"[3]，社交媒体则起到了这种桥梁作用，彻底改变了政党与选民交流的方式。通过新媒体绕过对其充满偏见的主流媒体而直接与选民和其他民众进行交流，激进右翼政党疑欧信息的动员能力得到了增强。同时，借助于社交媒体，激进右翼政党疑欧民粹主义政治话语的可信度得到了提升，它们作为人民的"唯一代表"可以不受任何阻碍地直接与民众进行对话，这也符合激进右翼政党对直接民主的倡议与诉求。

其次，正因为激进右翼政党领袖与选民之间通过新媒体建立了更加紧密的互动联系，欧洲民众才有更多参与政治讨论的机会。社交媒体的一个重要特点是以民众为中心，他们可以在网络上自由分享自己对政治议题的看法。一些激进右翼政党党魁通过在社交媒体上与民众进行直接的互动，满足了单

① Guy Birenbaum and Marina Villa, "The Media and Neo-Populism in France", in Gianpietro Mazzoleni, Julianne Stewart, and Bruce Horsfield (eds.), *Media and Neo-Populism: A Contemporary Analysis*, Westport, CT: Praeger. 2003, pp. 45 – 67.

② Joe Pompeo, "Trump: Hooray for Twitter because, 'Fake Press' —Rock Star Writers Press Congress on arts funding—HuffPost re-org underway", 16 March 2017, available at: https://www.politico.com/media/tipsheets/morning-media/2017/03/trump-hooray-for-twitter-because-fake-pressrock-star-writers-press-congress-on-arts-fundinghuffpost-re-org-underway-001236, last accessed 1 March 2020.

③ Hanspeter Kriesi, "The Populist Challenge", *West European Politics*, Vol. 37 No. 2, 2014, pp. 361 – 378.

一个体的政治参与感，使他们切身感受到自己是社会运动的一分子，这更能激发民众对政党议程与观点的兴趣与认同感。意大利五星运动党甚至通过互联网和社交媒体，综合民众的意见拟定政党的竞选纲领和选举候选人，这使得民众可以通过新媒体技术直接参与政党事务。① 此外，在网络匿名制的背景下，民众可以没有任何顾虑地支持与分享激进右翼政党在社交媒体上的政见与观点，也促进了相关政党信息的传播。

最后，社交媒体的发展有助于打破主流政党对媒体资源和政治宣传的垄断。一直以来，主流政党在政治信息的分配与传播方面拥有绝对话语权，它们和主流媒体共同担当着抵御政治不正确信息的守门人和过滤器角色。被传统建制派政党所操纵的主流媒体也被激进右翼政党视为腐败精英的一部分。而新媒体的发展打破了主流政党和主流媒体在政治信息分配中的传统主导位置，② 冲破了主流媒体政治正确的封锁线，激进右翼政党的反欧盟、反精英主义等"政治不正确"言论在新媒体环境中也更容易表达。同时，对新媒体的运用也有助于激进右翼政党节省宣传开支。因此，社交媒体帮助激进右翼政党成功降低了进入选举政治舞台的门槛，克服了激进右翼政党政治能见度低的障碍，并且弥补了其与主流政党在政治资源和政治动员能力上的差距。

社交媒体迅速成为激进右翼政党进行宣传和政治动员的重要平台，更是民众疑欧观点和负面评论的聚集区。根据阿斯米那·米查里都（Asimina Michailidou）等学者的统计，在社交媒体中对欧评论的"负面偏见"不仅存在，而且比传统媒体更加猛烈，被点赞或转发最多的欧盟负面新闻远多于正面新闻。③ 社交媒体的评论区也成为民众表达不满的平台，而且评论内容经常以高度负面性甚至侮辱性语言为特点，更加凸显了民众与欧盟精英之间的二元对立格局。

本章小结

本章主要分析了激进右翼政党推动欧洲一体化政治化的动机，分为两个

---

① 田野、李存娜：《全球化冲击、互联网民主与混合民粹主义的生成——解释意大利五星运动的兴起》，《欧洲研究》2019 年第 1 期。

② 林德山：《欧美民粹主义盛行的根源、影响及应对》，《人民论坛·学术前沿》2019 年第 17 期。

③ Asimina Michailidou, Hans-Joerg Trenz, Pieter De Wilde, *The Internet and European Integration: Pro- and Anti-EU Debates in Online News Media*, Germany: Verlag Barbara Budrich, 2014.

方面，选民的需求因素和激进右翼政党所面临的政治机会。

首先从需求因素看，随着全球化和欧洲一体化的深入，经济状况不尽如人意、缺乏职业技能且文化水平较低的中下层民众在社会中被一步步地边缘化，社会地位持续下滑，前景黯淡，他们的衰落在当今社会是不可逆的。在欧洲多重危机蔓延的背景下，各成员国中下层民众的经济窘境也直接加剧了民众的认同危机和价值观危机。他们产生了更加强烈的社会不安全感和被剥夺感，这与失去认同和地位息息相关，民众往往把这种感觉归咎于一体化带来的开放性与竞争性。此外，欧盟更加强调政治的"技术"而非"政治"层面，以期在成员国内部达成妥协、克服分歧，这种以逃避冲突为目的的议题的"技术化"加剧了欧盟的民主赤字，民众将欧盟视为漠视民众日常关切的疏远的技术型官僚机构，疑欧情绪的不断蔓延也使得欧盟面临严重的合法性危机。德·维尔德等学者曾指出欧盟合法性建立在以下五大支柱之上：一是欧洲一体化可以提高民主质量；二是欧洲一体化以捍卫欧洲共有文化传统和价值观为目的；三是欧洲一体化可以解决现代化中的公共政策问题；四是欧洲一体化可以通过促进经济增长和整体福利而实现经济繁荣；五是欧洲一体化可以抵御各种形式的内部和外部威胁。[①] 从本章的论述中我们不难看出，在欧盟多重危机背景下，这五大支柱都受到了不同程度的损害。面对多重危机时，欧盟的应对举措低效且迟缓，欧洲一体化计划的雄心壮志在脆弱的欧盟机构面前显得苍白无力。欧盟机构的设计过于庞杂，决策程序需要成员国和欧盟机构之间不同决策主体的多重博弈，效率低下。欧盟既没有权能作为一个单一的政治实体解决危机，也没有能力在多重危机的影响下对成员国之间的分歧做出有效果断的回应。欧盟的合法性危机在一定程度上是其精英推动治理结构的直接反映，欧盟决策过程缺乏有意义的民众政治参与，这导致了中下层民众与以欧盟精英为代表的上层群体的裂痕难以弥合。疑欧主义的勃兴本身是民众对欧盟合法性需求的重要表现，也是欧洲一体化的政治化的重要组成部分。

从外部政治机会角度看。首先，长期以来，主流政党采取普遍的亲欧立场，它们为了避免自己的声誉受损采取去政治化策略，这就给了激进右翼政党动员欧洲议题的政治空间，那些认为主流政党没能解决欧盟相关政治关切

---

① Pieter de Wilde, Asimina Michailidou and Hans-Jörg Trenz, *Contesting Europe*, Colchester: ECPR Press, 2013.

的疑欧民众在欧洲议题上被主流政党所抛弃。在这一背景下，激进右翼政党有充分的动机通过在欧洲议题上采取极端立场来满足民众对疑欧情绪的需求，它们在自己所擅长的欧洲议题上进行政治动员无疑会带来相当的选举红利。其次，大众媒体的推动作用不容小觑。大众媒体的重要性体现在它是大众了解欧盟决策以及反对这种决策机制的政治行为体立场的重要场域。媒体是激进右翼政党推进欧洲一体化政治化的重要政治资源，可以合法化激进右翼政党所擅长的政治议题。欧盟成了地方媒体负面偏见的"受害者"，欧洲媒体在危机期间对欧盟及其政策的负面报道在一定程度上推动了疑欧主义的主流化趋势。此外，社交媒体的"直接性"对于聚合民众对欧态度和促进疑欧信息的传播起到了十分重要的作用。

总而言之，需求因素和外部供给因素一方面会提高欧洲议题在大众政治领域的显著度和民众对欧立场的分裂程度；另一方面更为激进右翼政党在欧洲议题上的动员提供了有利的政治社会环境，从而深化了其与疑欧选民的联系。因此，激进右翼政党将会通过更为具体和有针对性的策略手段，使它们作为欧洲议题的推动者在选举中受益。

第四章

---❦◎❦---

激进右翼政党推动欧洲一体化政治化的策略

　　本书的第一章曾分析过欧洲一体化政治化的两种维度，即欧洲一体化议题的显著度和民众及政治行为体对欧立场的极化，因此政党提高欧洲议题显著度和促进对欧立场极化的政治策略都会导致欧洲一体化政治化程度的加深。本章将从这个逻辑基点出发，探讨激进右翼政党推动欧洲一体化政治化的主要策略。

　　欧洲一体化议题的政治化过程并非一蹴而就，也并非自然而然发生的，这与欧洲一体化的可建构性质息息相关。欧洲议题的可建构性特征也为激进右翼政党推动欧洲议题的政治化提供了条件。任何议题都可以被政治行为体建构，然而，与移民或就业等社会性议题不同的是，欧洲一体化议题更加抽象、复杂且相对新颖，很难通过生活经验或者媒体报道等途径使民众产生直观的印象并引起共鸣，大众还尚未形成对其稳定的意见，所以它是可塑的，这就为政党建构议题提供了可能性。关于这一点，后功能主义理论做出了细致阐释，霍克和马科斯认为由于大众信息和知识的局限，欧洲一体化深入和欧盟扩张所带来的一体化认同问题很难依靠经验产生，需要被政治行为体建构和提示，这种建构认同的行为对于那些对新政治事物没有特殊先决态度的个体来说是很有影响力的。[①] 由此可见，欧洲议题进入大众政治议程和走向政治化，有时并不是依靠它本身的重要性，而在于是否有一个政党会提出

---

① Liesbet Hooghe and Gary Marks, "A Postfunctionalist Theory of European Integration: from Permissive Consensus to Constraining Dissensus", *British Journal of Political Science*, Vol. 39, No. 1, 2009, p. 13.

它，即是否有政党把该议题提到政治议程之上并加以构建。[①] 这就为政党政治在欧洲一体化议题上的竞争奠定了基础，也为激进右翼政党通过政治策略在欧洲一体化议题上施加影响提供了条件。

第一节　议题强调与立场极化策略

前文提到，欧洲一体化议题的显著度和对欧立场的对立冲突是欧洲一体化政治化的基本前提，如果没有人讨论欧洲议题，那么政治化则无从谈起，因此，强调欧洲议题的策略也是激进右翼政党推动政治化的基本策略。激进右翼政党不会放过任何在民众面前谈论欧洲一体化的机会，竭尽所能将欧洲议题推向政治议程之中，这主要包含两个方面：一是激进右翼政党对欧洲议题的重视程度不断提高；二是在对欧态度上采取了极化立场。

本小节主要分析了 1999～2014 年教堂山专家民意测验报告（1999 - 2014 Chapel Hill Expert Survey）中的数据。[②] 在该报告中，有关的政党问题专家主要对以下议题进行了评估：根据他们所在国内各政党领导层对欧洲一体化的总体取向来评估政党的对欧立场；各国政党公开立场中欧洲一体化议题的重要性和对欧立场的衡量尺度是由专家从政党对欧洲一体化坚决反对（1 分）到对欧洲一体化坚决支持（7 分）打分；欧洲议题显著度的衡量尺度是由专家从"欧洲议题对政党根本不重要"（0 分）到"欧洲议题对政党而言极其重要"（10 分）打分。教堂山报告分别于 1999 年、2002 年、2006 年、2010 年和 2014 年发表，通过教堂山报告，我们可以有效地追溯激进右翼政党在 1999 年到 2014 年的十五年来对欧立场和对欧洲议题重视程度的变化，从而进一步推定其是否强调欧洲议题并采取了极化立场。

出于对意识形态声誉等的考量，政党在特定议题上的立场灵活性较低，在立场转换较为不易的情况下，政党不得不寻求其他更加灵活的竞争模式。显著度理论（salience theory）也因此应运而生，该理论认为政党竞争通常以

---

① Liesbet Hooghe and Gary Marks, "A Postfunctionalist Theory of European Integration: from Permissive Consensus to Constraining Dissensus", *British Journal of Political Science*, Vol. 39, No. 1, 2009, p. 18.

② Ryan Bakker, Catherine de Vries, Erica Edwards, Liesbet Hooghe, Seth Jolly, Gary Marks, Jonathan Polk, Jan Rovny, Marco Steenbergen, and Milada Vachudova, "Measuring Party Positions in Europe: The Chapel Hill Expert Survey Trend File, 1999 - 2010", *Party Politics*, Vol. 21, No. 1, 2015, pp. 143 - 152.

议程控制的竞争为形式。政治就是政党间关于何种政治冲突可以转化为政治议程的议题的竞争。[1] 政党通常会选择强调自己擅长或对自身选举成绩有利的议题，并努力获得议题所有权（issue ownership），即选民可以将特定的政党与特定的议题联系在一起进行选择，形成一种"商标模式"，选民认为政党在处理该议题上的能力是值得信赖的，[2] 比如社会民主党会强调福利国家议题，保守党会强调犯罪预防等问题。而其他政党则在政党竞争中不予强调这种特定议题。所以从这个意义上来讲，政党竞争并不是在同一议题上的两种极化观点的对立。而在选举竞争中获得某一个议题的所有权并对其加以强调无疑会带来选举红利，"选民会为在自己关注议题上最擅长的政党投票"[3]。值得一提的是，只有当议题在选战中具备足够显著度的情况下，尤其是当大选或议会选举以该议题为中心时，上述选举红利才有可能被兑现，因此作为议题推动者，激进右翼政党必须强调欧洲议题以让民众在投票时将其作为重点考量要素。

根据图 4-1 所示，从 1999 年到 2014 年，欧洲激进右翼政党议程中欧洲议题的显著度有了明显提升，这可以体现在两个方面，首先欧洲各国激进右翼政党无论是最低的欧洲议题显著度还是平均显著度都呈上升趋势，最低显著度由 1999 年的 1.94 上升至 2014 年的 4.44，平均显著度由 1999 年的 3.84 提高到 2014 年的 6.4[4]；其次，如果把欧洲议题显著度得分大于 6 或 7 看作是政党重视（或非常重视）欧洲议题的标准，可以观察到重视欧洲议题的激进右翼政党数量在近十五年间急剧增多，从 1999 年的 3 个上升至 2014 年的 10 个。这些数据都表明激进右翼政党认为欧盟议题对于它们而言越来越重要，而且它们也在持续强调欧盟议题。值得一提的是，近年来在选举中取得较大突破的两大新激进右翼政党——德国选择党和意大利五星运动党由于建党时间较晚，并没有在该数据库中出现，但是在 2017 年"教堂山专家快速调查"数据库中，德国选择党和意大利五星运动党的欧洲议题显著度得分分

---

[1] Elmer Schattschneider, *The Semi-Sovereign People*: *A Realist's View of Democracy in America*, New York: Holt, Rinehart and Winston, 1960, p. 62.

[2] John Petrocik, "Issue Ownership in Presidential Elections, with a 1980 Case Study", *American Journal of Political Science*, Vol. 40, No. 3, 1996, pp. 825 – 850.

[3] Jan Kleinnijenhuis and Jan de Ridder, "Issue News and Electoral Volatility". *European Journal of Political Research*, Vol. 33, No. 3, 1998, pp. 413 – 437.

[4] 如果将研究对象局限于西欧国家，欧洲议题平均显著度从 1999 年的 4.4 上升至 2014 年的 7.1。

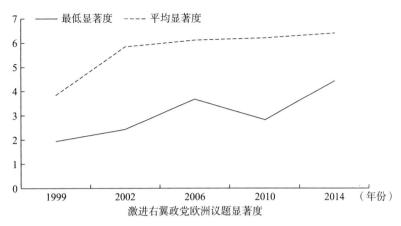

激进右翼政党欧洲议题显著度

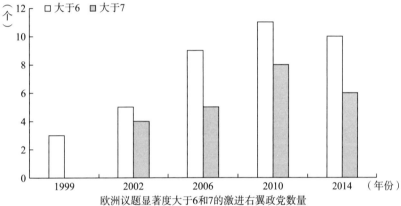

欧洲议题显著度大于6和7的激进右翼政党数量

图 4 - 1　1999～2014 年欧洲激进右翼政党的欧洲议题显著度趋势

资料来源：1999～2014 年教堂山专家民意测验报告（1999－2014 Chapel Hill Expert Survey）。

别为 7. 12 和 6. 54[①]，这说明欧洲议题在这两个政党议程中的重要程度依然较高。需要特别指出的是，2014 年，法国国民阵线、意大利北方联盟、丹麦人民党、荷兰自由党和英国独立党等政党对欧洲议题的强调更是甚于传统文化议题。

　　从欧洲一体化政治化的两个维度来看，激进右翼政党的议题强调战略不

[①]　关于 2017 年"教堂山专家快速调查"数据库（2017 Chapel Hill Expert FLASH Survey, CHES）的调查于 2018 年完成，数据库仅收集了十四个欧盟成员国数据，具体参见 Polk, Jonathan, Jan Rovny, Ryan Bakker, Erica Edwards, Liesbet Hooghe, Seth Jolly, Jelle Koedam, Filip Kostelka, Gary Marks, Gijs Schumacher, Marco Steenbergen, Milada Vachudova and Marko Zilovic. "Explaining the Salience of Anti-elitism and Reducing Political Corruption for Political Parties in Europe with the 2014 Chapel Hill Expert Survey Data", *Research and Politics*, （January-March）, 2017. pp. 1 - 9。

仅限于提升欧洲议题的显著度，还有极化自身的对欧立场。事实上，议题的立场与显著度是一个议题不可分割的两个方面，是互补的而非互相排斥，策略性改变议题立场和议题显著度可以同时成为政党的政治策略。安东妮·唐斯的政党空间理论认为，以最大化选票为目的的政党最终会向在意识形态光谱的中间地带移动，以吸引更多的选民。① 然而在现实中，囿于政党资源的匮乏、低关注度以及传统经济议题和政党竞争模式的稳固性，非主流政党往往会倾向于强调本党在某一议题上的极端立场以体现自身意识形态的特异性，从而在主流大党的压制下脱颖而出，提高媒体曝光度（如绿党在环境保护问题上的极端立场使其在近年来的选举中收获了更多的选票）。基奇特教授将这种特异性称为"产品差异化"（product differentiation），并认为这才是激进右翼政党获得选举成功的关键因素。② 学者马库斯·瓦格纳（Markus Wagner）也认为，通常在政党规模较小、议题立场分明且其他政党忽视这个议题的情况下，该政党更有可能采取极端立场。③ 就一些激进右翼政党而言，政党的立党之基和早先获得选举成功的关键，就是在于这种特殊的意识形态立场，保持并强调这种极端立场对于政党存续而言大有裨益。④ 前文提到，议题的立场与议题竞争的强度以及极化的程度息息相关，通过在欧洲议题上采取极化立场，激进右翼政党可以提升自身政治能见度和欧洲议题在政党制度中的极化程度，还可以在间接意义上提升欧洲议题在公众议程中的显著度。

在教堂山专家民意测验报告中，欧洲激进右翼政党在十五年间平均对欧立场得分为 2.26，可见绝大多数欧洲激进右翼政党都采取了较为强硬的疑欧立场，从图 4 - 2 可以看出，自 2002 年以来，激进右翼政党的疑欧立场倾向显著提高。值得一提的是，西欧激进右翼政党的疑欧立场极化倾向与东欧激进右翼政党相比更加明显，平均分从 1999 年的 2.2 下降至 2014 年的 1.6，东欧激进右翼政党的对欧立场只从 2.6 略降到 2.4。在对欧立场的标准中，

① Anthony Downs, *An Economic Theory of Democracy*. New York: Harper Collins Publishers, 1957.

② Herbert Kitschelt, *The Transformation of European Social Democracy*. Cambridge: Cambridge University Press, 1994.

③ Markus Wagner, "When Do Parties Emphasise Extreme Positions? How Strategic Incentives for Policy Differentiation Influence Issue Importance", *European Journal of Political Research*, Vol. 51, No. 1, 2012, pp. 64 - 88.

④ Jae-Jae Spoon, "Holding their Own: Explaining the Persistence of Green Parties in France and the UK". *Party Politics*, Vol. 15, No. 5, 2009, pp. 615 - 634.

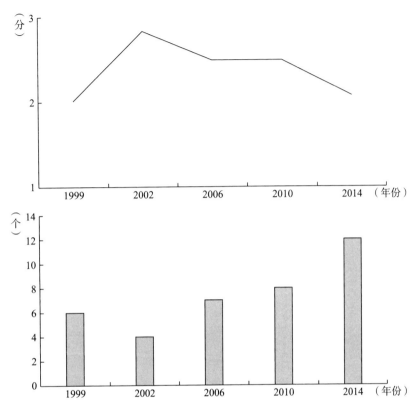

图 4 - 2 1999 ~ 2014 年欧洲激进右翼政党对欧立场平均分数以及强硬疑欧政党数量

资料来源：1999 ~ 2014 年教堂山专家民意测验报告（1999 - 2014 Chapel Hill Expert Survey）。

如果 1 ~ 2 分代表政党秉持强硬疑欧主义，那么十五年来秉持强硬疑欧主义的激进右翼政党的数量显著增加。1999 年只有 6 个激进右翼政党得分在 1 ~ 2，2014 年这个数字跃升至 12 个。

　　如何进一步确认激进右翼政党的对欧立场在本国政党体系中的极化程度？学者索菲亚·瓦西尔洛普罗运用教堂山报告的数据分别将欧债危机前后，即 2006 年与 2014 年各国激进右翼政党和本国其他政党的对欧立场进行了比较。① 她认为相比主流政党，激进右翼政党明显持更加极端的疑欧立场：2006 年，10 个激进右翼政党与本国其他政党的对欧立场分差值在 3 以上，而 2014 年这个数字增加到 12 个，同时，整体平均分差也由 2006 年的 2.55

① Sofia Vasilopoulou, "The Radical Right and Euroskepticism", in Jens Rydgren（eds.）, *The Oxford Handbook of the Radical Right*, Oxford：Oxford University Press, 2018, pp. 197 - 200.

上升到 2014 年的 2.99，这足以说明在此期间欧洲激进右翼政党的疑欧立场变得更加极化。

第二节　架构策略

一　架构策略的概念界定

正如前文所提到，激进右翼政党推动欧洲议题政治化离不开对欧洲一体化议题的建构，它们在建构欧洲议题时最常用的政治手段是架构策略（framing strategy）。

架构的含义来自社会学家厄尔文·高夫曼（Erving Goffman）的社会心理学方法，他认为架构是一种可以帮助人们感知外部现实的认知手段和解释框架（schemata of interpretation），可以解释日常生活的现象从而引导个人行为。[①] 自此，架构概念便出现在政治交流、民意和媒体话语等研究中。20 世纪 80 年代以来，学者开始将架构方法应用到集体行为和政治学研究中，如社会运动和政党领域。根据学者罗伯特·恩特曼（Robert Entman）的定义，架构策略就是"选择（问题的）某些方面的现实并使其更加突出"，而忽视该事物的其他方面，"以此宣扬问题特有的定义、解释、道德评价以及解决问题的建议"。[②] 在社会运动领域，民众的不满以及政治机会并不是自然而然产生的，需要被一定程度地改造、再定义和建构，从而影响公众话语与认知，因此集体行动架构（collective action framing）及其所产生的"框架"（frame）起到了至关重要的作用，它们被特定的社会或政治机构所采用以突出社会现状的不公和不可忍受。架构过程可以将特定的运动观念或话语向民众推广，让架构对象以一种特殊的方式理解社会现象或事件，这样既能够吸纳新成员参与运动，又可以通过影响社会话语的方式引发社会变革。从这个角度来看，架构的重要性在于它们解释和合法化政治行动或政策的能力。在社会运动领域，关于架构研究的涵盖范围非常广泛，从架构的建构过程到大众媒体的传播作用及其对社会动员机构的动员能力的影响，再到架构对象逐

---

① Erving Goffman, *Frame Analysis: An Essay on the Organization of Experience*, Cambridge: Harvard University Press, 1974.

② Robert Entman, "Framing: Toward Clarification of a Fractured Paradigm", *Political Communication*, Vol. 43, No. 4, 1993, p. 52.

渐采纳和接受框架等。

　　在政党动员领域，架构方法的研究范围相对狭窄，主要用于政党对特定议题的建构及其塑造大众舆论的能力。曾有学者用"人民的声音只是一种回声"①的说法，表达政党沟通和架构的作用不容小视，因为公民有时对政治社会事件并不了解，需要政治精英的提示与架构来形成观点。从这个意义上来讲，架构的基本出发点在于任何政治议题都可以从不同角度来解读和建构。所以，政党除了通过架构策略告诉民众议题是什么，更重要的是告诉人们应当以怎样的角度看待议题。通过赋予议题特定的意义，架构战略可以引导人们认知一个抽象的政治议题，在一定程度上充当"思维的组织者"。②威廉·加姆森指出："架构强调特定的事件及其背后的原因和后果，将人们在别处的注意力引到这里。一个框架可以组建一系列不同的标志、想象和论点，并把它们与一个展现议题的存亡攸关和实质的核心观点相联系。"③

　　一般而言，政党的架构策略有两个目的。第一，可以动员民众使其信服本政党的议题主张，吸引更多选民的支持，因为议题架构是精英影响民意的重要途径，政治精英需要架构策略来提高自己擅长议题的显著度从而最大化选票票数；对于选民而言，架构为他们提供了可选择的认知捷径。第二，能够将议题与政党意识形态紧密联系在一起，从而加强政党的可信度。④从这个角度看，架构理论能够很好地解释欧洲政党政治和激进右翼政治。首先，与相对稳定、抽象且难以改变的意识形态相比，架构理论可以更容易地被政治行为者策略性地使用；其次，对于研究投票行为而言，政党形象比意识形态更加重要，政党形象可以体现在其政治话语或宣传口号之中，比如激进右翼政党的形象就可以概括为"本国文化和主权的捍卫者"，而政党形象并不是偶然构建出来的，是通过政党的政治策略构建最有可能吸引选民的形象，

①　Key, V. O. , *The Responsible Electorate*: *Rationality in Presidential Voting* 1936 – 1960 , New York: Vintage, 1966 , p. 2.

②　Myra Ferree, William Gamson, Jürgen Gerhards and Dieter Rucht, *Shaping Abortion Discourse. Democracy and the Public Sphere in Germany and the United States*, Cambridge: Cambridge University Press, 2002 , p. 13.

③　William Gamson, "Bystanders, Public Opinion, and the Media", in David Snow, Sarah Soule and Mayer Zald (eds.), *The Blackwell Companion to Social Movements*, Oxford: Blackwell, 2004 , p. 245.

④　Dominic Hoeglinger, *Politicizing European Integration*: *Struggling with the Awakening Giant*, Basingstoke: Palgrave Macmillan, 2016 , p. 18.

架构理论可以解释政党形象的构建路径；最后，架构理论也可以帮助理解政党是如何影响民众形成更有利于激进右翼政党的观点。[1]

二　激进右翼政党的对欧架构策略

(一)　疑欧架构的阴谋论特征

在激进右翼政党的政治话语中，阴谋论的特征异常明显。阴谋论意指关于某些社会事件或现象是由精英阶层秘密操控而产生的观点。在社会运动和政治机构中，阴谋论观念和话语经常作为架构的形式出现。与民粹主义类似，阴谋论理论中对与错、善良与邪恶、受害者和阴谋者的二元对立特征也非常鲜明，这就为激进右翼政党在自身政治话语中加入阴谋论因素创造了条件。有学者认为，如今激进右翼政党更加频繁地向民众展现和建构政治领域的为恶者和阴谋者，把他们置于普通民众的对立面，而阴谋论理论也成为激进右翼政党"反对国际资本主义和全球化以及跨国政治秩序"的常规话语。[2]

一般而言，激进右翼政党的阴谋论架构逻辑为：首先，在话语上建构一个需要对本国的社会问题负责的外部威胁势力（"他者"）；其次，认为国家精英背叛了本国民众，是外部威胁势力的"同伙"；最后，激进右翼政党把自己标榜为人民利益的唯一捍卫者，保护本国民众不受自己所构建出的"他者"的威胁。激进右翼政党对于国家主权的丧失、政治精英的欺骗与背叛和外来"他者"异常敏感和愤怒，而欧盟恰恰可以集三者于一身，成为阴谋论架构的绝佳选择。正如学者安顿·佩林卡（Anton Pelinka）所言："当代民粹主义不再将敌人建构为位居（国内）上层的精英，而是更多地把目光放至国外……将矛头直指应对欧洲化、全球化和大规模移民负责的对象。"[3] 对于激进右翼政党而言，在欧盟饱受欧债危机、难民危机和脱欧危机所拖累的现实背景下，它们把关于欧洲议题和疑欧主义的架构作为一种话语策略，向民众突出表现了欧洲一体化和欧盟的阴暗面，并将欧盟视为应受谴责的行为体，认为欧盟应对一切社会问题负责，建构起了由精英驱动的欧洲一体化模

---

[1]　Gabriella Elgenius and Jens Rydgren, "Frames of Nostalgia and Belonging: the Resurgence of Ethno-nationalism in Sweden", *European Societies*, Vol. 21, No. 4, 2019, pp. 583 – 602.

[2]　Jovan Byford, *Conspiracy Theories: A Critical Introduction*, Basingstoke: Palgrave Macmillan, 2011.

[3]　Anton Pelinka, "Right-wing Populism: Concept and Typology", in Ruth Wodak, Majid Khosravinik and Brigitte Mral (eds.), *Right-wing populism in Europe*, London: Bloomsbury, 2013, pp. 3 – 22.

式亟须改变的认知架构。欧洲一体化的政治化需要大众对议题进行反馈，参与欧洲议题的讨论，从而使大众产生共鸣。而架构策略恰恰可以在动员选民方面发挥重要作用，可以给大众起到提示作用，即为什么应当从一个议题的旁观者变为参与者。

戴维·斯诺（David Snow）与罗伯特·本福德（Robert Benford）提出了关于架构的三点核心内容，分别是诊断型架构（diagnostic framing）、处方型架构（prognostic framing）和动机型架构（motivational framing）。[①] 首先，诊断型架构的目的在于识别和突出强调社会中存在的某些或某个无法容忍且亟须改变的问题。诊断型架构不仅在于提出问题本身，更重要的是要指出过错方或责任方（个人、机构、社会群体或制度等），从而为出现的问题提供解释。不仅如此，它们也会起到警示的作用，可以向民众灌输共同体正面临潜在威胁而他们恰恰是受害者的负面认知，从这个意义上讲，诊断型架构可以阐明民众的认同归属，从而区分"我们"与"他者"。换句话说，通过架构过程，架构者可以定义谁是朋友，即自我认同的一部分，以及谁是敌人，即他者认同的一部分。其次，处方型架构解释了问题的具体解决办法以及应当采取何种行为。有时处方型架构不仅可以用来提供解决方法，也可以指出替罪羊。可以看出，诊断型架构解决的是"是什么"和"为什么"，而处方型架构则是处理"怎么办"的问题。最后，动机型架构解释了动员潜在支持者或参与者采取行动的原因，为集体行动提供合法性和正当性。值得一提的是，在激进右翼政党的架构策略中，民族主义无疑是它们的主框架（main frame），从这个角度出发，几乎所有欧洲激进右翼政党所采用处方型架构就是用民族主义解决欧洲一体化进程所衍生的一切社会经济和民族认同问题，即从欧盟手中夺回本属于各成员国国家的主权和控制权。而动机型架构主要关注点在于如何激励参与者采取行动，而本书上一章指出，欧洲一体化进程在一定程度上已经导致欧洲民众的信任、价值和认同等方面的危机，民众有充分动机参与欧洲议题的讨论。所以本节主要关注的是激进右翼政党的诊断型架构，即激进右翼政党是如何通过阴谋论与污名化手段，将欧洲一体化进程和欧盟与欧洲社会经济以及文化认同方面的问题与危机联系在一起。

---

① Snow David and Benford Robert, "Ideology, Frame Resonance, and Participant Mobilization", in Bert Klandermans, Hanspeter Kriesi and Sidney Tarrow (eds.), *From Structure to Action: Social Movement Participation across Cultures*, Greenwich, CT: JAI Press, 1988, pp. 197-217.

（二）疑欧架构中的融合策略

前文提到，政党对议题的架构过程即对其再构造与再定义的进程。由于欧洲议题的抽象性和可构建性的特征，激进右翼政党需要将欧洲议题进行"再加工"从而提升议题的显著度。因此，它们常常在架构过程中通过运用"融合"策略将欧洲一体化议题与公民易通过日常经验感知的、与民族认同相联系的其他议题及相关社会问题相结合，这可以将欧洲一体化议题与更加普遍的民众关切恰当地联系在一起。这种联系一旦建立，欧洲一体化的政治化将进一步巩固，进而提升激进右翼政党对民意的影响力，使潜在选民相信该政党影响议题优先级的能力以及选举中的实际竞争力，最大限度地动员目标群体参与最终投票。值得一提的是，不同激进右翼政党会根据本国特殊国情以及不同的危机背景，采取不同的框架来讨论和批判欧盟。换句话说，它们突出表现了欧洲一体化的不同阴暗面。这也是为什么激进右翼政党都秉持类似的民粹民族主义，但是当批判欧洲一体化时，它们所用的民族主义架构或许并不相同。如表 4 - 1 所示，本节将激进右翼政党所运用的疑欧框架分为三类，分别为文化—民族主义架构、社会经济架构和合法性架构。

表 4 - 1　激进右翼政党对欧洲议题架构分类

架构类型	架构关键词
文化—民族主义架构	移民、安全、伊斯兰、多元文化主义、欧洲文明
社会经济架构	经济、欧元区、救助、紧缩、失业
合法性架构	民主、低效、腐败、人民

资料来源：笔者整理修改自 Andrea Pirro and Stijn van Kessel, "Populist Eurosceptic Trajectories in Italy and the Netherlands during the European Crises", Politics, Vol 38, No. 3, 2018, pp. 330.

然而，这三种架构并不是相互排斥的，有的政党在批评欧盟时使用的框架可能会同时囊括这三种架构类型。比如，欧盟的自由流动政策可以同时被视为社会经济架构、文化—民族主义架构和合法性架构的内容，因为外来移民同时威胁了本国底层民众的福利待遇、工作机会以及国家文化的同质性，而欧盟的合法性危机也是源于欧盟经济、文化政策的失败。[①] 对激进右翼政党架构策略的研究可以使我们进一步了解它们疑欧话语的内核，探索激进右

---

① Andrea Pirro and Stijn van Kessel, "Populist Eurosceptic Trajectories in Italy and the Netherlands during the European Crises", Politics, Vol 38, No. 3, 2018, pp. 329 – 330.

翼政党是如何运用诊断型架构识别问题并将责任推给欧盟的。

1. 社会经济架构与合法性架构

欧洲经济一体化一直以来在激进右翼政党的疑欧话语中占据重要地位。对于激进右翼政党而言，欧盟只是一个宣扬全球化的新自由机构，它们将欧洲一体化视为全球化的一部分，认为经济一体化进程导致了民众工资和福利缩水、对失业的恐慌、社会安全感的降低、工作市场的恶性竞争和公众服务的萧条等。

在欧盟人员自由流动的政策背景下，东欧移民的涌入构成了激进右翼政党社会经济架构中的重要内容。尽管新功能主义者认为人员自由流动政策不仅仅是欧洲单一市场形成的关键，而且还是推动欧盟内部社会经济一体化的重要推动力和欧盟开放、自由基本观念的重要体现，[①] 但是激进右翼政党将其看作主权国家将移民控制权拱手让给欧盟的标志，尤其是欧盟的人员（劳动力）自由流动政策规定老成员国必须开放劳动力市场，从而使欧盟新成员国的劳工拥有在其他任何成员国自由工作的权利，不仅如此，他们同时享有与当地劳动者同等的工作条件、收入、社会保障权利和福利待遇。这被激进右翼政党看作牺牲了本国中下层欧洲民众的利益，夺走了本属于他们的社会保障和福利政策，破坏了社会团结和社会正义，类似于"英国是英国人的英国""将法国留给法国人"的呼吁和口号屡见不鲜，它们认为应通过停止欧盟的自由流动政策以改善本国的就业形势和保障国内工人的原有权益。英国独立党前党魁奈杰尔·法拉奇认为人员自由流动政策无疑挤压了本国工人阶层的工作机会和空间："（英国工人）迫切地渴望工作，但是他们被络绎不绝的东欧移民潮击溃了。"[②] 法国国民阵线甚至将欧盟称作一场摧毁认同、自由和主权的"骗局"（scam），因为它迫使成员国向一切资本、移民和产品敞开大门；而欧盟只是全球化的特洛伊木马，并没有保护各成员国的民众和企业，反而使他们暴露于无情的全球竞争之中，因此，欧盟和国家精英是人民的"叛徒"，因为他们完全屈服于自由市场经济和全球化力量之下。[③]

---

① Ernst Haas, *The Uniting of Europe: Political, Social, and Economic Forces* 1950 – 1957, Stanford: Stanford University Press. 1958.

② Nigel Farage, "The Main Parties Don't Listen to the Working Classes", Evening Standard, March 10 2014, available at: https://www. standard. co. uk/comment/comment/nigel-farage-the-main-parties-don-t-listen-tothe-working-classes-9181460. html, last accessed on 9 October 2019.

③ National Front, Programme Europe du Front National (European Elections Manifesto), 2009, p. 4.

2008 年爆发的欧债危机为社会经济架构增添了新的"弹药库",欧元和欧盟的货币政策成了激进右翼政党的矛头所向,它们认为欧元与高失业率和低经济增长有着不可分割的关系,也造成了经济发展的不平衡和欧洲国家间的不公平竞争。由经济学教授领导的德国选择党在建党之初,就确立将退出欧元区作为政党的核心目标,选择党成员呼吁道:"我们不要欧元!不要把外国的债务转移给德国人民!"① 直至 2016 年柏林州议会选举,德国选择党的政客都在强调欧元危机对德国民主的打击以及德国退出欧元区的必要性。在 2017 年竞选宣言中,选择党呼吁就德国的欧元区成员国地位进行全民公投并主张退出欧洲货币联盟。② 金融危机不断发酵之时,法国国民阵线也要求对法国的欧元区席位进行全民公投,并将欧洲单一货币描绘为"反常"和"监狱",其存在只是为了满足银行家和富人的利益。③ 不仅如此,法国国民阵线强烈反对欧盟的救助计划,认为这会给法国纳税人带来无法承受的负担,主张国家政府应当收回控制货币政策的权力。玛丽娜·勒庞指出:"我们要恢复国家货币从而保证本国同胞的购买力。"④ 而深受金融危机之苦的南欧激进右翼政党同样对欧元和欧盟经济政策抱有负面看法,意大利北方联盟党就在 2014 年欧洲议会选战中打出了"离开欧元,现在!"的标语。在竞选宣言中,北方联盟党认为:"欧盟强加给各成员国的单一货币剥夺了它们货币控制和抵御危机的能力,许多欧洲和世界经济学家都将欧元看作失败的实验品。"⑤ 北方联盟党的一位议员在欧洲议会发言时批判了危机盛行时欧盟推崇的经济紧缩政策:"欧盟将(欧债危机)责任归咎于各成员国,并将紧缩政策强加给我们,欧盟带给民众的只有血与泪。面对 2500 万欧洲失业民众和 300 万意大利贫困人口,欧盟还在向我们要更多的钱。"⑥

---

① Alexander Hausler, Rainer Roeser and Lisa Scholten, *Programmatik*, *Themensetzung und Politische Praxis der Partei AfD*, Dresden: Heinrich-Boll-Stiftung, 2016.

② Alternative für Deutschland, "Manifesto for Germany, The Political Programme of the Alternative for Germany", available at: https://www. afd. de/wp-content/uploads/sites/111/2017/04/2017 – 04 – 12_afd-grundsatzprogramm-englisch_web. pdf. 2017, p. 17.

③ National Front, *Notre Projet Programme Politique du Front National* (*National Elections Manifesto*), 2012.

④ Au Front, "Bulletin de Liaison du Front National", December 2008, available at: http://www. frontnational. com/? page_id = 909m, last accessed on 1 Oct 2019.

⑤ LN, *Elezioni Europee. Programma Elettorale.* (EP election manifesto), 2014.

⑥ Bizzotto, Mara, "Remarks in the European Parliament", 9 October 2014, available at: http://www. europarl. europa. eu/portal/en, last accessed on 15 Dec 2019.

　　需要指出的是，在社会经济架构中，激进右翼政党的党魁往往会为自己塑造一种与主流政党和欧盟精英完全不同的形象，以人民的名义进行发声和抗争。政治学家欧内斯托·拉克劳（Ernesto Laclau）指出，"人民"这一集体政治认同通过识别"他者"或敌人而创造，与特定外部"他者"形成鲜明对比是让人民产生归属感的重要途径。[①] 它们通常用"绝望""无权""饥饿""难过""被遗忘""不公"等形容词描绘人民，体现他们被欧洲一体化的负面影响所伤害。人民本质上是善良聪颖的，但是人民的自决权和生死存亡都受到了欧洲精英与欧盟机构非民主特性的严重侵蚀和威胁。法国国民阵线甚至用"苏联式的极权主义"来形容欧盟，认为欧盟是对人民的"囚役"。[②] 法拉奇在批评欧元政策时提到："欧盟似乎也乐于用我们数百万欧洲人民的贫困与失业换取欧元计划可以挺过欧债危机。"[③]不仅如此，激进右翼政党通常将国内主流政党的政治精英与欧盟作为共同"他者"捆绑在一起，认为他们与欧盟勾结在一起或任由欧盟机构摆布而出卖和剥削人民的权益。德国选择党就指出国外势力（欧盟）与精英（主流政党）的结合对德国人民而言无疑是灾难性的，他们认为德国主流精英支持欧元，主张用德国财政支出来解决南欧各国的财政危机，在欧盟面前完全放弃了德国的自治权和主权，为了实现个人私欲出卖了德国人民的利益。荷兰自由党在其2012年竞选宣言中就以"他们的布鲁塞尔，我们的荷兰"（Their Brussels, Our Netherlands）为题，以欧元区危机为契机，强烈批判欧盟处理危机不利，指责荷兰政治精英只会"奴隶般地遵循欧洲'主人'的命令"，在欧债危机背景下浪费本国纳税人的财产去帮助腐败的希腊，呼吁荷兰退出欧盟。[④] 英国独立党认为欧盟危害了英国二战后最重要的认同——国民医疗体系（NHS），认为欧盟的自由流动政策使得英国的"国民医疗保健制度"变成了"国际医疗保健制度"，指责两大传统政党为了欧盟出卖了英国公民的利益，践踏了英国核心认同。英国独立党认为国民医疗体系正处在崩溃的临界点，"医疗旅

① Ernesto Laclau, *On Populist Reason*, London: Verso, 2005.

② Poirier, Agnès, "Marine Le Pen's Brexit Glee Goes Against France's Belief in Humanity." The Guardian, July 3 2016, available at: https://www.theguardian.com/commentisfree/2016/jul/03/marine-le-pen-brexit-france-victor-hugo-humanity, last accessed on February 21, 2019.

③ UKIP, "Farage: Who is an Extremist, Mr. Schulz?", June 27 2013, available at: http://www.ukipmeps.org/news_761_Farage-Who-is-an-extremist-Mr-Schulz.html, last accessed on January 14, 2020.

④ PVV, "Hún Brussel, Óns Nederland, Their Brussels, Our Netherlands", Election Manifesto, 2012.

游业"（health tourism）更是让一些外来的移民和游客享受英国免费的医疗福利，仅仅这一项 NHS 每年就要多花费 2 亿英镑，而向欧盟缴纳的摊派费更使得原本就受资金短缺之扰的 NHS 更加不堪重负。法拉奇对此评论道："这是我们的'国民医疗保健制度'，不是'国际医疗保健制度'……只有独立党真正有勇气面对医疗旅游业给 NHS 带来的损害，而其他政党只是胆小地把头埋在沙里。"① 独立党认为欧盟不能再提供任何正向价值，所以英国应该停止向欧盟每年缴纳高额的摊派费，而将这笔费用用于本国福利国家建设。欧盟成员国席位和 NHS 及其资金短缺的现状紧密联系在一起，这就在英国社会中将我们与"他者"对立起来，即保护"我们的 NHS"与"向外来欧盟缴费"对立起来，借此，欧盟就被架构为英国核心认同的医疗保健制度的威胁。

在经济危机时人民与欧洲精英的对立自然而然引发了激进右翼政党对欧盟民主赤字的强调与质疑，这是构成合法性架构的重要内容。它们认为欧洲的一体化是由精英阶层暗箱操作、与民众完全隔绝的进程，是牺牲国内经济和勤奋普通人的利益之下的官僚共识。成员国迫切需要夺回原本属于本国的民主。德国选择党的一位议员曾表示："民主只在国家层面而非国际层面才能奏效。"② 法国国民阵线则将合法性架构的目标直指非民选的欧盟委员会，认为它是民主的直接敌人："欧盟委员会，一个非民选的机构，充斥着许多拥有无上权力的技术官僚，享有立法权的绝对垄断地位。至少80%的法国重要的法律法规只不过是欧盟法律或其官方指令的变种。"③ 英国独立党一直以来也在谴责欧盟的不民主性，早在建党之初，英国独立党就在竞选宣言中控诉欧盟的独裁专制：

（欧盟）根本不会奏效……它是官僚的、不民主的……欧盟的形象就像是一棵摇钱树（gravy train），这是一场制度化的骗局。欧盟的政策——无论是农业、渔业、对外或经济政策——都没有任何作用。结局就是英国民众每年被迫向（欧盟）官僚主义者们缴纳数十亿英镑，而他

---

① United Kingdom Independence Party（UKIP），Believe in Britain，UKIP Manifesto，2015，p. 16.

② Alternative für Deutschland，2014，"Unsere Kanidaten für Europa"，available at：http：//web. archive. prg/web/20140221041346/www. alternativefuer. de/Unsere-Kanidaten-fuer-Europa.

③ Front National，Programme：Politique étrangère. 2015，available at：http：//www. frontnational. com/pdf/Programme. pdf.

们唯一的工作就是绞尽脑汁想出新计划让民众破产。[1]

在 2015 年英国独立党的竞选宣言中依然可以看到对欧盟缺乏民主的控诉，独立党把欧洲议会称为"虚假的民主"[2]，因为享有最终决定权的只是欧洲的官僚精英，而他们根本不会考虑英国的利益，而且英国的欧洲议会议员在议会中也没有任何话语权，他们的投票往往会被忽视。法拉奇也将英国的欧盟成员国身份称为"英国人民的自决权向欧洲官僚机构的屈服"[3]。

2. 文化—民族主义架构

文化—民族主义架构主要将欧洲一体化与移民和安全议题相融合。具体而言，激进右翼政党将外来移民和少数族裔描绘为对国家认同、文化和安全的威胁，而欧盟和欧洲一体化进程被视为外来移民涌入的来源之一，对成员国文化认同的侵蚀起到了推波助澜的作用。从保护国家边界和社会文化同质性的角度出发，激进右翼政党的文化架构主要表达的是与文化认同相关的政治讨论。通常而言，对外来移民和欧洲"穆斯林化"的恐惧感、对国家传统和认同丧失的愤懑，乃至对欧洲共同的"基督教传统"的保护都构成了文化架构的重要组成部分。像欧洲一体化这样抽象的议题，认同和世界观就会在动员民众上发挥重要作用，欧洲一体化议题架构策略的成功与否取决于是否将其建立在文化认同，即内嵌于共同体内的基本观念和价值观之上。德国政治学教授托马斯·瑞斯（Thomas Risse）指出，政治行为体将欧洲一体化与认同政治联系得越紧密，就越有可能推动其政治化，而政党通常会选择与其意识形态相契合的议题和认同去进行架构。[4] 因此，政党的意识形态越保守，就越有可能用民族主义构建欧洲一体化问题，换句话说，欧洲一体化的政治化在一定程度上是由国家认同和主权的丧失而导致的民族主义塑造的。[5]

---

① Cited from Tim Bale, "Who Leads and Who Follows? The Symbiotic Relationship between UKIP and the Conservatives-and Populism and Euroscepticism", *Politics*, Vol. 38, No. 3, 2018, p. 268.

② United Kingdom Independence Party (UKIP) (2015) Believe in Britain, UKIP Manifesto 2015, p. 70.

③ Nigel Farage, *Flying Free*, London: Biteback, 2011, p. 59.

④ Thomas Risse, "No Demos? Identities and Public Spheres in the Euro Crisis", *Journal of Common Market Studies*, Vol. 52, No. 6, 2014, pp. 1207 – 1215.

⑤ Liesbet Hooghe and Gary Marks, "The Neofunctionalists were (Almost) Right: Politicization and European Integration", in Colin Crouch and Wolfgang Streeck (eds.), *The Diversity of Democracy*, Cheltenham: Edward Elgar, 2006, pp. 205 – 222.

在文化—民族主义架构中，议题融合策略最直接的体现就是将欧洲议题与移民和安全议题相连接。首先从对移民议题的融合来看，当激进右翼政党把欧洲议题与移民议题有效结合时，可以增加欧洲议题对民众的吸引力和负向反馈。一方面，移民和欧洲一体化议题是由相似的政治行为体推向政治化的，移民和欧洲一体化议题都与去国家化进程有紧密的联系；[1] 另一方面，汉·维尔茨（Han Werts）等学者运用"欧洲社会调查"数据定量分析，认为尽管疑欧主义立场在一定程度上可以提升激进右翼政党的选举战绩，但是疑欧因素远没有与移民相关的种族威胁（ethnic threat）重要。[2] 学者邓肯·麦克唐奈尔和阿尼卡·维尔纳（Annika Werner）的实证研究进一步佐证了这一点，他们认为西欧激进右翼政党在移民议题上的显著度与立场变化极大地影响了民众向其投票的可能性，且影响程度高于欧洲议题。[3] 由此可以看出，在架构策略中将欧洲议题与移民议题相融合更加有利于激进右翼政党吸引并影响民众。因此，大多数激进右翼政客会选择将移民问题作为推动欧洲一体化政治化的突破口。

这方面最具代表性的例子是英国独立党，英国独立党对移民问题的宣传与其脱欧的政策紧密联系，其前党魁法拉奇也曾直言不讳地指出其议题宣传的动机就是让民众将移民潮现象归因于英国政府在边境控制权上对欧盟方面的妥协，并使民众相信欧盟才是导致低素质移民持续涌入英国的根本源泉："我们的目标就是让民众认为移民和欧洲是一回事，欧盟的成员国席位会让英国向4.85亿来自穷国的移民敞开大门。"[4]法拉奇于2016年发布了一张名为"崩溃边缘"（Breaking Point）的海报，海报中描绘了大批排着长队的难民在克罗地亚和斯洛文尼亚边界线上的场景。值得一提的是，这张极具视觉冲击力的海报的副标题为"欧盟辜负了我们所有人"（The EU Has

① Hanspeter Kriesi, Edgar Grande, Martin Dolezal, Marc Helbling, Dominic Hoeglinger, Swen Hutter, and Bruno Wueest. *Political Conflict in Western Europe*, Cambridge: Cambridge University Press, 2012, p. 208.

② Han Werts, Peer Scheepers, Marcel Lubbers, "Euro-scepticism and Radical Right-wing Voting in Europe, 2002 – 2008: Social Cleavages, Socio-political Attitudes and Contextual Characteristics Determining Voting for the Radical Right", *European Union Politics*, Vol. 14, No. 2, 2013, pp. 183 – 205.

③ Duncan McDonnell and Annika Werner, "Differently Eurosceptic: Radical Right Populist Parties and Their Supporters", *Journal of European Public Policy*, Vol. 26, No. 12, 2018, pp. 1761 – 1778.

④ Matthew Goodwin and Caitlin Milazzo, *UKIP: Inside the Campaign to Redraw the Map of British Politics*, Oxford: Oxford University Press, 2015, p. 34.

Failed Us All），直指欧盟是导致汹涌难民潮的直接来源。此外，法拉奇认为不断涌入的移民会给本国民众带来一种文化认同的陌生感："在英格兰的许多地方，你都已经听不到有人说英语了，这不是我们想给子孙后代留下的遗产。"① 法国国民阵线党魁勒庞也指出："骇人听闻的移民浪潮导致了法国民族认同的严重不安定。"② 德国选择党在其 2017 年竞选宣言中不断强调外来移民尤其是穆斯林移民冲击了德国文化（German Leitkultur）至上的传统："德国选择党的目标是自我保护而非自我毁灭我们的国家和人民。我们希望留给后代的还是那个留有德国印记的国家。"③

可见，激进右翼政党采用的文化架构所表达的共同体价值观多具有排外性质，大部分时间为特定的国家认同。然而这种共同体的规模是可变的，针对外来移民的排外文化架构不仅仅局限于国家层面，还会扩大到一种建立在"犹太基督（Judeo-Christian）文明"基础上的欧洲认同。④ 这种广泛的欧洲认同亦是排外的，因为激进右翼政党一直以来从文化的角度定义欧洲，在它们看来，欧洲是具有共同文化传统和西方价值观的大陆，以古希腊哲学、罗马法律、基督教价值观和启蒙思想为基础，孕育了欧洲国家崇尚平等、自由和民主的精神，这足以支撑欧洲国家在没有外部干扰的情况下实现自治，这在整个世界范围内都是独一无二的。因此，一个地理、文化、历史角度上更偏向亚洲化和伊斯兰化的土耳其永远不会被考虑接收为欧盟成员国，因为伊斯兰文化永远不会与欧洲认同相兼容。而现阶段欧盟的民主赤字及其对边境管理的无力加剧了对欧洲共有认同的破坏，这也是为什么激进右翼政党采用这样的政治话语："我们是欧洲人，但我们反对欧盟。"荷兰自由党党魁维尔德斯就曾这样说道："作为西方人，我们共同拥有犹太基督文化，我来自荷

---

① Andrew Sparrow, "Nigel Farage: Parts of Britain are 'Like a Foreign Land.", The Guardian, February 28 2014, available at: https://www.theguardian.com/politics/2014/feb/28/nigel-farage-ukip-immigration-speech, last accessed on January 11, 2019. http://www.theguardian.com/politics/2014/feb/28/nigel-farageukip-immigration-speech.

② Le Monde, "Les détestables obsessions de Marine Le Pen", 7 September 2015. available at: http://www.lemonde.fr/politique/article/2015/09/07/les-detestables-obsessions-de-marine-le-pen _ 4747977 _ 823448. html, last accessed on 26 September 2019.

③ Alternative für Deutschland, "Progamme für Deutschland: Wahlprogramm der Alternative für Deutschland für die Wahl zum Deutschen Bundestag am 24. September 2017", Alternative für Deutschland, 2017.

④ Catherine MacMillan, "Reversing the Myth? Dystopian Narratives of the EU in UKIP and Front National Discourse", Journal of Contemporary European Studies, Vol. 26, No. 1, 2017, p. 124.

兰而你来自意大利，但我们的国家文化是来自同一棵大树上的不同分支……普通民众已经体会到了人口更替现象，他们对祖先创造的文明具有归属感，不希望将这种文明被重视移民价值观的多元文化社会所取代，我们的西方文化比其他文化更加优越的说法并不是仇外或'恐穆'的，这是简单的常识。"① 2015年《查理周刊》恐怖袭击案后，法拉奇也曾呼吁欧盟和欧洲民众勇敢捍卫"我们的犹太基督文化"。② 勒庞认为，欧洲作为一种文明正受到穆斯林移民的极大挑战："如果继续放任（穆斯林移民的涌入），我们的欧洲将不再是欧洲，而是会变成伊斯兰共和国……我们正处于生死攸关的转折点，如果我们不保卫我们的文明，那么就只能见证它的消亡。"③ 意大利北方联盟党在意大利深受难民危机之害时鼓吹关闭成员国内部边界，从而阻止"欧洲文化的灭亡"。④

除此之外，激进右翼政党还将欧洲一体化与安全议题相结合，这在近年来的难民危机中有直接的体现，相比面对危机时欧盟决策的繁复和无力，几乎所有的激进右翼政党都宣称要在恐怖主义和难民危机背景下保护本国公民，并斥责欧盟精英的不作为，将欧盟视为引入不安定因素的来源。荷兰自由党党魁维尔德斯强烈反对欧盟摊派给荷兰的难民名额，抵制向难民提供庇护，并将这次难民潮比作"伊斯兰海啸"和威胁荷兰女性的"荷尔蒙炸弹"。⑤ 法拉奇也表示了担忧："大家可以扪心自问哪种情形更加安全：是欧盟的警察告诉我们已经有3000～5000名恐怖分子借难民危机潜入欧洲大陆

① Ruth Wodak, *The Politics of Fear What Right-Wing Populist Discourses Mean*, London: Sage, 2015, p. 81.

② Kiran Moodley, "Nigel Farage Says Britain Needs to Stand Up for its 'Judeo-Christian Values' to Combat Homegrown Militants." The Independent, September 3 2014. Available at: http://www.independent.co.uk/news/uk/nigel-farage-says-britain-needs-to-stand-up-for-its-judeochristian-values-to-combat-homegrown-9708082.html, last accessed on May 13, 2019.

③ José Pedro Zuquete, "The European Extreme Right and Islam: New Prejudices?" *Journal of Political Ideologies*, Vol. 13, No. 3, 2008, pp. 321 – 344, cited from Catherine MacMillan, "Reversing the Myth? Dystopian Narratives of the EU in UKIP and Front National Discourse", *Journal of Contemporary European Studies*, Vol. 26, No. 1, 2017, p. 124.

④ LN, "Lega, Calderoli: Per salvare la cultura europea servono confini e sovranità nazionale, come chiedono Salvini, Le Pen, Strache e Wilders". 2015, Available at: http://www.leganord.org/notizie/le-news - 2/14804-lega-calderoli-per-salvare-la-cultura-europea-servono-confini-e-sovranita-nazionale-come-chiedono-salvini-le-pen-strache-e-wilders.

⑤ Alenxandra Sims, "Far-right Dutch politician, Geert Wilders, says male refugees must be kept in asylum camps to stop 'sexual jihad'", 23 Jan 2016, available at: http://www.independent.co.uk/news/world/europe/far-right-dutch-politician-geert-wilders-says-male-refugees-must-be-kept-in-asylum-camps-to-stop-a6828891.html.

和英国，还是我们将对国家边境的控制权从欧盟手里夺回来？"① 法国国民阵线党魁玛丽娜·勒庞希望重建欧盟内部边界，批判欧盟精英盲目接纳寻求庇护者无疑会给法国的安全带来威胁，她声称自己不痛恨这些难民，而是痛恨让他们前往欧洲的欧盟政客："大规模的移民和多元文化是欧盟的孩子。"②由此可见，激进右翼政党通过架构策略将难民危机构建为我们与"他者"之间的对抗，"他者"的载体不仅仅指向威胁社会安全和文化认同的难民，更针对将难民引入本国的欧盟及其官僚精英。在民众看来这种安全架构具有文化和国家意义上的自卫属性，这更提升了架构的可信度与合法性。

值得一提的是，在激进右翼政党的推动下，关于欧洲一体化议题的文化架构在国内政治中的重要性与日俱增。在《马约》签订之前，政党的文化架构在欧洲选举政治领域所占比重远低于经济架构，然而自 20 世纪 90 年代到 2010 年，文化架构的比重上涨了 2 倍之多，成功反超了社会经济架构。激进右翼政党的文化——民族主义架构在本党对欧话语架构中所占比重是最大的，根据学者多米尼克·霍格林格的定量数据统计，激进右翼政党关于欧洲一体化的政治话语中有高达 45.4% 具有民族主义性质，是其他政党的 2 倍还要多。③ 而在所有的政党中，文化—民族主义架构比重仅次于保守党（39.9%）排在第二位，达到 28.3%④，考虑到激进右翼政党在政党影响力和选举成绩上与保守党的巨大差距，这个数字依然是非常可观的。

第三节　欧洲议会——推动欧洲议题政治化的策略性场域

本章前两节主要分析激进右翼政党在国内政治领域有效地将欧洲议题推向政治化，然而，理解欧洲一体化的政治化不仅仅要从国内政治层面，欧洲

---

① Cameron's Sham Deal Not even Legally Binding, 24 Feb 2016, available at: http://www.ukip.org/cameron_s_sham_deal_not_even_legally_binding, last accessed on 3 March 2019.

② Laura Mowat, "Marine Le Pen blasts: EU to blame for mass migration and Brexit has inspired Frexit fight", 21 Sep 2016, available at: https://www.express.co.uk/news/world/712727/Marine-Le-Pen-EU-blame-mass-migration-Brexit-inspired-Frexit, last accessed on 14 May 2018.

③ Dominic Hoeglinger, *Politicizing European Integration: Struggling with the Awakening Giant*. Basingstoke: Palgrave Macmillan, 2016, p.113.

④ Edgar Grande, Swen Hutter, Alena Kerscher and Regina Becker, "Framing Europe: are Cultural-identitarian Frames Driving Politicisation?", in Swen Hutter, Edgar Grande and Hanspeter Kriesi (eds), *Politicising Europe Integration and Mass Politics*, Cambridge: Cambridge University Press, 2016, p.190.

层面也是激进右翼政党推动欧洲议题政治化的重要场域。欧洲一体化的政治化在国家和欧洲两个层面同时发生，在欧洲议会层面，欧洲议题政治化的直接体现就是激进右翼政党在欧洲议会的崛起，尽管它们对欧盟政策的影响还很小，但是欧洲议会已成为它们向民众传递信号的一个舞台。① 换句话说，对于激进右翼政党而言，欧洲层面是一种策略性场域，而欧洲议会不仅仅提升了激进右翼政党在欧洲政治场域的政治能见度，更成为它们表达国内政治需求、完善政治策略以及推动欧洲一体化政治化的有效工具。

在关于欧洲议会选举的研究中，学界主流的观点依然是 20 世纪 80 年代学者卡尔海因茨·赖夫（Karlheinz Reif）和赫尔曼·施密特（Hermann Schmitt）的次等选举（second-order election）解释范式，即欧洲议会选举的重要性较国内选举（一等选举）有很大差距。他们认为欧洲选举主要有三大特点：第一，民众在欧洲议会选举的投票率远低于国内选举；第二，因为欧洲议会选举对于欧盟而言没有直接的影响力，所以可以产生出乎意料的选举结果，在国内选举中处于边缘化的小党往往在欧洲议会选举中比主流大党的选举成绩更好；第三，主流政党和执政党在欧洲议会的选举成绩不如国内选举。② 尽管近年来欧洲议会的立法权能有了显著提高，但是欧洲议会选举对于欧盟政策制定的影响力远不如国内选举，因为一体化的进程方向和欧盟的行政职权及其他重要权力分配并不由欧洲议会决定，而是由欧盟委员会和理事会的国内民选政治精英决定。因此，欧洲议会选举主要是由国内政治斗争而不是欧洲政治斗争所推动，支持次级选举解释范式的学者认为，欧洲议会选举所讨论的议题基本与国内选举相类似，即围绕非欧洲议题展开，换言之，国内民众只是利用欧洲选举表达他们对国内政治和主流精英的不满。因此，学者皮特·梅尔曾断定在欧洲层面并不存在政治领域，也并没有关于欧洲议题的政治战场。③

然而，随着欧洲议题在国内与欧洲层面的显著度和重要性逐步提升，部分研究者发现，决定欧洲议会选举结果的重要因素不仅限于国内的政治博

---

① Vivien Schmidt, "Politicization in the EU: between National Politics and EU Political Dynamics", *Journal of European Public Policy*, Vol. 26, No. 7, 2019, pp. 1018 – 1036.

② Karlheinz Reif and Hermann Schmitt, "Nine Second Order National Elections-a Conceptual Framework for the Analysis of European Election Results", *European Journal of Political Research*, Vol. 8, No. 1, 1980, pp. 3 – 44.

③ Peter Mair, "Political Opposition and the European Union", *Government and Opposition*, Vol. 42, No. 1, 2007, pp. 1 – 17.

弈，欧洲议题的重要性也不容小视。这些研究质疑了次等选举论的绝对性，认为欧洲议题也会影响选民在欧洲议会的投票选择。比如尼克·克拉克（Nick Clark）和罗伯特·罗尔施耐特（Robert Rohrschneider）认为，欧洲议题假定和次级选举假定都有意义，他们认为，在欧洲议会选举中给小政党和激进型政党投票不仅是源于对国内政治的抗议，更是因为民众赞同它们的对欧立场以及认为其更有能力处理好欧洲问题。① 也有学者通过实证研究发现在欧洲议题上态度鲜明的政党，无论是旗帜鲜明地支持还是反对欧洲一体化，在欧洲议会选举中的表现都要比在国内选举中更佳。②

　　简言之，越来越多的实证研究表明，欧洲议会选举中有关欧洲议题的竞争愈发激烈。尽管欧洲一体化的进程在很大程度上仍是由各国政治精英所决定，但欧洲议会也为欧洲一体化议题的竞争提供了机会窗口。欧洲议会选举的次等选举地位并不意味着欧洲议会选举缺乏重要性。虽然欧洲议会在政策制定方面影响力较小，但作为欧盟中唯一的民选机构，欧洲议会在理解民意方面可以提供重要意义。这一方面证明了次级选举理论的有效性，选民可以通过策略性地向小党投票来显示对国内政治的不满；另一方面也体现了欧洲议题在欧洲议会选举中的重要性不断提升，但是承认欧洲议题在欧洲选举中的地位并不意味着次级选举理论失效，相反，正因为欧洲选举的重要性和影响力较低，所以民众更会抓住这个机会由衷地表达其对欧洲议题的态度："即使欧洲议会选举只不过相当于民意测验的作用，但这并不意味着欧洲议会选举是无关紧要的，因为民意测验是非常重要的，尤其是当政客相信民意测验的时候（更是如此）。"③ 因此，激进右翼政党更有动机从早先的游离于欧盟体制外，转为主动进入欧盟机构内部，以合力的形式进一步发展，它们在欧洲层面逐渐用一个声音说话，推动欧洲议题的政治化程度愈发加深。本节将从两个方面阐述激进右翼政党在欧洲层面对欧洲议题政治化的推动：首先，激进右翼政党在欧洲议会中积极寻求跨国合作，形成议会党团，共同推动欧洲议会内部对欧

① Nick Clark and Robert Rohrschneider, "Second-order Elections versus First-order Thinking: How Voters Perceive the Representation Process in a Multi-layered System of Governance", *Journal of European Integration*, Vol. 31, No. 5, 2009, pp. 645 – 664.

② Simon Hix and Michael Marsh, "Punishment or Protest? Understanding European Parliament Elections", *Journal of Politics*, Vol. 69, No. 2, 2007, pp. 495 – 510.

③ Michael Marsh and Slava Mikhaylov, "European Parliament Elections and EU Governance", *Living Reviews in European Governance*, Vol. 5, No. 4, 2010, p. 17, available at: http://europeangovernance-livingreviews. org/Articles/lreg – 2010 – 4.

洲一体化问题的争论；其次，激进右翼政党中的欧洲议员利用在议会的发言时间进一步在欧洲层面强调欧洲议题。

一 激进右翼政党在欧洲议会中的跨国合作

（一）激进右翼政党跨国合作的困境

欧洲议会党团在欧洲议会中起着举足轻重的作用，是议会中重要的决策和组织机构。党团可以通过设置报告起草人和决定发言时间等方式设置议会议程，也可以决定欧洲议会中重要职位的任命，如议长、副议长和专业委员会主席等。因此，以组建党团的形式进行跨国合作是激进右翼政党在欧洲议会中发挥作用的关键。不过，自 1979 年进入欧洲议会以来，激进右翼政党的跨国政治合作历程荆棘遍布，寻求党团合作之路坎坷不断，尽管激进右翼政党在疑欧主义立场上有共同之处，但其组织泛欧合作的努力和成果是转瞬即逝的，甚至是适得其反的。历史上，激进右翼的欧洲议会议员通常会选择作为无所属的独立议员（non-attached MEPs）出现，而早期激进右翼政党之间的跨国联系仅限于个别政党领袖之间的私交，具有不确定性和脆弱性的特点。党派之间合作难度如此之大的具体原因有以下两点。

其一，对国家或民族概念的重视与崇尚是阻碍激进右翼政党在欧盟层面进一步合作的重要原因，正如有学者所言："没有什么比建立一个由不同国家民族主义者构成的国际团体更困难的事情了。"[1]前文提到，激进右翼政党的民族主义意识形态决定了其反对欧洲一体化的超国家计划，所以它们反对各种形式和程度的欧洲国家制度化合作。从这一起点出发，它们不会寻求在欧洲层面建立合作联盟，而是把注意力放在国内战场。所以激进右翼政党在欧洲层面拒绝制度化合作仍然是学术界的主流观点。早在 21 世纪初，凯瑟琳·菲尔斯奇（Catherine Fieschi）就用"同床异梦的伙伴"（unlikely bedfellows）来形容激进右翼政党的合作关系，她认为："激进右翼政党在欧洲议会建立党团的难度之大体现了它们对民族主义的重视，这阻碍了任何组建意识形态联盟的可能性。"[2]它们的合作更多是出于政治策略考虑而非意识形态因素的聚合性，唯一的共同点就是在民族主义意识形态指导下要保护本国主

---

[1] Michael Minkenberg and Pascal Perrineau, "The Radical Right in the European Elections 2004", *International Political Science Review*, Vol. 28, No. 1, 2007, p. 51.

[2] Catherine Fieschi, "European Institutions: the Far-right and Illiberal Politics in a Liberal Context", *Parliamentary Affairs*, Vol. 53, No. 3, 2000, pp. 517 – 531.

权和特有的民族认同，正如德国共和党创始人和党魁所言：欧洲激进右翼政党唯一的共同点就是它们不团结的原因。① 在早期，欧洲议会内激进右翼政党的疑欧主义意识形态只会反映各国政治的特殊性却很少挖掘疑欧立场的共通性，所以意识形态并不是团结这些疑欧党团的纽带，这些欧洲议会议员很少有共同的意识形态深度。然而在欧洲议会议事规则中，组建党团的一个重要指标就是政党之间政治亲和力（political affinities）的聚合程度，欧洲议会政党制度恰恰是对为了意识形态的融合会牺牲国家因素的考量，这就使激进右翼政党的泛欧合作陷入困境。所以绝大多数的激进右翼政党党团只是策略性联盟而非意识形态结盟，党团中的疑欧议员通常只把欧洲议会视为策略性政治场域，换句话说，在欧洲层面保持自身政治灵活性的同时，他们的重点依然是国家层面的政党竞争。正如一名欧洲议会中的疑欧议员所言："我们的第一选择是在（欧洲议会党团）活动中保持独立从而可以着重关注国家层面和我们自己的政党。"②

其二，从制度因素看，欧洲议会的党团建立规则中"跨国属性"的增强无疑给激进右翼政党带来了愈发严苛的外部制度环境，1999 年建立欧洲议会党团所需成员国数量仅为 2 个，而这个数量在 2004 年和 2009 年分别增加到 5 个和 7 个，占据了欧盟成员国的四分之一。不仅如此，从 2009 年起，党团所需的最低议员数量从 20 人增至 25 人。由于新兴的激进右翼政党在欧洲议会中的选举表现波动明显，所以传统激进右翼政党面临着每次欧洲选举后为了满足建团条件而陷入无休止协商的窘境，这极大地降低了它们的建团效率，如 2014 年欧洲议会选举后时隔一年之久，以法国国民阵线为首的欧洲民族和自由党团（ENF）才结束与其他政党的谈判完成组建。

（二）激进右翼政党跨国合作的动机

在近年来的欧洲议会议事规则改革中，欧洲议员的个人行动受到了制约，向欧盟机构提出书面问题的长度、数量，发言、质询的时间以及提交修正案与动议的自由都受到了极大的限制。与此相对应的是，议会党团的权能在改革中日益增强，这进一步压缩了议员的个人行动空间和发声渠道。无所属的独立议员在议会中的地位日趋边缘化，可分配到的组织和财政资源也十

---

① Cas Mudde, *Populist Radical Right Parties in Europe*, Cambridge：Cambridge University Press, 2007, p. 158.

② Nathalie Brack, *Opposing Europe in the European Parliament Rebels and Radicals in the Chamber*, London：Palgrave Macmillan, 2018, p. 121.

分有限。因此，对于激进右翼政党而言，搁置争议、走向合作之路才是摆脱欧洲议会对无所属议员的资源、政治和行政束缚的关键。

第一，欧洲议会党团可以给政党带来足够的经济利益。欧洲议会中的党团根据党团议员和成员国规模的差异，有资格作为"欧盟政党"获得欧盟不同数量的财政拨款，且拨款额度远高于无所属的独立议员（non-attached）。2017年，激进右翼的欧洲民族和自由党团和欧洲自由与直接民主党团分别获得了超过270万欧元和365万欧元的欧盟拨款，平均每位议会议员能得到7万~8万欧元[1]。根据穆德的推算，激进右翼政党在第八届欧洲议会组成的民族和自由党团在四年周期内所获得的经济利益约为1750万欧元。[2] 这些财政资源不仅可以用于党团在欧洲议题上的政治活动，譬如2009年在爱尔兰对于里斯本条约二次公投的宣传等，甚至也可以用于各政党的国内选战中，如招募专业政治人员和管理成本支出等。[3]

第二，欧洲议会党团也有策略利益。在欧洲议会中，无所属独立议员意味着更少的经济、政治资源和权利，而从属于政治党团的议员则有机会获取更多的额外资源。在欧洲议会现有的议事规则中，只有在正式的跨国党团中的议员才真正有机会设置议会议程，这主要包括：作为报告起草人（rapporteurship）表达自己的立场，在全体会议中获得提交修正案的权利，任命专业委员会委员，以及对于激进右翼政党最为重要的即在全体会议的辩论中获得更多发言时间。党团规模越大，发言时间越多。在一位英国独立党欧洲议会议员的眼中，发言时间意味着更高的政治能见度："（法拉奇）在欧洲议会中所有令人难忘的表现都发生在全体会议时的发言时间。"[4]

第三，也是最为重要的，通过组建欧洲议会党团的跨国政治合作，有助于提升激进右翼政党及其领袖的合法性，符合激进右翼政党意在"去污名化"的合法化策略。能否获得合法性被学界视为激进右翼政党获得民众支持

---

① ENF, "Report by the ENF Group in the European Parliament. Budget Item 400. 2017", 2018; EFDD, "Report by the EFDD Group in the European Parliament. Budget Item 400. 2017", 2018.

② Cas Mudde, *On Extremism and Democracy in Europe*, New York: Routledge, 2016, p. 41.

③ Nicholas Startin, "Where to for the Radical Right in the European Parliament? The Rise and Fall of Transnational Political Cooperation", *Perspectives on European Politics and Society*, Vol. 11, No. 4, 2010, pp. 429 – 449.

④ Richard Whitaker and Philip Lynch, "Understanding the Formation and Actions of Eurosceptic Groups in the European Parliament: Pragmatism, Principles and Publicity", *Government and Opposition*, Vol. 49, No. 2, 2014, p. 241.

的关键所在。[①] 一直以来，激进右翼政党被冠以"极端主义"和"种族主义"的标签，这也是招致本国主流政党对其进行防疫线（cordon sanitaire）封锁的重要原因。"防疫线"的说法最早起源于 20 世纪 90 年代的比利时，用此形容比利时主流政党采取正式或非正式政治手段拒绝让激进右翼政党弗拉芒利益党成为联合政府的执政盟友。后来这个说法被广义化为主流政党对激进右翼政党以各种政治形式设置的封锁与障碍，而在防疫线的封锁下，激进右翼政党的生存和发展空间受到了极大压缩。因此，摆脱极端化政党标签的"去污名化"策略对于每个激进右翼政党的选举前景而言都是非常重要的，而欧洲议会党团的组建对于激进右翼政党的合法化起到了关键性作用。在欧盟内部获得党团席位，就等同于确认激进右翼政党有能力在民主规则框架下扮演自己的政治角色。[②] 激进右翼政党经常将欧洲议会作为可以向国内选民展现自己能力和积极形象的政治场域：在国内饱受诟病的它们可以找到政治盟友，在欧盟层面也有自己的合法的政治组织。激进右翼政党在选择自己的党团盟友时异常谨慎，在避免与极端右翼政党为伍的同时，尽量选择与自己"去污名化"目标类似的激进右翼政党作为同盟。这一点在玛丽娜·勒庞当选为国民阵线党魁以来体现得最为彻底，长期以来，法国国民阵线"污名化"的政治声誉不仅使其在欧洲议会失去了很多潜在的政治盟友，也极大地制约了其在欧洲层面的跨国领导能力。2014 年欧洲议会选举后，玛丽娜·勒庞在组建议会党团时毅然将相对极端的匈牙利尤比克党（Jobbik）排除在外。在英国独立党领导下的欧洲自由与直接民主党团同样希望利用党团政治实现自己"去污名化"的政治目标，在其党团宪章中重点强调了该党团建立于"自由与合作、民主以及对欧洲历史和国家特殊性的尊重"的原则基础上，反对"仇外情绪、反犹太主义和其他任何形式的歧视"。[③] 简言之，欧洲议会扮演了政治杠杆的重要角色，跨国合作可以带给激进右翼政党所需的尊重与合法性，有学者也因此将这种跨国合作关系称为"受人尊重的婚姻"

---

① Roger Eatwell, "Ten Theories of the Extreme Right", in Peter Merkl and Leonard Weinberg (eds.), *Right-Wing Extremism in the Twenty-First Century*, London: Frank Cass, 2003, pp. 47 – 73.

② Nicholas Startin, "Where to for the Radical Right in the European Parliament? The Rise and Fall of Transnational Political Cooperation", *Perspectives on European Politics and Society*, Vol. 11, No. 4, 2010, pp. 429 – 449

③ Margarita Gómez-Reino, *Nationalisms in the European Arena: Trajectories of Transnational Party Coordination*, Switzerland: Palgrave Macmillan, 2018, p. 160.

(Respectable marriages)①，制度上的合法性可以让议员们更有机会接触媒体和欧盟决策者，这是它们"去污名化"进程的重要依托。

（三）激进右翼政党在欧洲议会的合作发展

法国国民阵线前党魁让－玛丽·勒庞曾说："若想让欧洲成为一种现实，就必须发展一种真正的欧洲情感，这也是为什么我们一直希望能够超越爱国主义，超越各国的爱国主义情感，用一种欧洲爱国主义来代替。"② 然而，激进右翼政党在欧洲议会中的合作之路却充满了曲折。

1979 年欧洲议会选举前，激进右翼的法国新力量党（French Parti des Forces Nouvelles）和意大利社会运动党（Movimento Sociale Italiano）组成了临时性政党同盟，但是由于只有后者获得了欧洲议会席位，这个同盟计划只能胎死腹中。1984 年，法国国民阵线获得了欧洲议会的选举突破，有多达 10 名议员获得议会席位，他们与一名希腊议员一起共同组成了一个非正式议会党团——欧洲右翼党团（Group of European Right），这个由国民阵线党魁让－玛丽·勒庞主导的党团后来还纳入了 5 名意大利社会运动党议员，这标志着激进右翼政党历史上第一次在欧洲层面突破了跨国合作的瓶颈，形成了策略性同盟。1989 年欧洲议会选举中，欧洲右翼党团有机会扩充自己的力量，6 名德国共和党议员和 2 名意大利北方联盟议员以及 2 名比利时弗拉芒利益党议员加入党团。然而，由于意大利和德国议员在南蒂罗尔地区的地位问题上发生分歧（德国、意大利和奥地利三国长期以来在该地区的归属问题上有争论），而比利时弗拉芒利益党也反对意大利社会运动党在少数族裔问题上的立场，该党团被迫解散。一个月后，欧洲右翼技术党团（the Technical Group of the European Right）重新成立，该党团将相对亲欧的意大利社会运动党议员排除在外，让－玛丽·勒庞成为党团主席。与欧洲右翼党团相比，欧洲右翼技术党团在对欧政策和反移民等方面聚合性更强，然而，囿于国家利益的根本分歧和德国共和党内部的分裂，该党团饱受内部不团结的影响很难形成共同决策。

---

① Duncan McDonnell and Annika Werner, "Respectable Radicals: Why Some Radical Right Parties in the European Parliament Forsake Policy Congruence", *Journal of European Public Policy*, Vol. 25, No. 5, 2018, pp. 747 – 763.

② Catherine Fieschi, James Shields and Roger Woods, "Extreme Rightwing Parties and the European Union: France, Germany and Italy", in John Gaffney (eds.), *Political Parties and the European Union*, London: Routledge, 1996, pp. 235 – 253.

1994 年的欧洲议会选举中，深受内乱之扰的德国共和党没能跨过最低得票率 5% 的选举门槛，右翼技术党团因无法达到议员人数标准而被迫解散。尽管在这次选举中其他激进右翼政党都获得了历史最多的议席数量，但是以意大利社会运动党为首的激进右翼政党希望摆脱自身的法西斯主义和极右翼政党标签，拒绝与任何激进右翼政党尤其是法国国民阵线组成联盟。因此，在 1994~1999 年欧洲议会时期，余下的法国和比利时激进右翼政党的欧洲议员们没有从属于任何党团，成了无所属议员，而且他们相互之间也没有任何形式的合作与交流。1995 年奥地利加入欧盟，奥地利自由党有 6 名欧洲议会议员胜选，然而，出于对政党合法性的考量，奥地利自由党拒绝在欧洲议会中与其他激进右翼政党合作。

1999 年的欧洲议会选举中，欧洲激进右翼政党各自为战的局面并没有得到改善。尽管法国国民阵线的欧洲议会议员数量从 11 人缩减到 6 人，但是激进右翼政党成功胜选的数量增加了。勒庞希望继续建立一个跨国激进右翼党团，然而这个努力再次以失败告终，4 名奥地利自由党议员选择不加入任何党团，因为他们不想与法国国民阵线和比利时弗拉芒利益党的极端主义相联系，从而有利于展现自己作为负责任的联合政府中执政党的形象。秉持同样的想法，一部分激进右翼政党议员加入了如欧洲民族联盟（Union for European Nations）等相对温和的党团。勒庞只得把希望寄托于将无所属议员团结起来形成一个新的技术党团，但是由于新技术党团的策略性本质和意识形态的不兼容性，欧洲议会强制解散了该党团。值得一提的是，英国独立党在 1999 年欧洲议会选举中获得 3 个议席，并与来自法国、荷兰、丹麦等国疑欧政党的 16 位议员一起建立了民主与多样性欧洲党团（Europe of Democracies and Diversities）。在英国独立党的领衔之下，该党团在 2004 年、2009 年和 2014 年分别更名为"独立民主党团"（Independence and Democracy）、"欧洲自由与民主党团"（Europe of Freedom and Democracy）和"欧洲自由与直接民主党团"（Europe of Freedom and Direct Democracy），党团议席数也逐年增加。

2004 年的欧洲议会选举中，东欧新成员国激进右翼政党的加入，并没有给激进右翼政党在欧洲议会的合作前景带来明显起色。尽管法国国民阵线和比利时弗拉芒利益党的议席数量有所增加，但东欧新成员国的激进右翼政党并未成功获得议席，奥地利自由党的议席数量也骤减至 5 席。因而激进右翼政党无法达到至少来自六个成员国的 20 位议员的党团建立最低标准，合作计划再次搁浅。2004 年和 2007 年，欧盟先后两次东扩以及东欧激进右翼政党的加入成为激进右翼政党走向合作的转折点，建立在欧洲大陆和文明共同的传统、命运和目标之上的大欧洲民族主义于 2005 年 10 月促成了以法国为核心的欧洲非正式党团民族欧洲（Euronat）重建。勒庞在民族欧洲的网站首页上做出如下声明："所有的欧洲民族主义者都必须学会把目光不仅仅局限于他们自己的边界，不仅仅考虑他们自己的政治、文化、认同和未来……民族主义现象不会也不能局限于一个国家，合作是我们获取自由和实现共同目标的必由之路。"① 然而，以与国民阵线争夺对党团领导地位为目的，奥地利自由党组织九国激进右翼政党②在维也纳召开会议，并达成了若干富有建设性的成果，如建立了欧洲爱国与民族政党运动联络论坛（Contact Forum for European Patriotic and National Parties and Movements）等。民族欧洲的建立和维也纳会议成为激进右翼政党在欧洲层面合作的转折点，因为这两个事件不仅仅促进了政党间意识形态联系更加紧密，而且为它们更加紧密的合作铺平了道路。在这两次会议的基础上，由法国、意大利、奥地利、英国、罗马尼亚、保加利亚等七国组成的名为认同、传统与主权（Identity, Tradition, Sovereignty）的议会党团于 2007 年 1 月成立。然而事与愿违，由于意大利和罗马尼亚政党之间的内部纷争，该党团依旧是短命的，仅仅维持了十个月。但是该党团的建立标志着欧洲民族主义者的意识形态纽带作用正在增强，这体现在 2009 年 2 月，奥地利、法国、比利时、丹麦、德国、保加利亚、瑞士等国的激进右翼政治精英齐聚奥地利商议如何对《里斯本条约》做出一致的政治反应，以及如何对各国民众进行有效的政治宣传。

综上而言，自 1979 年到 2009 年的三十年间，激进右翼政党在欧洲议会的跨国合作主要以昙花一现的党团为特征，不断有新的党团涌现，但又以极快的速度走向分裂。不仅如此，党团中的政党盟友也在不停变换，展现了它们跨欧合作的不稳定性和不确定性等特点。

2009 年，随着欧盟东扩引发的移民问题和欧债危机的爆发，此次欧洲议会选举见证了激进右翼政党的崛起，其获得的议席数量达到了 50 席之多。但是仍然有一些因素阻碍了激进右翼政党的泛欧合作。首先是欧洲议会组建党团制度规则的改革。将党团最少议员人数从 20 人增至 25 人，党团内议员

① Cited from Nicholas Startin, "Where to for the Radical Right in the European Parliament? The Rise and Fall of Transnational Political Cooperation", *Perspectives on European Politics and Society*, Vol. 11, No. 4, 2010, p. 437.

② 九国分别为：比利时、保加利亚、西班牙、丹麦、罗马尼亚、意大利、法国、奥地利和波兰。

所属国家由六个增至七个，严苛的组团条件使得激进右翼政党的合作之路难上加难。其次是东欧和西欧激进右翼政党之间的矛盾。前文提到，西欧激进右翼政党把反对中东欧的移民作为疑欧架构，这加深了西欧国家与东欧国家激进右翼政党的龃龉。在这种背景下，欧洲激进右翼政党在欧洲议会框架下短时间内无法成功组建党团，但是它们追求合作的努力并没有终止。欧洲自由联盟（European Alliance for Freedom）建立于2010年末，这是2015年"民族与自由欧洲"党团的前身，主要成员包括法国国民阵线、荷兰自由党、奥地利自由党、意大利北方联盟等激进右翼政党的议员。值得一提的是，这是一个建立于欧洲议会框架之外的非正式党团，政党成员多以个人名义而非政党名义参加。欧洲自由联盟的疑欧共识体现在其2014年欧洲议会竞选宣言中：

> 各成员国的爱国领袖在欧盟议题上秉持相似的立场，却不得不在没有真正同盟和共同协作背景下进行竞选。在2014年欧洲议会选举背景下，我们团结为统一的政治力量，为欧盟成员国的每一位公民的权利而奋争，我们希望共同阻止欧盟的联邦化努力……捍卫国家主权，重新审视统一货币和移民等议题。①

2014年欧洲议会选举见证了激进右翼政党丰硕的选举成果，它们在此次欧洲议会选举中获得的广泛成功被《金融时报》称作"布鲁塞尔的疑欧风暴"②。法国、丹麦和英国三国的激进右翼政党历史上首次达到本国得票率第一。根据英国机构的统计，约1683万名欧洲民众在2014年欧洲议会选举中投票给了激进右翼政党，得票率约为10.8%，这比2009年多出了约600万票。③ 如表4-2所示，激进右翼政党在本届欧洲议会议员的人数达到了其历史最高点，为2009年欧洲议会议员人数的2倍。

① Margarita Gómez-Reino, *Nationalisms in the European Arena：Trajectories of Transnational Party Co-ordination*, Switzerland：Palgrave Macmillan, 2018, p. 166.

② James Fontanella-Khan and Hugh Carnegy, "Eurosceptics Storm Brussels", Financial Times, May 26, 2014, available at：http://www. ft. com/intl/ems/s/0/fd3975ce－e424－11e3－8565－00144feabdc0. html#axzz338TalhjV, last accessed on 31 December 2019.

③ Hope Not Hate, "Euro-vote Ppic Over Bar the Shouting", 2014, available at：www. hopenothate. org. uk/2014/europe, Last accessed on 24 Dec 2019.

表 4-2　2009 年和 2014 年欧洲议会选举激进右翼政党选举成绩对比

成员国	政党名称	2014 年		2009 年	
		得票率（%）	议席数（个）	得票率（%）	议席数（个）
奥地利	自由党	19.7	4	13.1	2
比利时	弗拉芒利益党	4.1	1	10.7	2
保加利亚	阿塔克党	2.9		1.0	2
丹麦	人民党	26.6	4	14.8	2
捷克	自由公民党	5.2	1		
斯洛伐克	民族党	3.6		5.6	1
芬兰	正统芬兰人党	12.9	2	9.8	1
法国	国民阵线	24.8	24	6.3	3
希腊	人民东正教阵线	2.6		7.2	
意大利	北方联盟	6.1	5	10.2	9
	五星运动党	21.2	17		
立陶宛	秩序与正义	14.2	2	11.9	2
荷兰	自由党	13.3	4	17.0	5
波兰	国会新右派党	7.1	4		
罗马尼亚	大罗马尼亚党	2.7		8.6	3
瑞典	民主党	9.7	2	3.3	
英国	独立党	26.7	24	16.5	13
合计			94		47

资料来源：https://election-results.eu/。

前文提到，在 2014 年欧洲议会选举之前，法国国民阵线党魁勒庞和荷兰自由党党魁维尔德斯试图联合奥地利自由党、意大利北方联盟和比利时弗拉芒利益党成立一个更加强硬的疑欧党团，并于 2010 年建立欧洲自由联盟。然而根据欧洲议会的规则，还需要额外两个成员国的议员加入才可以成立党团，经历了多次失败的尝试之后，最终纳入了来自波兰和罗马尼亚的激进右翼政党议员，促使欧洲民族和自由党团于 2015 年宣告成立，在该党团官网上的一段话展现了疑欧立场依然是它们的合作基础：

　　我们的欧洲文化、我们的价值观和我们的自由正在遭受打击。它们被毁灭性的、独裁的欧盟权力所威胁。它们被移民浪潮、边界的开放和单一欧洲货币所威胁：一刀切的一体化政策不适用于欧洲所有国家。①

英国独立党在此次议会选举中获得巨大胜利，获得了 24 个席位，在第七届议会中欧洲自由与民主党团的基础上成功纳入了同样取得选举突破获得 17 个议席的意大利五星运动党，再加上来自法国、捷克、波兰、立陶宛和瑞典等激进右翼议员的议席，从而使新党团欧洲自由与直接民主党团的力量得到空前增加，从上一届议会中的 32 席增至 47 席。

2019 年的欧洲议会选举中，激进右翼政党进一步延续了高歌猛进的趋势，在新一届议会中获得了更多的议席。其中在西欧国家中，在选举前仅建党四个月的英国脱欧党（30.74%、30 席）、意大利北方联盟（34.26%、28 席）、法国国民联盟（原法国国民阵线，23.31%、22 席），以及东欧国家中匈牙利的"青年民主主义者联盟"和波兰的"法律与公正党"都在本国居首位。此外，德国选择党的得票率首次突破 10%，所获议席数也增至 11 席之多。不仅如此，组建党团之路也比以往几届欧洲议会更加顺畅，上一届议会中欧洲自由与民主党团的核心成员意大利北方联盟、法国国民联盟、奥地利自由党和比利时弗拉芒利益党延续了合作关系，并成功拉拢了德国选择党、正统芬兰人党等其他五个国家的激进右翼政党议员，组成了"认同与民主"党团（Identity and Democracy），由 73 名议员组成，成为新一届欧洲议会的第五大党团，这也创造了欧洲激进右翼政党所组成的党团议席数量的历史新高，党团具体构成情况如表 4–3 所示。因此，与上一届欧洲议会强硬疑欧政党势力分散于两大党团和无所属议员相比，激进右翼政党在欧洲议会中进一步形成了合力。值得一提的是，意大利的执政党之一五星运动党以及英国脱欧党的欧洲议会议员目前作为无所属的独立议员存在，未加入任何党团，仅这两个政党的议席总数就高达 44 席，一旦它们决定加入认同与民主党团抑或是重组欧洲自由与直接民主党团，强硬疑欧党团将会成为欧洲议会中一支不可小觑的力量（见表 4–4）。不仅如此，在欧洲议会中长期以来占据主导地位的中右翼欧洲人民党（European People's Party）和中左翼社会民主联盟（Progressive Alliance of Socialists and Democrats）在此次选举中共损失

---

① Available at: www.enfgroup-ep.eu/, cited from Pippa Norris and Ronald Inglehart, *Cultural Backlash: Trump, Brexit, and Authoritarian Populism*, New York: Cambridge University Press, 2017, p. 186.

了 70 余个议席，并失去了绝对多数议席的优势，而随着疑欧势力的进一步崛起，亲欧与疑欧力量体现了此消彼长的态势，加剧了欧洲议会内部党团的碎片化趋势。欧洲议会选举研究专家奥利弗·特雷布教授（Oliver Treib）指出，激进右翼政党在 2019 年欧洲议会选举中所获得的成功，意味着疑欧主义势力的崛起并不只是欧债危机背景下的短期效应，它们在欧盟层面会长期存在下去。[①]

表 4 - 3　2019 ~ 2024 年欧洲议会认同与民主党团构成情况

国家	政党	得票率（%）	议席数（个）
意大利	北方联盟	34.26	28
法国	国民联盟	23.34	22
德国	选择党	11.00	11
奥地利	自由党	17.20	3
比利时	弗拉芒利益党	11.68	3
捷克	自由与直接民主党	9.14	2
芬兰	正统芬兰人党	13.80	2
爱沙尼亚	保守人民党	12.70	1
丹麦	人民党	10.76	1

资料来源：https://www.europarl.europa.eu/election-results-2019/en/european-results/2019 - 2024/。

综上所述，共同敌人的出现——对欧盟的反对——有助于消除各国政党的民族主义分歧，激进右翼政党"求同存异"的原则也推动了欧洲议会党团的组建。这些政党围绕有关欧洲的几个关键点建立团结：反对联邦欧洲、反对欧元、反对大规模移民和保卫国家主权。在这个背景下，激进右翼政党领袖搁置了本国议题的特殊性，以欧盟相关议题为导向，将其作为维系各政党泛欧合作的纽带。[②] 从图 4 - 3 中可以清晰地看出，欧洲自由与直接民主党团（EFDD）、欧洲民族和自由党团（ENF）中绝大部分的激进右翼政党找到了在欧洲议题上的契合点，它们的对欧立场以及对欧洲议题的重视程度几乎一

---

① Oliver Treib, "Euroscepticism is Here to Stay: What Cleavage Theory Can Teach us about the 2019 European Parliament Elections", *Journal of European Public Policy*, 2020, Forthcoming.

② Nicholas Starlin and Nathalie Brack, "To Cooperate or not to Cooperate? The European Radical Right and Pan-European Cooperation", in Fitzgibbon, John, Leruth, Benjamin, Startin, Nick (eds.), *Euroscepticism as a Transnational and Pan-European Phenomenon*, London: Routledge, 2017, pp. 29 - 45.

致。比利时弗拉芒利益党（VB）和立陶宛秩序与正义党（TT）的疑欧立场之所以相对温和，是因为欧洲一体化进程极大地促进了两国的经济发展。

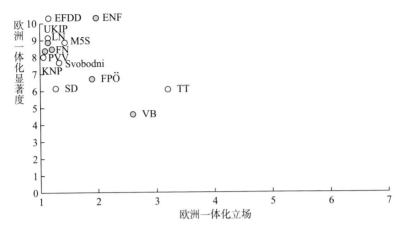

图 4 – 3　第八届欧洲议会（2014～2019）疑欧党团内各政党对欧立场与显著度对比

注：图表中欧洲自由与直接民主党团包括：英国独立党（UKIP）、意大利五星运动（M5S）、捷克自由公民党（Svobodní）、波兰国会新右派（KNP）、瑞典民主党（SD）和立陶宛秩序与正义党（TT）。欧洲民族和自由党团包括：法国国民联盟（FN）、奥地利自由党（FPÖ）、意大利联盟党（LN）、荷兰自由党（PVV）、比利时弗拉芒利益党（VB）。

资料来源：1999～2014 年教堂山专家民意测验报告（1999 – 2014 Chapel Hill Expert Survey）。

表 4 – 4　第一届至第九届欧洲议会激进右翼政党所属党团的历史发展

年份	欧洲议会党团	议员人数（人）
1979～1984		
1984～1989	欧洲右翼党团	16
1989～1994	欧洲右翼技术党团	17
1994～1999	无所属	31
1999～2004	独立议员技术性党团	12
	民主与多样性欧洲党团	16
	欧洲民族联盟	30
	无所属	9
2004～2009	欧洲民族联盟	27
	独立民主党团	37
	独立、传统与主权	21
	无所属	29

续表

年份	欧洲议会党团	议员人数（人）
2009～2014	欧洲自由与民主党团	32
	无所属	18
2014～2019	欧洲自由与直接民主党团	47
	欧洲民族和自由党团	39
	无所属	32
2019～2024	认同与民主党团	73
	无所属	44

资料来源：Margarita Gómez-Reino, Nationalisms in the European Arena: Trajectories of Transnational Party Coordination. Switzerland: Palgrave Macmillan, 2018, p. 152; https://election-results. eu/。

二 激进右翼政党对欧洲议会发言时间的策略性利用

尽管近年来激进右翼政党在欧洲议会中的力量不断增强、聚合，但是由于欧洲议会采取多数决策制，在议席数量上占据绝对优势的欧洲人民党和社会民主联盟长期以来牢牢把控欧洲议会的议程设定，欧洲议会主席的职位一直以来也由两大党团议员所担任。欧洲议会的运作模式与国内议会不同，激进右翼政党力量的增强在短期内改变不了其在欧洲议会的边缘性地位，不会给欧洲议会运作乃至欧盟决策带来实质性阻碍。[1] 因此，激进右翼政党对其他大党团几乎没有任何可以"要挟的能力"（blackmail power），尤其是在缺乏争议性的政策领域更是如此。此外，部分激进右翼政党议员自身欠缺参与欧盟立法进程的兴趣，也很少参与欧洲议会的主要工作机构即专业委员会的工作，激进右翼政党在欧洲议会取得成功本身就是一个有趣的悖论：其胜选后成为欧洲议会议员，却不得不在其强烈反对的欧盟体制内运作和发挥作用。[2] 因此，激进右翼政党有意识地远离欧洲议会的决策进程，并将欧洲议会视为其疑欧观点发声筒的策略性场域，这更有助于它们疑欧形象的构建。根据欧洲选举观察组织（VoteWatch Europe）的数据，在近几届欧洲议会中，激进右翼党团无论是起草报告和意见的数量还是在唱名投票参与率等方面，

---

[1] 王明进：《欧洲议会疑欧主义政党的崛起及其对欧盟政治的影响》，《国际论坛》2015年第4期。

[2] Nathalie Brack, *Opposing Europe in the European Parliament Rebels and Radicals in the Chamber*, London: Palgrave Macmillan, 2018, p. 109.

都低于其他党团；然而在议会中发表演讲和提问的数量上，激进右翼党团则
远超其他党团排在第一位。[①]

从这个角度看，全体会议中的发言时间是激进右翼政党在欧洲议会内推动
欧洲议题政治化的重要资源。在欧盟体制内部的发言越出格，就越有可能引发
本国和欧洲媒体的关注，更有助于向欧洲民众传递对于欧盟的负面信息与架
构。学者娜塔莉·布拉克（Nathalie Brack）将疑欧议员的这种策略称为"公众
演讲者"（the public orator），她认为在这种策略指导下，激进右翼政党的欧洲
疑欧议员很少参加欧洲议会的其他活动，而是专注于抓住任何在欧洲议会中发
言的机会，打破欧洲议会的共识政治，并自认为当他们进入欧盟内部后，就更
有责任向民众展现并宣扬一体化政策的失败及其产生的消极影响。[②] 正如一名
疑欧议员所言："我们（在欧洲议会）要做的事情之一就是尽可能多地起身
（发言），提醒他们（其他欧洲精英）普通民众对欧盟有着不同的看法。"[③]
因此，在激进右翼议员发言时，他们有意地将自己与欧洲普通民众联系在一
起，与其他在场的欧盟精英形成鲜明的对立，从而使其发表的疑欧言论更加
突出和引人关注。学者本杰明·德科里恩指出："激进右翼政党建构了反对
多元主义、重视民族认同的普通人与通过一体化政策破坏民族认同的国家和
欧盟精英的对立。当这些政党在欧洲层面合作时更是如此，它们的欧洲议员
为整个政治党团发声，成了跨国失败者人民（people-as-underdog）的代
表。"[④] 因此，激进右翼政党不仅仅将自己描绘为本国人民的保护者，更成为
处在布鲁塞尔政治精英威胁下的全欧洲人民的保护者。荷兰自由党欧洲议员
卢卡斯·哈通（Lucas Hartong）在欧洲议会中的发言最能体现这一点：

> 非成员国国家的移民也可以在没有签证的情况下自由进入欧洲，免
> 费享受我们国家的医疗和福利制度……我们欧洲人民被认为会理所应当
> 地张开怀抱欢迎这种"跨文化交融"，因而欧洲议会（的精英）对人民

① 数据来源：https://www.votewatch.eu/.
② Nathalie Brack, *Opposing Europe in the European Parliament Rebels and Radicals in the Chamber*, London：Palgrave Macmillan, 2018, pp. 89 - 95.
③ Nathalie Brack, *Opposing Europe in the European Parliament Rebels and Radicals in the Chamber*, London：Palgrave Macmillan, 2018, p. 93.
④ Bejamin De Cleen, "Populism and Nationalism", in Cristóbal Rovira Kaltwasser, Paul Taggart, Paulina Ochoa Espejo, Pierre Ostiguy（eds.）, *The Oxford handbook of Populism*, Oxford：Oxford University Press, 2017, p. 356.

正远离欧盟而去感到诧异。议会主席先生，至少我们，荷兰自由党，对此并不感到奇怪，你们（欧盟精英）只需要继续好好干，这个"欧洲精英国家"迟早会坍塌。①

法国国民阵线的例子更能说明激进右翼议员在演讲中对欧洲议题的强调，如表 4-5 所示，在第五届到第七届欧洲议会的发言时间中，国民阵线对欧洲议题的讨论占接近 92%，而且这个数字在逐届升高，由第五届欧洲议会的 88.44% 升至第七届议会的 95.29%；而对其国内议题的讨论仅占 8.03%。这进一步说明法国国民阵线将欧洲议会作为其对欧态度的传声筒。法国国民阵线在议会所讨论的欧洲议题中，对欧盟规则与程序的批评所占比重最大，欧洲议会首当其冲成了被批评的焦点，法国国民阵线议员通常将欧洲议会描绘为由一群寡头精英领导的无能的机构，这些精英并不能代表欧洲人民的选票，也不尊重欧洲议会的选举结果，所以这是一个技术官僚性的非民主机构。在他们眼中，欧洲议会并不能容纳不同的观点和声音，限制了议员的言论和表达自由。正如法国国民阵线欧洲议会议员布鲁诺·戈尔尼什（Bruno Gollnisch）在欧洲议会发言时指出：

我对我们的（欧洲议会）机构感到万分羞愧，它完全陷入了政治正确的泥沼之中。（这里）没有观点的对抗，没有真正的言论自由和表达自由，到处是因循守旧的观念……（欧盟）在其没有任何管辖权的世界各地（危地马拉、印度尼西亚）捍卫人权，却无法捍卫自己成员国的权利，我对欧洲议会感到羞愧，这是个由毫无用处的人组成的毫无用处的议会。②

表 4-5　第五届至第七届欧洲议会法国国民阵线议员演讲中的欧洲议题显著度

单位:%

	总计	第五届欧洲议会	第六届欧洲议会	第七届欧洲议会
国内议题	8.03	11.56	7.78	4.71

① Available at: www.europarl.europa.eu/sides/getDoc.do? pubRef =//EP//TEXT + CRE + 20120612 + ITEM007 + DOC + XML + V0//EN&language = EN&query = INTERV&detail = 2 - 132 - 000, last accessed on January 20, 2020.

② Available at: www.europarl.europa.eu/sides/getDoc.do? pubRef =//EP//TEXT + CRE + 20110510 + ITEM012 + DOC + XML + V0//EN&language = EN&query = INTERV&detail = 2 - 160 - 000.

续表

	总计	第五届欧洲议会	第六届欧洲议会	第七届欧洲议会
欧洲议题	91.97	88.44	92.22	95.29
欧盟规则与程序	25.17	18.84	26.82	28.30
欧盟经济政策	22.20	14.45	25.56	23.61
欧盟社会政策	16.01	20.70	13.62	15.84
欧盟安全与边境形势	9.24	8.62	10.07	8.29

资料来源：Sofia Vasilopoulou, *Far Right Parties and Euroscepticism*：*Patterns of Opposition*. ECPR Press, 2018, p. 78。

对欧盟经济政策、社会政策以及欧盟安全与边境形势的批判在国民阵线欧洲议题讨论中分别排在第二、第三、第四名，与上一节的架构策略类似，在欧洲议会中，国民阵线议员依旧批评欧盟及其政策增加了全球化对于成员国经济的负面影响，降低了人民的生活条件，尤其是欧盟货物、人员、服务和资本的四大自由流通政策直接导致成员国的去工业化和失业率的猛增；同时指责欧盟以欧债危机为契机罔顾欧洲工业、工人和消费者的利益，进一步深化一体化进程，最终将导致国家经济的崩溃。[1]

本章小结

本章主要对激进右翼政党为促进欧洲一体化政治化所采取的政治策略进行分析。早在 20 世纪 60 年代，埃尔莫·谢茨施耐德就曾指出，政治冲突的范围和强度并不是由议题性质或意识形态给定的，而是政治决策或政治行为体的策略性产物。[2] 在后功能主义理论中，政党在政治场域中的政治策略是政治化过程中的重要环节，但是，霍克和马科斯并没有在其理论中对这一环节做出细致的分析，本章试图弥补这一缺憾，指出激进右翼政党在推动政治化时主要运用了三种政治策略：在国内政治中的议题强调和立场极化策略、架构策略以及在欧洲议会层面的跨国合作与策略性利用议会发言时间。综上所述，这几种策略的直接目的是从国内与欧盟两个政治场域，加强欧洲议题

---

① Sofia Vasilopoulou, *Far Right Parties and Euroscepticism*：*Patterns of Opposition*, ECPR Press, 2018, p. 79.

② Elmer Schattschneider, *The Semi-Sovereign People*：*A Realist's View of Democracy in America*, New York：Holt, Rinehart and Winston, 1960, p. 6.

的显著度与争议性。激进右翼政党从不同角度向民众建构了一个明确的敌人——欧盟。正义的"自我"与危险的"他者"的二元对立认知就此建立，这在很大程度上影响了民众的认知，推动了欧洲议题的政治化。

首先，通过分析教堂山专家民意测验报告，本研究认为，相对于其他政党，近十五年来欧洲激进右翼政党不仅采取了更加极端的疑欧立场，更在选战和政治议程中给予欧洲议题足够的重视。其次，欧洲一体化议题有足够的潜力影响国内政治，这取决于政党如何架构欧盟相关议题，架构是激进右翼政党的一种话语策略和解释框架，作为议题推动者，激进右翼政党在架构欧洲一体化议题时，往往将其与其他政治议题以及近年来欧盟的多重危机联系在一起，从而使欧洲议题更加显著且更能贴近民众的关切，突出展现欧洲一体化的阴暗面，其认为欧盟是不公正的，亟须改变现状。在架构欧洲议题时，激进右翼政党往往会积极地制造并维系一种来自欧盟的危机感，在不同框架的影响下，欧盟被架构成了令民众恐惧的一切社会问题的源头。可见，激进右翼政党将欧盟悲观论话语激进化，从而采取极端疑欧立场，这使它们在与主流政党的斗争中独树一帜。最后，从欧洲层面看，激进右翼政党自进入欧洲议会以来就积极寻求组成党团，然而受民族主义对抗和欧洲议会组团规则限制等因素影响，彼时激进右翼政党很难形成政治亲和力。近年来，在疑欧主义重要性日益增强的背景下，激进右翼政党打破了民族主义意识形态对合作的禁锢，其难以形成跨国联盟的传统印象也在迅速改变。它们出于抵制本国执政党和进一步宣传疑欧理念等动机，通过党团内合作以及议员在欧洲议会的发言，推动欧洲议会内部关于一体化问题的政治争论。在将欧盟和欧洲一体化作为共同"他者"的前提下，激进右翼党团采取求同存异的原则，对欧洲及其相关议题表达相对一致的政治立场。

第五章

———— ❧ ❀ ❧ ————

激进右翼政党推动欧洲一体化政治化
对欧洲政治的影响

激进右翼政党推动欧洲议题政治化的政治策略对欧洲政治产生了何种影响？这是本章将解决的主要问题。传统研究认为，政党影响指的是通过政策和政府行为而施加的政治影响，也即作为执政党或联合政府参与者所享有的政治决策的能力，当政党真正关注民众需求并把这种需求转化为政策结果时，政党影响才会真正产生。① 而美国西佛罗里达大学教授米歇尔·威廉姆斯则指出，在政治领域，政党影响并不以是否执政为前提条件，她认为政党影响意味着："改变政治话语，推出新议题，发展新的观点，引发其他政党的政治行动。"②

由此可见，激进右翼政党对欧洲政治最直接的影响路径来源于国内政治领域，这也符合后功能主义理论的基本理论假设。前文提到，后功能主义者把目光更多地集中于国内政治，即民众意见和政党竞争对欧洲一体化的影响，而欧洲一体化的政治化进程来自民众领域和政党政治之间在国内政治层面的互动。这正是激进右翼政党通过政治化欧洲议题，而直接影响欧洲政治的两个最重要维度。具体而言，激进右翼政党在国内政治领域将欧洲议题推向公众议程中心，并根据自身的意识形态架构这些议题，提升了欧洲和移民

---

① Ian Budge and Hans Keman, *Parties and Democracy*: *Coalition Formation and Government Functioning in Twenty States*, New York: Oxford University Press, 1993.

② Michelle Williams, *The Impact of Radical Right-Wing Parties in West European Democracies*, New York: Palgrave Macmillan, 2006, p. 43.

等文化议题在公众领域的显著度与极化程度，调动了民众的疑欧情绪，拓展了公众讨论的政治禁忌边界。而在政党政治层面上，民意的疑欧化和激进化以及选票流失的压力迫使其他主流政党以激进右翼政党的方式回应欧洲议题。必须要指出的是，这种国内影响也会间接传递到欧盟政治领域，在执政党领袖不得不向国内民意和政党压力低头的情况下，欧盟成员国政府间协商的难度相应加大，这使得欧盟传统共识决策模式受到威胁；然而从另一角度看，欧洲议题的政治化也在客观上弥补了欧盟层面民主合法性的缺失。因此，在激进右翼政党的推动下，欧洲一体化日益加深的政治化态势，将在国内政治中的公众议程、政党政治和欧盟政治三个递进层次的政治场域中，引发对欧洲政治的深远影响。本章对这三个层次的影响内容进行逐一分析，并对它们具体的影响路径做出诠释与总结。

第一节　公众议程

公众议程意指"议题的等级"，即在民众看来某些议题比其他问题更加重要的现象，[1] 主要包括民意、主流价值观和政治话语等方面要素。各国选民对欧洲一体化及相关议题的关注度和新旧价值观的更迭，都是在公众议程方面激进右翼政党推动欧洲议题政治化影响的重要表现。很多关于政党影响的研究会忽略政治讨论、大众话语和议题显著度的重要性，这些因素往往体现在政策的"决策前"（predecision）阶段，[2] 相互作用影响着决策的政治社会环境，它们恰恰是激进右翼政党产生影响的源头和主要路径。激进右翼政党不仅动员了民众的对欧负面立场，而且使这种消极和反对的态度更加深化和聚集，查尔斯·威斯丁（Charles Westin）认为，激进右翼政党得到足够的选民支持后，选民民意和价值观的重心和立场会显著地向右转移。[3]

一　价值观的激进化

激进右翼政党对欧洲一体化政治化的推动，在一定程度上导致了欧洲民

① Christoffer Green-Pedersen, "A Giant Fast Asleep? Party Incentives and the Politicization of European Integration", *Political Studies*, Vol. 60, No. 1, 2012, p. 117.

② John Kingdon, *Agendas, Alternatives and Public Policy*, Boston: Little Brown, 1984, p. 1.

③ Charles Westin, "Racism and the Political Right: European Perspectives", in Peter Merkl and Leonard Weinberg (eds.), *Right-Wing Extremism in the Twenty-First Century*, London: Frank Cass, 2003, pp. 93 – 120.

众价值观的激进化趋势。前文提到，欧洲主流价值认同是攸关欧盟存续的内核性因素，包括以下特点：无条件地尊重民主、人权和平等；禁止对不同种族的歧视；对少数族裔的保护，对社会、政治多样性的宽容与尊重；推崇代议制民主的权力制衡；政治和社会分歧可以通过多元主义的协商来平衡等。然而必须看到，这并不意味着部分民众对其他群体的恐惧或不满情绪会自然而然地轻易消失，这种消极情绪仅仅得到了压制，种族问题也只是暂时成了政治不正确的禁忌问题，随时都有可能被释放。

在本土主义、不安全感和排外主义使民众对这种极端化价值观的需求越来越强烈的背景下，激进右翼政党近年来发挥着公众话语中风向标的作用，它们抓住传统"禁忌问题"被压抑许久的机会，策略性地调整自己的政治话语迎合这种需求，将"自我"（人民与国家）与"他者"（移民和欧盟）的概念激进化，而这种二元对立与欧盟和主流政党精英所一直推崇的新自由主义和全球主义主流价值观是相对的。然而，激进右翼政党在西方民主制度下运行，不能与根深蒂固的主流观念相距甚远，所以它们将传统的"欧洲种族优越论"改装为更能令民众所接受的"文化不兼容论"。① 换句话说，它们表面上依然崇尚西方的主流价值观，认为这种价值观遭受了移民和难民的威胁，在"自我"与"他者"的零和对立面前，人民和国家无论是在经济上还是在安全上都显得脆弱不堪，亟须受到保护，这使得激进右翼政党的主张和政治话语看似仍在遵守主流社会话语框架的约束之下，具有更强的自卫而非攻击属性，增强了其可信度与吸引力。

由此可见，激进右翼政党通过对欧洲议题的架构策略，在公众领域充分营造了一种"恐怖的气氛"（a climate of fear），包括民众对其现状而生的各种形式的不适感：悲观、挫败甚至绝望感和"受害者情结"②，然而，这种气氛往往过分夸大了实际威胁程度，给民众传递危险的误导性信息。实际上，激进右翼政党的政治话语模糊了主流与极端价值观的边界，赋予了民众不信任、恐惧甚至仇恨"他者"的"许可"。用穆德的话说，激进右翼政党

① Vasilios Makrides, "Religions in Contemporary Europe in the Context of Globalization", in Peter Bayer and Lori Beaman (eds.), *Religion*, *Globalization and Culture*, Leiden：Brill, 2007, pp. 561 – 563.
② Michelle Williams, *The Impact of Radical Right-Wing Parties in West European Democracies*, New York：Palgrave Macmillan, 2006, p. 61.

提升了对"社会不宽容的宽容度"(the tolerance for intolerance)。① 这种不宽容情绪往往在对移民和难民的态度上表现得尤为明显。皮尤研究中心 2016 年的一项民调统计数据表明,一股汹涌的反移民情绪浪潮已然在欧洲各国民众中掀起,五成欧洲民众认为难民是"本国的负担",因为他们抢夺了本国公民的就业岗位和福利。从图 5 - 1 的数据可以看出,接近六成的欧洲民众认同"难民持续涌入会增加欧洲本土发生恐怖主义袭击的可能性",即使去掉排在前两位的东欧国家匈牙利和波兰,西欧民众认同此看法的比例依然占到半数以上。值得一提的是,仅有 40% 的西班牙民众认为难民会增加恐怖主义的风险,排在所有受访国家的最后一位,而在 2016 年,在所有受访的欧洲国家中只有西班牙没有出现成功的激进右翼政党,这从侧面表明了激进右翼政党在塑造民众认知方面的重要作用。图 5 - 2 更为直观地体现了激进右翼政党对本党选民的影响,85% 的法国国民阵线选民和 87% 的英国独立党选民认为,难民的涌入会增加欧洲本土发生恐怖主义袭击的可能性,这个比例远高于本国其他主流政党,只有 39% 的英国工党选民和 31% 的法国社会党选民认同此看法。② 在一些国家中,民众对难民的抵触情绪甚至演化为暴力冲突,在 2016 年,在德国的难民和难民营遭受了 3500 余次袭击,数百名难民因此而受伤。③

值得一提的是,激进右翼政党对价值观激进化的影响具有明显的外溢效应,激起欧洲其他国家公民本土主义的共鸣。欧洲各国主流社会越来越受价值观激进化的影响,最具代表性的例子是欧洲各国政府所做的去伊斯兰化的努力。比如在瑞士人民党的推动下,2009 年,瑞士通过公投停止建造清真寺;2017 年 4 月,德国联邦议院也颁布新法,禁止德国公务员穿戴全遮面纱;同年 5 月,奥地利议会也通过了类似的面纱禁令,同时,散发《古兰经》也会被禁止;2018 年 2 月,丹麦政府以"与本国主流价值观不符"为

---

① Cas Mudde, *Populist Radical Right Parties in Europe*, Cambridge: Cambridge University Press, 2007, p. 268.

② Richard Wike, Bruce Stokes and Katie Simmons, "Europeans Fear Wave of Refugees Will Mean More Terrorism, Fewer Jobs", *Pew Research Centre*, 2016, available at: http://www. pewglobal. org/2016/07/11/europeans-fear-wave-of-refugees-will-mean-more-terrorism-fewer-jobs/, last accessed on 15 May 2019.

③ Simon Cullen and Susannah Cullinane, "Germany: Thousands of Migrants Targeted in Attacks Last Year. ", CNN (blog), February 27 2017, available from: http://edition. cnn. com/2017/02/27/europe/germany-attacks-on-migrants/index. html, last accessed on 1 March 2020.

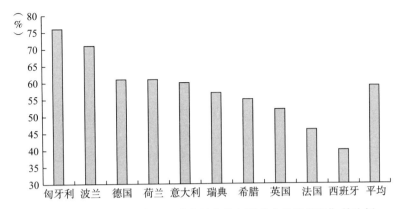

图 5 - 1　欧洲各国民众认可"难民会增加恐怖主义的风险"的比例

资料来源：Richard Wike, Bruce Stokes and Katie Simmons, "Europeans Fear
Wave of Refugees Will Mean More Terrorism, Fewer Jobs", *Pew Research Centre*, 2016,
available at: http://www. pewglobal. org/2016/07/11/europeans-fear-wave-of-refugees-
will-mean-more-terrorism-fewer-jobs/。

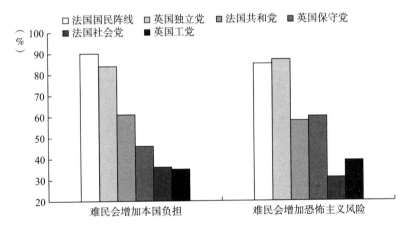

图 5 - 2　英法两国民众在难民问题上的政党差异

资料来源：Richard Wike, Bruce Stokes and Katie Simmons, "Europeans Fear
Wave of Refugees Will Mean More Terrorism, Fewer Jobs", *Pew Research Centre*, 2016,
available at: http://www. pewglobal. org/2016/07/11/europeans-fear-wave-of-refugees-
will-mean-more-terrorism-fewer-jobs/。

由颁布了面纱禁令；同年 6 月，荷兰也以安全因素为由通过了在公共场合禁
止穿戴蒙面服饰的法律。由此可见，价值观激进化的扩散效应不可小视，其
已经传播到整个欧洲大陆。由于欧洲议题和国家认同、社会福利与安全的紧
密联系，主流社会和广大民众更容易接受欧洲议题的激进化趋势。"面纱禁
令"使得欧洲在族群关系上更为紧张，以穆斯林为代表的少数族裔和主流社

会之间的对立愈加明显，这对于欧盟社会治理体系中的文化多元主义和民族融合战略堪称釜底抽薪。

此外，激进右翼政党推动政治化对欧洲自由民主价值观的威胁也不容小觑。有学者指出，激进右翼政党的民粹主义架构最危险的影响就是对欧盟存续之基础——民主和自由共识——的侵蚀。① 经济学人智库出版的年度"全球民主指数报告"（Democracy Index Report）中，西欧的民主指数在近年来连续下滑，2018 年度的报告特别提及了部分西欧激进右翼政党进入联合政府执政是导致西欧"政治文化""政府运作""公民自由"这三个民主指标下滑的重要原因。② 早在 1955 年，著名政治学家西摩·李普塞特（Seymour Lipset）就曾指出："激进右翼（势力）的煽动会助长威胁民主政治社会结构的政治活动的增加。"③ 极具煽动性的民粹主义领袖成了拒绝遵守西方民主规则、禁锢公民自由的不稳定因素。

具有讽刺意味的是，由于激进右翼政党宣称自己是代表普通民众的利益和集体意愿以反对腐败的主流政治阶层，它们往往把自己视为西方民主的拯救者而非挑战者，与"偷走"本属于民众权利的国家和欧洲精英以及社会中的异类"他者"相对立。激进右翼政党强烈反对自由主义共识下的代议制间接民主，以为这使人民的合法权益和权力被主流政党和精英阶层所剥夺，所以它们呼吁大众主权和直接民主的重要性，只有这样才能真正让人民的声音不被忽视，使其拥有对国家事务的决策权。法国国民阵线前党魁勒庞就曾指出："法国的民主制度只是一个形式上的民主而不是真正的民主，人民认为自己能够表达自己的观点，但是实际上他们不能。"④因此，他认为只有直接民主才是让普通民众将命运掌握在自己手中的唯一途径。前文提到，这种对直接民主的"执念"，也使得以英国独立党为首的欧洲议会激进右翼政党党团将自己命名为"欧洲自由与直接民主"。

---

① Daniele Albertazzi and Sean Mueller, "Populism and Liberal Democracy: Populists in Government in Austria, Italy, Poland and Switzerland", *Government and Opposition*, Vol. 48, No. 3, 2013, pp. 343 – 371.

② The Economist Intelligence Unit, *Democracy Index* 2018: *Me too? Political participation, protest and Democracy*, London: The Economist, 2018, p. 13.

③ Seymour Lipset, "The Radical Right: a Problem for American Democracy", *British Journal of Sociology*, Vol. 6, No. 2, 1955, pp. 176 – 209.

④ Le Pen, "Speech Published in Present, 30 August 1991", 转引自张莉《右翼民粹主义、选举政治与法国国民阵线》，《国际政治研究》2007 年第 2 期。

事实上，民粹主义者推崇的这种绕过中间环节"直接"且"完全"地实现"人民"集体意愿的方式，与西方主流自由民主规则相违背，有凌驾于法治和民主制度制衡之上的风险。自由民主主义与民粹主义最根本的区别在于，前者认为多数人的权力应始终受到约束和制衡，制度制衡与大众主权原则并非不兼容，制度制衡是大众主权和民意得到充分表达的重要保障，且权力的行使永远不能以牺牲少数群体的平等和自由为代价；而后者需要始终保证最大化的权力，以使自己作为人民的唯一代表。前文提到，激进右翼政党的民族民粹主义具有民族、种族排外性的意识形态特点和社会极化的目的性，以移民、精英和其他合法政党等为代表的少数群体，有可能会被视为不属于人民群体的"他者"，而被排斥于人民的集体意愿之外，是不具备合法性的威胁，这对欧盟自由民主价值观的核心——所有个体的平等自由权——形成了挑战与冲击。① 换句话说，激进右翼政党的大众主权观，可能会通过全体政治参与和政治对立，反而在事实上阻碍了大众主权的表达与实现。

在民粹主义煽动性话语以及高涨的社会不宽容与排外情绪面前，民众对于欧洲民主制度的信心是异常脆弱的，以英国为例，81% 的英国独立党选民对英国的民主现状感到不满，这一数字远高于英国选民的平均值（53%）。② 这种不满情绪很有可能导致民众对直接民主的迷恋，如图 5-3 所示，支持激进右翼政党的选民往往比其他选民更加希望用直接民主的形式管理国家。如今，西方政府迫于民众压力越来越多地使用全民公投的方式解决富有争议性的欧洲议题，形成了一种民主劣质化的政治氛围。2005 年后，欧盟各成员国共举行了十四次关于欧盟议题或政策的全民公投，其中多达九次被民众所否决。直接民主与对欧议题全民公投的频繁滥用，也许最终会演变为多数人的暴政，从而使国家走向一条威权主义道路③，也使得欧洲一体化进程充满了不确定性。

总而言之，在维护社会安全、民族认同和主流价值观的外衣下，激进右翼政党让民众以从未有过的方式思考欧洲一体化及相关议题，改变人们传统

---

① Wolfgang Merkel, "Embedded and Defective Democracies", *Democratization*, Vol. 11, No. 5, 2004, pp. 33 - 58; Koen Abts and Stefan Rummens, "Populism versus Democracy", *Political Studies*, Vol. 55, No. 2, 2007.

② Harold Clarke, Matthew Goodwin and Paul Whiteley, *Brexit: Why Britain Voted to Leave the European Union*, Cambridge: Cambridge University Press, 2017, p. 126.

③ Nadia Urbinati, "Democracy and Populism", *Constellations*, Vol. 5, No. 1, 1998, pp. 110 - 124.

的思维方式，冲击了欧盟基本民主价值观和自由主义共识，使对欧盟精英的消极认知更易被接受，而攸关欧盟存续的欧洲认同更加难以形成。主流价值观和欧洲认同也不再是欧洲政治社会唯一合法的思维和行动方式，传统上被视为禁忌、极端的政治话语和态度已经走向主流化。价值观的民粹化和激进化也成了主流社会的一部分和欧洲政治社会的新常识，打破了被主流社会普遍认可的"可接受和不可接受"的界限。[1] 德国社会民主党前党魁马丁·舒尔茨（Martin Schulz）就曾不无担忧地指出："在民主合法性的外衣下，激进右翼政党频繁打破传统禁忌，使得其意识形态越来越有吸引力。如果欧洲民众不选择捍卫欧盟所推崇的欧洲认同和基本民主价值观，反而被其意识形态和主张所迷惑，那我们就会被它们所击败。"[2]

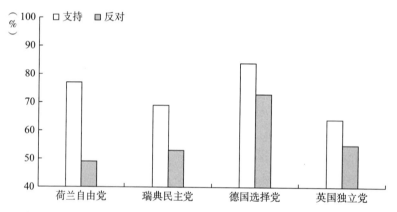

图 5 - 3　支持或反对激进右翼政党的民众对直接民主是否是更好的
国家管理模式的看法对比

资料来源：Richard Wike, Katie Simmons, Bruce Stokes and Janell Fetterolf, "Globally, Broad Support for Representative and Direct Democracy", Pew Research Center, 2017, p. 23。

二　民意的疑欧化

从民意角度看，民众对欧盟的态度和意见无法脱离政党的影响。在本书第四章中曾提到，激进右翼政党将选民对于欧盟应对危机和改善民生不力的

[1] Aristotle Kallis, "Far-Right 'Contagion' or a Failing 'Mainstream'? How Dangerous Ideas Cross Borders and Blur Boundaries", *Democracy and Security*, Vol. 9, No. 3, 2013, pp. 221 - 246.

[2] Martin Schulz, "Combating Right-wing Extremism as a Task for European Policy Making", in Nora Langenbacher and Britta Schellenberg (eds.), *Is Europe on the 'Right' Path? Right-wing Extremism and Right-wing Populism in Europe*, Berlin: Friedrich Ebert Stiftung, 2011, p. 30, p. 33.

不满作为切入点，把人民的恐惧、焦虑及其失去的民族认同和传统生活方式与激进右翼政党独特的疑欧和排外主义等政策主张联系在一起，重视人民和民族国家整体性、同质性的价值，认为非本民族的异质元素"他者"（移民、多元外来文化和欧盟）都是对民族国家同质性的威胁，从而构建起了民众对欧盟的负面认同。而对政党的认同感会影响选民的政治态度，对政党认同感高的选民会比普通人更多地受到政党主张和话语的影响。[①] 尤其是在欧盟议题上，有学者认为，欧洲民众对欧盟政策态度更多的是由自己所信任的政党的提示，而非政策本身的内容所决定。[②] 这就意味着激进右翼政党的选民在民族主义和民粹主义的影响下会更加排外，并对亲欧政府和欧盟政治精英产生不满，进而引发对欧盟的负面评价和疑欧情绪的增加；反过来讲，当激进右翼政党观察到其核心或潜在选民的疑欧主义态度加深时，它们有可能对欧盟采取更具批判性的立场，从而加强选民的政党认同感和吸引更多的选民，这就形成了一个相互加深的恶性循环。

保罗·塔格特曾指出，疑欧或反欧态度通常与民众对国内政党和政治体制运作的不信任感高度相关。[③] 由于民众对于欧洲议题缺乏基本认知，所以他们对欧盟的政治意见受到国内政治背景的影响，将国家政治精英与欧盟政治精英画等号，尤其当他们看到欧洲理事会中各国政治领导人熟悉的面孔时更加深了这种感知。换句话说，民众对跨国行为体和机构的态度也完成了从国家政治层面到欧洲政治层面的转移。[④] 在激进右翼政党的话语中，国家精英是通过牺牲人民的利益成为现存政治体制的既得利益者，因而不值得被信任；而激进右翼政党则与人民坚定地站在一起，理应获得民众的支持。它们通过运用这种民粹主义架构，将民众的不满和不信任感转嫁给了执政的政治精英、代议民主的政治制度以及一切官僚制度。因此，激进右翼政党的选民往往更不信任本国政府，图 5 - 4 中的民调数据显示，65% 支持德国选择党

① Geoffrey Cohen, "Party Over Policy: The Dominating Impact of Group Influence on Political Beliefs", *Journal of Personality and Social Psychology*, Vol. 85, No. 5, 2003, pp. 808 - 822.

② Roberto Pannico, "Parties are Always Right: the Effects of Party Cues and Policy Information on Attitudes towards EU Issues", *West European Politics*, Vol. 43, No. 11, 2019, pp. 1 - 25.

③ Paul Taggart, "A Touchstone of Dissent: Euroscepticism in Contemporary Western European Party Systems", *European Journal of Political Research*, Vol. 33, No. 3, 1998, p. 368.

④ André Krouwel and Koen Abts, "Varieties of Euroscepticism and Populist Mobilization: Transforming Attitudes from Mild Euroscepticism to Harsh Eurocynicism", *Acta Politica*, Vol. 42, No. 2 - 3, 2007, pp. 252 - 270.

的德国民众不信任德国政府，而对选择党抱有消极看法的选民只有24%表达对政府的不信任，同样的趋势也出现在荷兰自由党、法国国民阵线和瑞典民主党身上。①

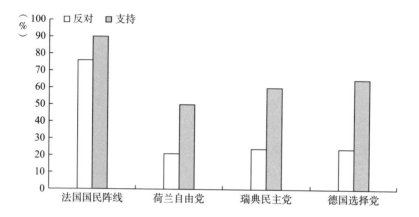

图 5 - 4 支持或反对激进右翼政党的选民对政府信任与否的比例

资料来源：Richard Wike, Katie Simmons, Bruce Stokes and Janell Fetterolf, "Globally, Broad Support for Representative and Direct Democracy", Pew Research Center, 2017, p. 18。

对本国政治精英的不信任感也自然而然地会转嫁为对欧盟政治精英的负面印象。在激进右翼政党的影响下，在民众的眼中，欧盟不可避免地与过度官僚化、低效和疏远等负面词语紧密结合在一起，根据图 5 - 5 中欧洲晴雨表的民调数据，多达51%的欧洲民众认为技术官僚（technocratic）一词对欧盟的描述很准确，而认为该词描述不准的民众仅占26%；不仅如此，超过半数的欧洲民众把欧盟看作与自己不相关的疏远（remote）的官僚机构，47%的民众认为用"有效率的"形容欧盟是不准确的。

此外，马克罗·斯蒂恩伯根等学者通过研究大众对欧洲的态度表明，激进右翼政党是给本党选民在欧洲一体化议题上施加影响最大的政党。② 如图 5 - 6 所示，以英国独立党为例，在移民和欧洲议题上的立场比其他英国选民

① Richard Wike, Katie Simmons, Bruce Stokes and Janell Fetterolf, "Globally, Broad Support for Representative and Direct Democracy", Pew Research Center, 2017, p. 18.

② Marco Steenbergen, Erica Edwards and Catherine De Vries, "Who is Cueing Whom? Mass-Elite Linkages and the Future of European Integration", *European Union Politics*, Vol. 8, No. 1, 2007, pp. 13 - 35.

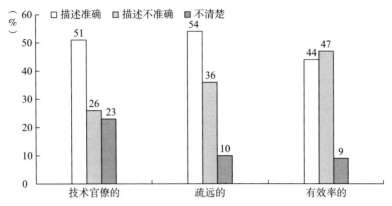

图 5 - 5 民众对欧盟的评价比较

资料来源：European Commission，Standard Eurobarometer 86，Autumn 2016，Brussels：European Commission；European Commission，Standard Eurobarometer 91，June 2019，Brussels：European Commission。

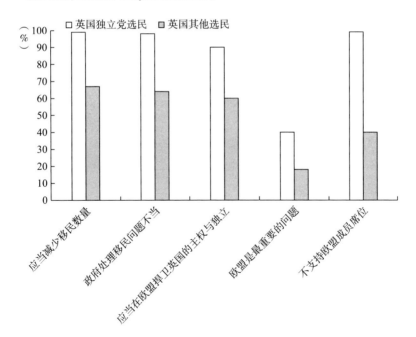

图 5 - 6 英国独立党选民与英国其他选民对欧洲和移民相关问题态度对比

资料来源：2014 - 2017 British Election Study Internet Panel（Wave 2）；UKIP Activists Survey and ECMS Survey，2015。①

---

① Cited from Harold Clarke，Matthew Goodwin and Paul Whiteley，*Brexit：Why Britain Voted to Leave the European Union*，Cambridge：Cambridge University Press，2017，p. 126.

更加强硬：超过 95% 的独立党选民对移民数量和政府对移民问题的处理感到
不满；约 90% 的英国独立党选民认为欧洲一体化进程已经超越了他们能接受
的底线，认为英国应当捍卫自己的独立与主权不受欧盟侵害，四成独立党选
民认为欧洲议题是国家面临的最重要议题，这些数据都远高于英国选民的平
均值。激进右翼政党对选民态度的影响，也在一定程度上导致了欧洲议题的
影响力和显著度明显提高，自 2016 年 9 月以来，与欧洲一体化议题紧密相
关的移民和恐怖主义等议题，在欧洲民众最关注议题榜单上一直居于前两
位，关注度远远高于其他议题。欧洲议题逐渐由公众议程纳入政治议程中，
前文提到，根据教堂山专家民意测验报告的数据显示：各国政党纲领中有关
欧洲一体化重要性的综合系数已从 2006 年的 4.6 上升到 2014 年的 5.93。[①]
这也为国内政党政治中议题的重构与主流政党的右倾埋下了伏笔。

第二节　国内政党政治

一　议题重构与新政治对立的出现

激进右翼政党将欧洲一体化以及其他认同议题纳入政治议程，导致了政
党竞争的议题结构重新洗牌，在文化维度上形成了新的政治对立结构。前文
曾提到的分歧线理论，对于理解激进右翼推动选举政治中议题的重构具有重
要意义。分歧线概念最早由政治学家西莫·李普塞特和斯坦·罗坎（Stein
Rokkan）提出，主要指社会发展进程中所出现的结构性对立矛盾，而政党制
度则是这些社会矛盾的集中体现，主要包括两个维度：从国家革命维度看，
中央国家与边缘共同体以及超国家教会的对立；从工业革命维度看，分为农
村与城市的对立以及工人与雇主的对立。[②] 随着现代国家的发展，两位学者
所提到的对立大多得以平息，只留下了阶级对立，即资本所有者和工人之间
对立的矛盾，现如今政党制度中的传统社会经济分歧线便来源于此。

---

① Ryan Bakker, Catherine de Vries, Erica Edwards, Liesbet Hooghe, Seth Jolly, Gary Marks, Jonathan Polk, Jan Rovny, Marco Steenbergen, and Milada Vachudova, "Measuring Party Positions in Europe: The Chapel Hill Expert Survey Trend File, 1999 – 2010", *Party Politics*, Vol. 21, No. 1, 2015, pp. 143 – 152.

② Seymour Lipset and Stein Rokkan. "Cleavage Structures, Party Systems, and Voter Alignments: An Introduction.", in Seymour Lipset and Stein Rokkan (eds.), *Party Systems and Voter Alignments*, New York: Free Press/Collier Macmillan, 1967, pp. 1 – 64.

　　长期以来，西欧政党竞争的主要参与者是中左翼社会民主政党与右翼保守党、自由党，它们围绕着传统的经济议题和社会结构分歧线分界进行选举竞争，特点是社会经济问题仍占据主导，如处理经济事务能力、工会权利、税收、教育和福利政策等。然而 20 世纪七八十年代以来，工人阶层不断萎缩，劳工运动已经近乎偃旗息鼓，经济与社会、资本与劳动之间的平衡关系已被彻底打破，单纯的阶级政治议题逐渐让位于全球化所引发的非经济议题。在此背景下，以绿党和部分期望转型的社会民主党为核心的欧洲新左翼政党率先提出了这条新的文化分歧线，它们是第一个将价值观和认同议题推到政治议程中来的政党团体。这场新左翼运动的文化议程主要关注在经济领域之外通过保障和提升以黑人、女性和同性恋等为代表的少数群体的权利，从而实现不同群体之间的地位和价值平等，这也为左翼政党吸取了相当多的中产阶级选民。而激进右翼政党强烈反对左翼政党所推行的文化多元主义政策，它们支持文化差异主义，认为各民族在面对超国家冲击时，有权捍卫国家独有的文化认同、传统和社会生活方式的特异性。而欧盟本身就是这种冲击的重要体现，因为欧洲一体化进程削弱了国家主权和权威与成员国的文化同质性，这导致国家底层民众的身份危机和价值对立。总而言之，新分歧线上的议题争论主要来自新左翼政党和激进右翼政党的推动，且多以文化认同为表现形式。

　　随着欧洲去国家化进程的深入发展，西欧政治体系中产生了新的"新政治"与"旧政治"的文化分歧线，即全球化和一体化进程所引起的社会文化上的结构性矛盾。这条新分歧线的一端是以激进右翼政党为代表的传统、权威主义和民族主义（traditional, authoritarian, nationalist, 简称为 TAN）的支持者；另一端是以新左翼政党为代表的绿色、另类、自由主义（green, alternative, and libertarian，简称为 GAL）的支持者。① 前者宣扬保守、封闭与民族主义，而后者支持开放、多元文化主义和欧洲一体化的深入。由此可见，新分歧线争论的核心在于对移民和欧洲一体化等文化认同相关议题的政

---

① Liesbet Hooghe, Gary Marks and Carole J. Wilson, "Does Left/Right Structure Party Positions on European Integration?", *Comparative Political Studies*, Vol. 35, No. 8, 2002, pp. 965 – 968. 对于这条新分歧线的名称，不同学者赋予其不同的标签，如分界与融合（demarcation vs integration）；自由主义—普遍主义与传统主义—社群主义分野（libertarian-universalistic vs traditionalist-communitarian）；普遍主义与特殊主义的分野（universalism vs particularism）；以及本书所采用的新政治与旧政治（GAL vs TAN）；等等。

治反应。① 如图 5-7 所示，这条以文化为基础的新分歧线与以经济和阶级为基础的传统分歧线垂直相交，共同构成了当今欧洲政党竞争的二元维度，政党政治竞争围绕着传统社会经济分歧线和新文化分歧线展开。

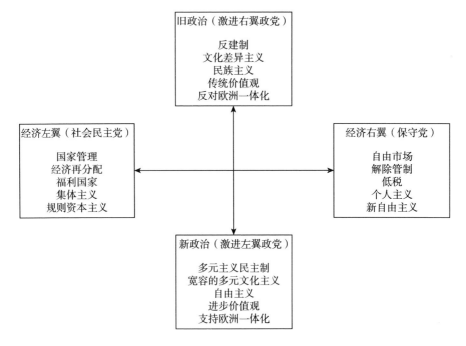

图 5-7 西方政党竞争的分歧线结构

资料来源：Ronald Inglehart and Pippa Norris, "Trump, Brexit, and the Rise of Populism: Economic Have - Nots and Cultural Backlash", HKS Working Paper No. RWP16 - 026, 2016。

有学者认为，欧洲一体化议题在文化轴线上更加显著，即在新旧政治分歧中居于重要地位。② 因此激进右翼政党对欧洲议题的政治化无疑加剧了新的文化对立分歧，并在这条新分歧线的基础上开辟了新的政治竞争场所和议题争夺点：反对政治建制和精英治理模式。在激进右翼政党的推动下，新分歧线的政党竞争为西方政党政治引入了非经济议题，社会阶级、经济再分配等传统经济议题的重要性也相继下降。如图 5-8 所示，尽管以阶级为基础的传统经济议题并没有完全消失，但是自 20 世纪 80 年代以来，其在西方国

① Simon Bornschier, *Cleavage Politics and the Populist Right: The New Cultural Conflict in Western Europe*, Philadelphia: Temple University Press, 2010, pp. 17 - 31.

② Swen Hutter and Hanspeter Kriesi, "Politicizing Europe in Times of Crisis", *Journal of European Public Policy*, Vol. 26, No. 7, 2019, pp. 996 - 1017.

家政党议程中的重要性与显著度明显落后于非经济议题，① 这从侧面体现出以动员非经济议题见长的激进右翼政党的议题重构作用。

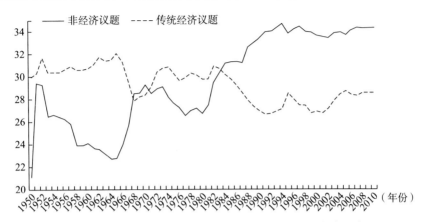

图 5 - 8 1950 ~ 2010 年西方发达国家政党竞选宣言中传统经济议题
与非经济议题的重要性对比

资料来源：Pippa Norris and Ronald Inglehart, *Cultural backlash*：*Trump, Brexit, and Authoritarian Populism*. New York：Cambridge University Press, 2019, p. 323。

汉斯佩特·克里希（Hanspeter Kriesi）等学者认为，欧洲一体化的政治化主要由文化因素所推动，而秉持反一体化和反移民激进立场的激进右翼政党正是政治化的重要推手，它们占据新分歧线的保守一端，通过采取激进的态度增加议题显著度，进而制造新的议题分歧。② 必须要看到的是，激进右翼政党所推动的欧洲议题政治化与新分歧线中政治对立的影响是相互促进的，欧洲一体化的政治化导致政党竞争中文化议题的重要性和显著度明显提升，而如果政党竞争围绕着新分歧线展开，就有可能进一步加剧欧洲一体化的政治化。

由此可见，激进右翼政党推动欧洲议题政治化在一定程度上使选举竞争实现了从以经济为基础到以文化认同为基础的转变，从而产生了新议题以及围绕新议题而形成的稳定的新政治对立，格兰德和胡特将这种政治化引发的

---

① Pippa Norris and Ronald Inglehart, *Cultural Backlash*：*Trump, Brexit, and Authoritarian Populism*, New York ：Cambridge University Press, 2017, p. 323. 表中数据通过总结十三个西方国家的政党宣言数据得出，分别为：奥地利、比利时、加拿大、丹麦、法国、德国、爱尔兰、意大利、荷兰、挪威、瑞典、瑞士和美国。

② Hanspeter Kriesi, Edgar Grande, Martin Dolezal, Marc Helbling, Dominic Hoeglinger, Swen Hutter, and Bruno Wueest. *Political Conflict in Western Europe*, Cambridge：Cambridge University Press, 2012.

影响称为"政治结构化"（political structuring）①。在文化分歧线上的新政治对立超越了欧洲传统的左右派竞争模式，对于欧洲政党制度的影响不亚于传统的经济分野，对欧洲主流政党所擅长的传统政党竞争模式产生严重的冲击。欧盟国家大多数主流政党是根据传统的社会经济分歧线建立的，也在近数十年的选举竞争中彼此达成了在自己擅长的经济维度进行竞争的政治共识和默契，它们很难适应在国内政党竞争中越来越显著的文化分歧线，新自由主义改革的政党共识正在走向终结。

二 "架构扩散"效应与主流政党的"右转"

激进右翼政党推动欧洲议题的政治化对主流政党的"架构扩散"（frame diffusion）和"右转"影响也不容忽视。安东尼·唐斯的空间理论提供了政党竞争策略的传统理论模型，他认为政党是理性的行为体，可以通过观察政治环境的变化（通常包括竞争对手的政策纲领、得票率和民意的变化）而调整自己在意识形态光谱中的定位和选举策略以接近中间选民的立场，从而吸引更多的选民，因为政党的目标是获得更多的选票。② 在民主制度中，政党的作用是反映和代表民意，聚合选民的利益和偏好，因此，民意会影响政党的意识形态立场和选举策略，作为选民（尤其是中间选民）的发声筒，主流政党的立场会随着民意的疑欧化和激进化趋势而向"右转"。尽管唐斯的空间理论是建立在单一维度的传统社会经济分歧线之上的，在彼时文化分歧线的重要性还未体现出来，但其基本假定在当今仍然是有效的，即政党可以通过改变对某些议题的态度来抵御选举威胁。这在主流政党面对欧洲议题和文化分歧线的政治化威胁时有了更明显的体现。

前文提到，主流政党通常在欧洲议题上会采取去政治化的策略，这也是它们将"民众"和"政治"因素排除于欧盟协商和决策之外以推动一体化向前发展的一般方式。然而，政党间的选举竞争是西方政治生活的核心要素，也是一场零和博弈。面对不断高涨的民粹主义呼声和激进右翼政党以此获得的支持率，主流政党已经无法坐视激进右翼政党通过反欧话语侵蚀自己的传统选民基础，尽管它们在政策领域并未改变自己亲欧的立场，但其传统

---

① Edgar Grande and Swen Hutter, "Introduction：European Integration and the Challenge of Politicisation", in Swen Hutter, Edgar Grande and Hanspeter Kriesi (eds.), *Politicising Europe：Integration and Mass Politics*, Cambridge：Cambridge University Press, 2016, p. 26.

② Anthony Downs, *An Economic Theory of Democracy*, New York：Harper Collins Publishers, 1957.

的去政治化政治策略难以为继，它们通过向激进右翼政党主张靠拢，并模仿其在欧洲一体化及相关文化议题上的选举策略和政治话语以重新适应选举市场中的供需关系，有学者将此现象称为"架构扩散"。[①] 学者吉奥里尔·克兰（Giorel Curran）也指出，激进右翼政党的成功不能仅仅用选票来衡量，它们对主流政党的政治话语和沟通方式也有很大的影响。[②]

（一）主流右翼政党

由于在意识形态光谱中同属右翼以及选民基础同样以保守选民为主，欧洲主流右翼政党无疑会受到激进右翼势力的崛起以及欧洲议题政治化的影响。英国保守党是最具代表性的例子。英国前首相大卫·卡梅伦是英国保守党少见的亲欧主义领袖，在 2010 年成为保守党党魁的首次演讲中，他就表明了自己希望给欧洲一体化议题降温的意图："英国的父母都在担忧儿童抚育、子女教育以及如何平衡工作与家庭生活等问题，而我们保守党却一直揪着欧洲问题不放。"[③] 在 2010 年保守党竞选宣言中，欧洲议题出现的频率也比以往有了大幅下降，卡梅伦将保守党的政策重点转向气候变化、同性婚姻合法化、鼓励民族多样性等议题上来。尽管在 2010 年大选中，这种拥抱自由主义的亲欧策略取得了一定成效，但越来越多的保守党保守主义选民和议员纷纷"叛逃"至反欧立场更为明确的英国独立党，饱受保守党疑欧派"内忧"与独立党"外患"困扰的卡梅伦在 2013 年宣布，如果保守党在 2015 年大选中胜出，英国将最迟于 2017 年之前举行脱欧公投。在 2016 年 2 月的欧盟峰会结束后，卡梅伦自认为成功迫使欧盟在限制欧盟劳工在英福利等诸多关键性问题上让步，为英国拿到了足够的留欧筹码，因此在随后的内阁会议中宣布，将于 2016 年 6 月 23 日提前举行脱欧公投。

英国脱欧公投最鲜明的特点就是留欧派和脱欧派皆由保守党的成员所领导。留欧派领袖由时任英国首相卡梅伦担任，而脱欧派则由保守党重要成员鲍里斯·约翰逊（Boris Johnson）和迈克尔·戈武（Michael Gove）主导，这与传统欧洲中右翼党派在激进右翼党派冲击下的困境息息相关。在脱欧选

---

① Andrea Pirro, Paul Taggart and Stijn van Kessel, "The Populist Politics of Euroscepticism in Times of Crisis: A Framework for Analysis", *Politics*, Vol. 38, No. 3, 2018, p. 257.

② Giorel Curran, "Mainstreaming Populist Discourse: The Race-conscious Legacy of Neo-populist Parties in Australia and Italy", *Patterns of Prejudice*, Vol. 38, No. 1, 2004, pp. 37 – 55.

③ David Cameron, "Leader's speech", Bournemouth, 1 October 2006, available at http://www.britishpoliticalspeech. org/speech-archive. htm? speech = 314, last accessed on 1 May 2018.

战中，在英国独立党所领导的"脱离欧盟"（Leave. EU）组织吸睛的激进政治宣传影响下，希望赢得脱欧话语权的保守党脱欧派通常被迫将激进右翼政党的激进话语纳入自身的政治议程之中。

一方面，英国主流脱欧派运用民粹主义架构将欧盟的官僚精英看作远程操纵英国的外来政府。从欧盟收回控制权意味着英国政客重新获取控制权，也就意味着英国人民收回了控制权。被视为"脱欧派"取胜背后的资深活动家之一、现任约翰逊首相高级顾问的多米尼克·康明斯（Dominic Cummings）认为："每个人都知道欧盟是一个充斥着官僚精英的腐败之地，对我们国家根本没有好处。"[①] 英国脱欧阵营的官方宣传文件中写道："（欧盟的）体制是特意设计成将中央权力集中于一小部分非民选的政治精英，这威胁到了民主政府。我们一直不断地让渡我们的控制权以期换取影响力，然而失去控制权是真，影响力则如海市蜃楼般虚无缥缈，这也是为什么最安全的选择就是脱欧并夺回我们的控制权。"[②] 保守党环境大臣迈克尔·戈武也曾说"英国人民已经受够了专家们"[③]，这更是反映了民粹主义话语已经渗透至主流政党的政治话语之中。

另一方面，欧盟的自由流动政策及其导致的移民潮也成为被抨击的目标，主流脱欧阵营认为欧洲移民给英国低收入工人和英国国民医疗制度"带来了巨大的经济压力"，而且英国在欧盟事务上需要每周花费 3.5 亿英镑，本可以将这笔资金投入国民医疗制度的完善中；不仅如此，脱欧派将移民视为英国安全的巨大隐患："欧盟的开放政策是恐怖分子的国际护照，如同高举标语欢迎他们来到欧洲一样。"[④] 总而言之，保守党领导的脱欧派几乎所有围绕脱欧的政治话语，都能在早年间英国独立党的竞选宣言或领袖讲话中找到出处。

在英国脱欧阵营获得公投成功后，英国前首相特蕾莎·梅（Theresa

---

① Sciorilli Borrelli, "Leave Campaign Head: Brussels is a Very Corrupt Place", *Politico*, 20 April 2016, available at: www. politico. eu/article/leave-campaign-head-Brussels-is-a-very-corrupt-place/, last accessed on, 18 May 2019.

② Vote Leave campaign, Our Case. Vote Leave, 2016, available at: www. voteleavetakecontrol. org/our_case. html, last accessed on 1 May 2019.

③ Mark Thompson, (2016 August 27), From Trump to Brexit Rhetoric: How Today's Politicians Have got away with Words, the Guardian, available at: https://www. theguardian. com/books/2016/aug/27/from-trump-to-brexit-rhetoric-how-todays-politicians-have-got-away-with-words, last assessed on 12 September 2019.

④ Vote Leave campaign, "Our Case. Vote Leave. 2016", available at: www. voteleavetakecontrol. org/our_case. html, last accessed on 1 May 2019.

May）在与欧盟的脱欧协商中也采取了更为强硬的姿态，她依旧模仿英国独立党前党魁法拉奇的政治架构，如强调"保卫我们的价值观、我们的国家和我们的生活方式""脱欧必须意味着脱欧""实现英国人民的意愿"等，这一方面安抚了本党疑欧议员的反欧情绪，另一方面是为了吸引英国独立党的选民重回保守党阵营。① 在脱欧成功后的大选中，英国独立党迅速衰落，然而这并不意味着民粹主义在英国的灭亡，相反，独立党的反欧政策和民族主义话语已经被保守党完全吸收，走向了"独立党化"。这也在英国现任首相鲍里斯·约翰逊身上得到了进一步延续，他强硬的脱欧立场以及专注于脱欧和减少移民两大主题的选举策略，也是保守党以绝对多数优势赢得 2019 年英国议会大选的重要原因。

除英国外，其他西欧国家的主流右翼政党在欧洲议题政治化的背景下，也纷纷采取了"右转"策略并模仿激进右翼政党的疑欧架构。2007 年法国大选前，法国前总统尼古拉斯·萨科齐（Nicolas Sarkozy）采纳了法国国民阵线的话语和主张，在对欧问题上展现了民族主义和保护主义的右倾趋向，萨科齐曾说："我要努力重树法国右翼的自信心……长期以来，我们一直保持沉默，丢掉了本属于我们的（右翼）认同，这种自杀式的策略也是法国国民阵线取得持续选举成功的原因之一。"② 因此，他明确反对欧盟进一步的版图扩张计划，尤其强烈反对土耳其加入欧盟，批评欧盟对欧洲普通民众期望在全球化浪潮中得到欧盟保护的呼吁置若罔闻。有评论家指出："国民阵线勒庞先生的政治话语已经渗透国家政治的讨论中，萨科齐先生采纳了他的观点，甚至（在政府中）增设了'移民与民族认同'部门。"③ 萨科齐的选举策略也使得法国国民阵线在 2007 年法国大选中受到重挫，仅获得不足 5% 的得票率，大量国民阵线选民转投萨科齐所领导的法国人民运动联盟党。现如今，法国右翼政党的疑欧态势依旧延续。④ 在 2017 年大选中，时任共和党领导人弗朗索瓦·菲永（François Fillon）在竞选宣言中批评欧盟的申根协议，

① Pippa Norris and Ronald Inglehart, *Cultural backlash*: *Trump*, *Brexit*, *and Authoritarian Populism*, New York: Cambridge University Press, 2017, p.420.

② Nicolas Sarkozy, *Te'moignage*, Paris: Plon, 2006, p.16.

③ Angelique Chrisafis, "Le Pen Clings to Heartland Support-and a Wave of Napoleonic Nostalgia", Guardian, 13 March 2007, available at: https://www.theguardian.com/world/2007/mar/13/france, last accessed on June 1 2019.

④ 2015 年，法国主流右翼政党人民运动联盟党更名为共和党。在 2016 年共和党内部初选中，疑欧派政客弗朗索瓦·菲永以近七成的得票率轻松击败了亲欧派候选人阿兰·朱佩（Alain Juppe）。

呼吁对该协议进行重新协商与改革,限制欧盟劳工的福利;主张限制欧盟委员会权力,并继续反对土耳其加入欧盟,消除法国人民失去身份认同的恐惧。① 同年 12 月,疑欧派政客朗罗·沃基耶(Laurent Wauquiez)以较大优势当选法国共和党新任党魁,他的疑欧立场在其 2014 年出版的《欧洲:需要改变一切》(*Europe:il faut tout changer*)一书中有了明显的体现,认为欧盟如果不做出彻底变革的话,注定会走向灭亡。② 同时,他主张反对同性婚姻,并将移民人数控制到最低,将法国共和党重树为"真正的右翼"。值得一提的是,菲永和沃基耶的疑欧右倾话语并未奏效,他们都因在 2017 年法国总统大选和 2019 年欧洲议会选举中不敌勒庞领导的国民阵线而被迫辞职,可见共和党在国民联盟(原国民阵线)和马克龙的中间派执政党的夹击下举步维艰。

此外,奥地利总理塞巴斯蒂安·库尔茨(Sebastian Kurz)一直以政治素人的形象自居,尽管其执政期间经历了弹劾风波③,但与同样以政治素人著称的法国总统马克龙不同的是,库尔茨自上任以来的部分政治话语与政策迎合了民粹主义选民的立场。他已多次公开强调反对欧盟的按配额分摊难民政策,希望加快遣返非法难民,收紧移民政策,他指出难民的价值观"在我们国家没有容身之地……他们排斥我们的生活方式,反对男女平等"。④ 此外,他呼吁欧盟理应加强外部边境的管控,并应对其官僚机构进行"瘦身"改革。在荷兰自由党持续的反欧压力下,2017 年大选前,荷兰首相和自民党党魁马克·吕特(Mark Rutte)在报纸上刊登广告来表达应将移民政策收紧的态度,广告中的言辞前所未有的激烈与尖刻:"新来的移民必须遵守荷兰的规则与价值观,举止正常,否则就滚开(bugger off)!"⑤ 因此可以看出,尽

---

① François Fillon, *Mon Projet Pour La France:Election Manifesto*, 2017, available at:https://www. force-republicaine. fr/wp-content/uploads/2017/04/PROJET_FRANÇOIS_FILLON_2017. pdf, accessed on 1 February 2020.

② Laurent Wauquiez, *Europe:il faut tout changer*, Paris:O. Jacob, 2014.

③ 由于执政联盟伙伴奥地利自由党的"通俄丑闻",总理库尔茨于 2019 年 5 月 27 日因议会通过对其不信任案遭弹劾。同年 9 月的国民议会选举中,库尔茨领导的奥地利人民党以绝对优势成为议会第一大党,他也再次成为奥地利总理。

④ Ralph Atkins, "Austria's Sebastian Kurz Leans towards Tougher Line on Migrants", Financial Times, 18 October 2017, available at:https://www. ft. com/content/98282146 – b3d6 – 11e7 – aa26 – bb002965bce8, last accessed on 15 June 2019.

⑤ Mark Rutte, "Aan alle Nederlanders", NRC Handelsblad, 22 january 2017, cited from Catherine De Vries, "The Cosmopolitan – parochial Divide:Changing Patterns of Party and Electoral Competition in the Netherlands and Beyond", *Journal of European Public Policy*, Vol. 25, No. 11, 2017, p. 1544.

管荷兰自由党在 2017 年大选没有成为执政党，但其政策主张和激进话语也已经被荷兰主流执政党所吸纳。

（二） 主流左翼政党

欧洲议题在政党政治中显著度和争议性的提升，对于左翼政党而言绝非好消息，因为欧洲一体化和全球化所导致的赢家和输家的对立恰恰切割了左翼政党的两大核心选民团体——工人阶级选民和中产阶级选民，他们在新分歧线上处于两个极端位置，在对欧洲议题上也秉持完全相反的立场。欧洲一体化的政治化使得左翼政党在聚合两者之间的政治偏好时进退失据，尤其是在近年来亲欧的自由主义立场饱受工人阶级选民诟病时，它们始终无法在选民面前展现明确的对欧态度，这加剧了民众对中左翼社会民主派别的不信任感，也无疑会伤害到其选举表现。

英国工党是当今左翼政党对欧困境背景下走向衰落的典型代表，工党党魁杰里米·科尔宾 （Jeremy Corbyn） 是一名带有 "极左" 色彩的社会民主党人，本身具有坚定的温和疑欧立场，但是考虑到工党近几十年来一贯的亲欧立场以及忌惮于与党内亲欧派势力的内斗，自上任起至今四年多的时间内，他和他的工党都没有展现出清晰明确的对欧立场。在 2019 年的工党竞选宣言中，工党依旧无法改变其在欧洲议题上的踌躇，在脱欧政策的章节中以 "在脱欧问题上给予民众最终决定权"（ "The Final Say on Brexit"） 为标题，只是承诺拒绝无协议脱欧，并提出以二次公投的方式重新决定英国与欧盟的关系问题。这事实上又将脱欧的 "皮球" 重新踢还给了普通选民，与保守党竞选宣言中直接明了地将 "率领人民完成脱欧"（Get Brexit Done） 作为首要任务的竞选承诺形成了鲜明对比。① 在 2019 年英国议会选举中，工党仅仅获得了 32% 的得票率和 203 个议席席位，议席数创数十年来的新低，在欧洲议题上的摇摆不定无疑是工党遭遇选举重挫的重要原因之一。

除英国工党外，西欧其他主要左翼亲欧政党在 2017 年后的大选中均遭受重大挫折，其中法国社会党得票率骤降，直接从执政党走向了边缘化地位。荷兰工党和奥地利社民党获得的议席数均为历史新低。欧盟的中流砥柱德国也面临同样窘境，随着与基民盟的组阁谈判取得成功，德国社民党的民

---

① Labour Party, *It's Time for Real Change*! *For the Many Not the Few*, *Manifesto*, London, 2019, p. 89; The Conservative and Unionist Party, *Get Brexit Done Unleash Britain's Potential*, *Manifesto*, London, 2019.

调支持率被德国选择党反超，跌至自 19 世纪 80 年代以来的新低。近年来许多政客与学者疾呼左翼政党需要"回归本心"才能扭转颓势，德国社会民主党前领袖西格玛·加布里尔（Sigmar Gabriel）认为，社民党应当弱化对亲欧、环境保护以及气候变化等相关自由主义政策立场的强调，而是转向保护工人权益和德国文化认同上来："赢得加利福尼亚赶时髦选民的支持无法弥补我们在铁锈地带流失的工人选票。"① 学者罗杰·伊特维尔（Roger Eatwell）和马修·古德温同样也指出了左翼政党"右转"的必要性："如果不改变自身文化自由主义的立场，社会民主党赢回工人阶级选民的可能性微乎其微。"② 然而，左翼政党采纳激进右翼疑欧话语的右转策略效果并不明朗。在 2019 年丹麦议会选举中，由于在竞选时许诺了比激进右翼政党丹麦人民党更加严厉和强硬的限制性移民政策，丹麦社会民主党成为丹麦第一大党，并取得了议会多数席位，一扫近年来欧洲左翼政党之选举颓势，这似乎可以在一定程度上印证左翼政党在文化议题立场"右转"的可行性。然而2010 ~ 2015 年，在爱德华·米利班德（Edward Miliband）领导下英国工党的"右转"策略却没有达到预期效果。在当选工党党魁后，米利班德在公开演讲中多次向被移民问题所困扰的工人阶级选民表示歉意，承认他们对工党在移民立场上的批评是正确的，也认为之前工党不加任何限制地接纳东欧移民，对英国本土低收入工人造成了巨大伤害。③ 2015 年工党的竞选宣言以"只有劳动者成功，英国才能成功"为题目，体现了工党试图拉拢之前对工党感到失望的工人阶级选民的决心。宣言承诺会通过立法保证英国的任何权力都不会违背民众意愿向欧盟让渡；同时，工党对移民问题的措辞和措施都比以往的竞选宣言更加强硬，其措施包括增聘 1000 名边境工作人员，加强离境检查，防止犯重罪者进入英国，对非欧盟工人的移民数量设置上限，来自欧盟的劳

① Der Spiegel, 18 December 2017, Gabriel regt Debatte über "Heimat" und "Leitkultur" an, available at: https://www.spiegel.de/politik/deutschland/spd-sigmar-gabriel-regt-debatte-ueber-heimat-und-leitkultur-an-a-1183536.html, last accessed on 12 February 2020.
② Roger Eatwell and Matthew Goodwin, *National Populism: The Revolt Against Liberal Democracy*, London: Pelican, 2018, p.206.
③ Daily Telegraph, "Ed Miliband Admits Labour's Immigration Errors Made Britons Poorer", 28 Feb. 2011, available at: http://www.telegraph.co.uk/news/politics/ed-miliband/8352458/Ed-Miliband-admits-Laboursimmigration-errors-made-Britons-poorer.htmlon; Andrew Sparrow, "Ed Miliband's speech in Thurrock: Politics Live Blog", 27 May 2014, available at: http://www.theguardian.com/politics/blog/2014/may/27/blair-says-politicians-must-confront-and-expose-ukip-politics-live-blog, last accessed on 1 May 2019.

工在移居英国两年之内不得申请福利救济等。① 然而在 2015 年大选中，工党在自己的英国北部传统核心票仓中依然受到了英国独立党的重创，直接导致其在大选中的惨败。

由此可见，尽管结果难以预料，部分欧洲主流左翼政党仍逐渐采纳了激进右翼政党的疑欧话语，在文化议题上采取了较以往相对保守的态度。学者马库斯·瓦格纳与托马斯·梅耶（Thomas Meyer）的研究进一步佐证了主流政党在激进右翼政党的影响下逐渐采纳后者议题的立场，他们通过分析 20 世纪 80 年代至今的三十余年间，十七个西欧国家里 68 个政党（其中 15 个激进右翼政党）的超过 500 篇竞选宣言，得出以下结论：随着激进右翼政党更加强调社会文化议题，并在这些议题上采取更加极端保守的立场，欧洲主流政党在这些议题上的立场逐渐向"右转"，保守态度远甚于 20 世纪八九十年代时期（见图 5 - 9）。②

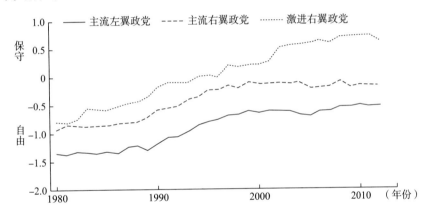

图5 - 9　1980～2010 年西欧主流政党与激进右翼政党在自由—保守议题上的立场变化

资料来源：Markus Wagner and Thomas Meyer, "The Radical Right as Niche Parties? The Ideological Landscape of Party Systems in Western Europe, 1980 - 2014", *Political Studies*, Vol. 65, No. 1_suppl, 2017, p. 91.

在面对欧洲议题的政治化时，部分主流政党，尤其是右翼政党通常强调甚至吸取激进右翼政党的对欧架构与政策主张，希望用更强硬的态度来对待

---

① 刘玉安：《只有劳动者成功，英国才能成功（英国工党 2015 年竞选宣言）》，《当代世界社会主义问题》2015 年第 2 期。

② Markus Wagner and Thomas Meyer, "The Radical Right as Niche Parties? The Ideological Landscape of Party Systems in Western Europe, 1980 - 2014", *Political Studies*, Vol. 65, No. 1_suppl, 2017, pp. 84 - 107.

欧洲和移民议题，这种激进话语的正常化往往会导致激进右翼政党意识形态的正常化和合法化，有时反而会使欧盟相关议题在公众议程中更加显著，也让激进右翼政党的主张更有吸引力，这是因为，它们可以将主流政党的对欧和移民政策转向强硬化标榜为自己的成就，体现它们有能力迫使主流政党去做它们所认为正确的事。主流政党面对欧洲议题政治化时，采取模仿激进右翼政党的民粹主义策略有可能是饮鸩止渴，或许会得到短期的选举回报，但从长期来看，这不仅有可能助长激进右翼政党的进一步发展，甚至还会终结二战以来所形成的亲欧主义政党政治共识生态，对国家利益和欧盟整体利益构成严重威胁。① 激进右翼政党的疑欧政治话语的主流化趋势也引发了欧盟的关注，欧盟的欧洲反对种族主义和不容忍委员会（ECRI）发表了《关于政治话语中使用种族主义、反犹太主义和仇外主义内容的声明》，在声明中表达了对主流政党越来越频繁地使用禁忌话语的担忧，认为这会威胁欧洲社会的长期稳定与团结："对于种族主义、反犹主义和仇外主义政治话语的使用已经不再仅限于极端政党，越来越多的主流政党也受到了影响，增加了合法化这种政治话语的风险。"②

第三节　欧盟政治

一　欧盟共识政治基础的削弱

前文提到，欧洲一体化计划的坚定支持者认为，欧盟应当是一个没有政治竞争的政治空间。尽管在欧盟理事会和欧洲议会中，成员国领袖、部长和政党议员间会发生小范围的政策争论，但这种争论并不受外界因素，尤其是不受民众的影响。在欧盟体制内，几乎所有政治精英都认同进一步走向一体化符合欧洲国家和民众的整体利益，在这种政治共识的基础上，一旦决策在欧盟精英层面达成了一致，就不会再有任何反对的空间与声音。尽管这牺牲了一定程度的民主合法性，但共识政治无疑提高了决策效率和质量。在欧洲议题没有得到广泛关注的时候，欧盟精英认为在成员国层面不出现民主赤字

① 李明明：《欧洲一体化的政治化与欧盟成员国主流政党的应对战略——以欧债危机发生后的德、英、法三国为例》，《欧洲研究》2017 年第 2 期。

② ECRI: European Commission against Racism and Intolerance, "Declaration on the Use of Racist, Antisemitic and Xenophobic Elements in Political Discourse", Strasbourg: Council of Europe, 2005.

的前提下，欧盟民主化改革是没有必要的，将决策的制定权全权交给高学历技术专家和官员是最简洁有效的治理模式，这可以避免政治冲突的公开化，而欧洲一体化的政治化和疑欧主义的出现只会削弱欧盟的共识政治基础。

现如今，随着欧盟多重危机和欧洲一体化政治化程度的不断加深，各成员国政府在欧盟理事会中的龃龉越发严重，这主要体现在欧盟面对国内民众压力和成员国间利益矛盾时如何分配危机所带来的压力与冲击上。前文提到，欧债危机期间的经济和失业率问题以及难民危机期间的移民和安全问题，都先后在本国民众最关注的议题榜单中排在前两位，而且这些议题不仅引发了秉持保守主义与自由主义民众之间的激烈对立，更在国内选战中成为各大政党争论的焦点，可见两大危机在各成员国内部已被充分政治化。激进右翼政党在这个过程中起到了重要的推动作用，使得民众对欧盟政策的认知更加消极。不仅如此，围绕两大危机的财政、内外边境政策与国家核心主权和民众日常生活息息相关，民众对此具有高度敏感性。

总而言之，在欧债危机和难民危机背景下，国内政治中欧洲一体化的政治化在一定程度上加深了欧盟各成员国间的矛盾和欧盟理事会中政府间协商的难度。施密特教授认为，当今在欧盟理事会中的协商更取决于成员国领袖对国内政治形势的感知，而非单纯的社会经济利益的考虑。① 在国内民意的反弹和激进右翼政党的压力下，各国执政党越来越难以与其他成员国达成妥协。在这种情况下，欧盟更难以及时做出应对危机的有效举措，导致国内民众只能更寄希望于本国政府提供解决方案并保护他们的个人利益，这无疑使得各成员国政府更加忌惮于达成损害自己在国内合法性和可信度的欧洲协议，从而形成一种恶性循环。即使成员国政府在欧洲层面通过艰难的谈判达成了协议，这种妥协在国内层面也往往会受到很大阻力，因为国内以激进右翼政党为首的反对党自然会动员民众与执政党的欧洲政策唱反调。本节将以近年来两次欧盟危机为例，分析政治化对欧盟共识政治的负面影响。

（一）欧债危机

在欧债危机初期，成员国之间的对立最为显著，各成员国对拯救和巩固欧洲货币联盟（European Monetary Union）的方式持完全对立的立场，以德国、奥地利、荷兰和芬兰等国为代表的"北方国家"试图尽可能减少自身的

---

① Vivien Schmidt, "Rethinking EU Governance: from 'Old' to 'New' Approaches", *Journal of Common Market Studies*, Vol. 57, No. 7, 2018, pp. 1544 – 1561.

财政援助责任，在更加严格的财政监督下实施有条件的财政支持手段，希望受灾国家以采取财政紧缩政策的自救方式安抚市场的恐慌情绪。而以意大利、希腊为代表的"南方国家"则希望欧盟立即采取切实可行的纾困政策，如欧元区成员国实现主权债务相互化，以及欧洲银行的再资本化，增加救助资金，推行欧洲债券等方式救助本国经济，坚决反对严苛的紧缩政策。两方之间的立场对立受到了国内欧债危机政治化的明显推动。

在德国的公众话语中，这场危机完全是由以希腊为代表的南方国家数十年来毫无节制地开支造成的，德国民众对"懒惰的希腊人"和"勤劳节省的德国人"的二元对立认知愈演愈烈，尤其是在德国选择党成立后更是加深了这种印象。仅有 28% 的德国民众认为，除紧缩政策外还有更好的处理欧债危机的办法，63% 的民众认为债务国应当缩减公共开支。① 在这种政治化背景和民众压力下，德国总理默克尔迟迟不敢下定决心出手救市，她担心任何对债务国的让步都会导致其领导的基民盟在 2010 年 5 月的德国北威州地方选举中受到不利影响，因此她坚决反对欧盟变成一个"拨款联盟"（transfer union），因为，这无疑会违背她对选民所做出的"无须为自己存款担忧"的承诺。② 随着基民盟 2012 年在北威州地方州议会选举遭遇惨败，默克尔的态度更加强硬，她强烈批评了德国需要为希腊和葡萄牙等国债务买单的观点。③ 在日后的救助政策中，南方国家的结构性改革与紧缩政策的完成度也一直是欧盟实施救助的必要条件，这引发了债务国的强烈不满。2010~2015 年，希腊共举行了约 35000 次反对紧缩政策的抗议活动，仅在 2010 年就有 29% 的希腊民众参与了反紧缩政策的抗议。④ 这些示威活动的矛头不仅仅指向紧缩政策，德国总理默克尔也成了南方国家人民的众矢之的，甚至将其与纳粹主义相联系。不仅如此，在媒体中德国作为"老师"与南欧国家作为"学生"

---

① Pew Research Center, "Europeans Still Back Austerity", 2013, available at https://www. pewresearch. org/global/2013/05/13/europeans-still-back-austerity/, last accessed on 12 Feb. 2020.

② Vivien Schmidt, "Forgotten Democratic Legitimacy: 'Governing by the Rules' and 'Ruling by the Numbers'", in Matthias Matthijs and Mark Blyth (eds.), *The Future of the Euro*, Oxford: Oxford University Press, 2015.

③ Axel Hülsemeyer, "The Transformation of Germany's Position in the Eurozone Crisis. From Greek Bailouts to Eurobonds", in Sabine Saurugger and Fabien Terpan (eds.), *Crisis and Institutional Change in Regional Integration*, Abingdon: Routledge, 2016, pp. 60 – 78.

④ Wolfgang Rüdig and Georgios Karyotis, "Who Protests in Greece? Mass Opposition to Austerity", *British Journal of Political Science*, Vol. 44, No. 3, 2014, pp. 487 – 513.

的对立比喻或"战争"等字眼，也加深了南方国家人民"受害者"的自我认同及由此带来的羞辱感。①

　　欧盟现如今基本顺利度过了欧债危机的困难时期，这是因为所有欧元区成员国拥有明显的共同利益——拯救欧元。更为重要的是，危机期间欧盟的很多救助举措是以一种隐匿的、远离民众关注的形式悄然进行。② 比如以二级立法的形式避免对现有条约进行改革，以规避全民公投的风险，如"两部立法"（two-pack）和"六部立法"（six-pack）的修订；又如将部分决策权转交给以非多数同意（non-majoritarian）为协商体系的跨国技术机构，如欧洲银行业联盟（Europe Banking Union）和欧盟法院等。从 2010 年到 2014 年，即欧债危机的深入发酵期，欧盟理事会的会议决议文件非公开率从 23% 升至 66%。③ 时任欧元集团主席容克也曾指出经济货币政策绕过民众进行秘密商讨的必要性："所有的经济决议都应当关上门才能进行讨论……货币政策是一个严肃的议题，我支持秘密、暗中地协商。"④ 然而，欧盟精英去政治化欧债危机的努力，仅仅是暂时压制而非减轻了民众的不满情绪，危机期间欧盟政策的非透明化孕育着新一轮政治化和疑欧情绪浪潮。学者斯坦森和特仑茨也认为，欧盟去政治化策略有可能会适得其反，甚至会出现"再政治化"的局面："在欧债危机期间，政治精英试图将决策远离大众领域的去政治化努力，不仅会导致公众政策的合法性危机，还会引发新的政治推动者和社会运动进入大众讨论，这会给欧盟精英带来前所未有的挑战。"⑤ 这在难民危机中得到了充分体现，在欧债危机中欧盟精英的去政治化努力所取得的成功，并没有延续到难民危机中来。这是因为，欧盟移民和难民政策触及了国家主权和民族认同的核心，因此，难民危机比欧债危机更有可能引发政治化风险，去政治化的难度也相应增大。

---

① Hans Bickes, Tina Otten, Laura Weymann, "The Financial Crisis in the German and English Press: Metaphorical Structures in the Media Coverage on Greece, Spain and Italy", *Discourse & Society*, Vol. 25, No. 4, 2014, pp. 424 – 445.

② Hanspeter Kriesi, "The Politicization of European Integration", *Journal of Common Market Study*, Vol. 54, No. 2, 2016, pp. 32 – 47.

③ 张亚宁：《欧盟的危机政治：多重约束下的政治突围》，《欧洲研究》2019 年第 2 期。

④ Valentina Pop, "Eurogroup Chief: 'I'm for Secret, Dark Debates'", EUobserver, April 21, 2011, available at: https://euobserver.com/economic/32222, last accessed on 10 Feb. 2020.

⑤ Paul Statham and Hans-Jörg Trenz, "Understanding the Mechanisms of EU Politicization: Lessons from the Eurozone Crisis", *Comparative European Politics*, Vol. 14, No. 3, 2015, p. 297.

（二）难民危机

在难民危机初期，各成员国的分歧主要来自地理位置和受危机影响程度的差异，希腊和意大利等前线国家受难民冲击影响最大，它们没有意愿也无法给出有吸引力的庇护政策，并迅速放弃了《都柏林公约》中所规定的第一抵达国的相应职责，放任难民北上。以德国为首的相对富裕国家能够提供较为宽松的庇护条件，起初出于人道考虑有较强的难民接纳意愿，成为难民的主要目的国。2015～2016年，仅德国收到的难民庇护申请就占到了全欧盟国家的半数之多。匈牙利等东欧国家成了难民从前线国家到目的国的过境国家，受难民危机的影响较小。各国面临危机时依然寻求最小化自身压力和责任的策略，难民危机中的主要目的国和前线国家在国内政治化的压力下，自然希望采取欧盟内部的难民摊派政策，而中间过境国和其他不受难民影响的成员国则采取坚定反对的态度。同欧债危机类似的是，随着危机的进一步发酵，成员国间的对立程度也受到了国内政治化的推动。

前文提到，在激进右翼政党的架构影响下，难民危机已经在国内政治中被构建为"自我"与"他者"认同的尖锐对立，右翼民众对难民产生了强烈的抵触情绪，认为难民是破坏国家民族认同和社会安全的不稳定因素，而欧盟则成为放任难民涌入的源头，他们希望成员国政府能从欧盟手中夺回边境控制权。根据皮尤研究中心2018年的一项民调数据，超过73%的欧盟民众不认可欧盟处理难民问题的方式，认为应由本国政府处理难民危机的民众也超过七成。[①] 这种负面情绪不仅仅体现在西欧国家，根据另一项民调显示，分别有57%的波兰民众、79%的斯洛伐克民众、84%的捷克民众和77%的匈牙利民众担忧难民会破坏其传统生活方式。[②] 2016年10月，匈牙利举行关于欧盟移民配额方案的全民公投，超过98%的民众投了反对票，虽然这次公投因投票率不足半数宣告无效，但是国内民众对于难民问题的态度已体现得十分明显。德国总理默克尔最初对难民的宽容开放政策也成了国内政治中

---

① Phillip Connor, "A Majority of Europeans Favor Taking in Refugees, but Most Disapprove of EU's Handling of the Issue", 19 September 2018, available at: https://www.pewresearch.org/fact-tank/2018/09/19/a-majority-of-europeans-favor-taking-in-refugees-but-most-disapprove-of-eus-handling-of-the-issue/, last accessed on 20 Feb. 2020. 此次调查报告的受访欧盟国家包括希腊、瑞典、匈牙利、意大利、法国、西班牙、波兰、英国、德国和荷兰等十国。

② CBOS, "Polish Public Opinion", Warsaw: Public Opinion Research Centre, December 2015, available at: http://www.cbos.pl/PL/publikacje/public_opinion/2015/12_2015.pdf, accessed on 21 February 2020.

争议的焦点。斯洛伐克总理罗伯特·菲科（Robert Fico）的言论也许最能代表对难民摊派政策持反对立场的成员国民众的态度："安格拉·默克尔的难民政策（欢迎文化）从一开始是错误的，她现在却强迫别人为其难民政策埋单，这是可悲的……伊斯兰在斯洛伐克没有容身之地。"① 激进右翼的德国选择党也将默克尔描绘为"非法入境的帮凶"②。在 2018 年的民调数据中，默克尔所领导的联盟党支持率创造了 2006 年以来的历史新低，联盟党内部基民盟与基社盟因难民政策问题的龃龉是其重要原因之一③，而对难民立场强硬的德国选择党也在同年民调中首次反超社会民主党跃居第二位。

在国内强大的民意反对声浪和政治化形势下，自 2015 年 9 月起，德国、奥地利、法国、比利时、挪威和瑞典等国纷纷被迫重新推行了内部边界管控，并数次延长了管控时间。匈牙利甚至在其与塞尔维亚和克罗地亚的边境线上竖起了围栏和铁丝网，以阻止非法难民的涌入，这实际导致了欧盟申根体系的停摆。同时，部分上述之前对难民持开放态度的国家不得不改革本国的难民安置政策，大幅减少针对难民的优惠政策与福利，并将收纳难民的条件更加严苛化，以此减少难民数量和安抚国内抵触情绪。在此期间，都柏林体系的新一轮改革计划也引发了各成员国的极大反对，2015 年欧盟委员会强制多数通过的硬性难民摊派方案不仅遭到了东欧四国——捷克、匈牙利、波兰和斯洛伐克所组成的"维谢格拉德集团"的直接否决，在西欧国家中，英国和丹麦也表示拒绝参与配额计划，法国和西班牙等国政要也在之后表达了反对永久性难民安置配额计划的态度。2016 年，时任法国总理曼努埃尔·瓦尔斯（Manuel Valls）曾指出，法国拒绝接受永久性难民安置配额计划，在原有摊派协议的基础上不会再接收更多的难民。④ 在此背景下，16 万名难民

---

① Deutsche Welle, "Visegrad Group Opposes Germany's Refugee Policy", 15 February 2016, available at：http://www.dw.com/en/visegrad-group-opposes-germanysrefugee-policy/a-19048816, last accessed on 17 February 2020；Vince Chadwick, "Robert Fico：'Islam has no Place in Slovakia'", Politico, 26 May 2016, availableat：http://www.politico.eu/article/robert-fico-islam-no-place-news-slovakia-muslim-refugee/, last accessed on 17 February 2020.

② Die Welt, "Als Schleuser Betätigt-AfD will Merkel Anzeigen", 9 October 2015, available at：https://www.welt.de/politik/deutschland/article147416470/Als-Schleuserbetaetigt-AfD-will-Merkel-anzeigen.html, last accessed on 21 December 2019.

③ 《默克尔保守联盟支持率创新低》，新华网，http://www.xinhuanet.com/2018 - 08/01/c_1123206766.htm，访问日期：2020 年 1 月 3 日。

④ 张彩红、杜晓菲：《瓦尔斯：法国拒绝接受永久性难民安置配额计划》，环球网，https://world.huanqiu.com/article/9CaKrnJTO3f，访问日期：2020 年 2 月 20 日。

的安置指标本应按计划在 2017 年 9 月前顺利完成，各成员国在到期日仅仅实现了其中不足 20% 的份额（27692 人），匈牙利和波兰等东欧成员国自始至终拒绝参与这个所谓的强制摊派计划。在国内民众和成员国间利益矛盾的重重压力下，欧盟委员会只得做出让步，叫停了强制摊派难民的政策，并表示不会对反对摊派计划和拒绝履行难民配额方案的成员国采取约束与制裁行动。由于成员国间的利益根本无法协调，部分国家只得采取单边协议的方式解决难民危机，如 2019 年由德国、法国、意大利和马耳他牵头的难民安置新计划"临时团结机制"，该方案将饱受诟病的强制配额方式改为成员国自愿参加，然而，依然鲜有成员国表示有兴趣加入该计划。① 综上可见，在难民危机期间，各国政府的单边主义倾向明显，很难在欧盟协商中做出大的让步举动。欧盟层面的难民解决方案协商举步维艰，频频出现僵局，有效的分责机制迟迟没能建立，建设"欧洲共同避难体系"的共同措施长期难产。

总之，从欧债危机和难民危机的例子可以看出，激进右翼政党与欧洲议题政治化所导致的民意和主流政党也开始的激进化与疑欧化，很有可能会沿着自下而上的传递路径最终上升为成员国意志，这不仅意味着欧盟精英长期以来去政治化的努力宣告失败，更在一定程度上抑制了各成员国领导人在欧盟层面的能动性，他们更希望向国内选民的压力妥协而非实现所谓欧洲共识。从东欧国家在难民危机中的表现看，任何一个成员国甚至可以在富有争议性的议题上通过威胁行使否决权，将其利益和偏好强加于欧盟之上。在以共识政治为基础的欧盟体制下，这容易使得欧盟决策陷入僵局，面对危机时共同政策的难产也在一定程度上损害了欧盟输出的合法性，这也是后功能主义理论认为欧洲一体化的政治化会阻碍欧洲一体化发展的基本理论逻辑。

然而必须看到的是，激进右翼政党推进政治化的影响实际上是一种传导性作用，从公众议程层面开始，层层传递，在传递到第三级欧洲层面时，其消极影响的动能已经受到了削弱，主要以给执政的主流政党施加压力的间接影响为主。激进右翼政党通过政治化影响欧盟政治的直接路径有两条：其一，它们可以通过参与执政直接加入欧洲理事会成员国的协商；其二，它们在欧洲议会形成有影响力的党团积极参与欧盟立法进程。从目前来看，这两条路径依旧是堵塞的。一方面，大多数亲欧政党依旧不愿意将激进右翼政党

---

① 张朋辉：《欧盟国家深受难民问题困扰》，新华网，http://www.xinhuanet.com//world/2019 - 10/23/c_1210322035.htm，访问日期：2020 年 2 月 23 日。

纳入执政联盟之中，而各成员国反对党在欧盟决策中的地位微乎其微；另一方面，从下一节的分析中也可以看出，即使是在其获得选举突破的欧洲议会，激进右翼政党及其所推动的政治化的消极影响仅限于政治话语方面，其受众面也只针对欧盟各成员国的民众，很难对欧盟决策和立法程序构成实质性挑战。换句话说，激进右翼政党和欧洲议题政治化对欧盟政治的消极影响不应被过分夸大。

二 欧盟民主合法性的增强

在欧盟精英多年来去政治化的努力下，欧盟的发展以合作式政治体制为基础，欧洲层面的政治实践主要围绕政治妥协而非政治对抗而展开。然而这种精英共识治理模式缺少民众的政治参与和稳定的反对派政治力量，具有一定程度的民主合法性赤字。本节认为，在没有对欧洲议会的政治运作机制产生实质性阻滞影响的前提下，激进右翼政党及其所推动的政治化在客观上增强了欧盟的民主合法性。

（一）激进右翼政党在欧洲议会中的边缘化地位

相对于鲜有激进右翼政党真正参与并施加直接影响的欧盟理事会，欧洲议会似乎更有可能成为激进右翼政党直接介入欧盟事务，并影响其政治运作的主要政治舞台，因为近几届欧洲议会见证了它们持续的选举突破和议席数的激增。正如有评论者指出："当今激进右翼政党的政治舞台是跨国性的，这使得它们可以在国内政治场域和欧洲议会中同时发挥重要的影响力。"[1] 然而至今为止，激进右翼政党在欧洲议会并没有对欧盟政治事务产生任何明显的掣肘作用。尽管在本书第四章的分析中曾指出，激进右翼政党在欧洲议会的党团合作越发深入，提高了它们在欧洲层面推动欧洲议题政治化的效率；但是与主流政党的党团相比，欧洲议会内部以激进右翼党团为代表的反对派格局仍然是相对分散的、不团结的。从第八届欧洲议会的情况看，大部分激进右翼政党依旧零散分布于两大政治党团之中。根据民调机构"欧洲选举观察"的统计数据，激进右翼的欧洲自由与直接民主党团和欧洲民族和自由党团的团结分数（cohesion score for groups）分别仅为50%和78%，低于欧洲

---

① Chryssogelos and Angelos, "Salvini and Kaczynski—the New 'Axis' Powers?", EUobserver, 2019, available at: https://euobserver.com/opinion/143948, last accessed on 17 February 2020.

议会党团的平均值 80% ①，并未真正形成有影响力的政治合力，对欧盟的政治决策很难形成"要挟"能力。更为重要的是，它们并没有真正参与欧洲议会的运作。

在欧洲议会委员会中，各党团所指定的报告起草人在起草和协商相关法案等方面发挥着重要作用，在议会立法程序中，他们有权起草法律以及撰写议会报告、建议或意见。从表 5-1 中的数据中可以看出，在 2014～2019 年第八届欧洲议会中，除意大利五星运动党外，大部分激进右翼政党并没有积极参与欧洲议会的立法活动，以在欧洲议会中拥有最多议席数的英国独立党为例，仅有两位议员被任命为影子报告起草人（shadow rapporteurs），而他们在五年内没有起草过任何报告或建议。不仅如此，第八届欧洲议会虽然经历了激进右翼政党的选举大突破，但议会的总体立法效率并未受到明显影响，"普通立法程序"中的一读和二读协议完成时间与第七届议会相比相对稳定，并没有太大变化。② 正如本书在第四章分析的，激进右翼政党只是将欧洲议会视为推动欧洲议题政治化、发表相关政见以及获得政治能见度和政治资源的策略性场域，鉴于此，它们并没有对欧洲议会的议程设定和立法程序产生任何实质性的消极影响。在这个基本前提之下，激进右翼政党推动欧洲议会民主合法性提高的正向价值不容忽视。

表 5-1　2014～2019 年第八届欧洲议会激进右翼政党议员作为报告起草人所参与的相关立法活动情况

	报告	建议	意见
欧洲自由与直接民主党团			
英国独立党	0	0	2
意大利五星运动	37	3	36
瑞典民主党	1	0	0
欧洲民族和自由党团			
法国国民阵线	5	0	2
意大利北方联盟	2	1	0

---

① 数据来源：https://term8. votewatch. eu/en/term8-political-group-cohesion. html，团结分数的计算方法为根据各党团议员在议会记名式投票（roll call votes）中是否一起投票而得出。

② 张磊：《2019 年欧洲议会选举及其影响——基于"次等选举""欧洲议题"和民粹政党三重视角的分析》，《欧洲研究》2019 年第 4 期。

续表

	报告	建议	意见
奥地利自由党	4	0	5
荷兰自由党	0	0	0
弗拉芒利益党	0	0	1

资料来源：Duncan McDonnel, Annika Werner, *International Populism*：*The Radical Right in the European Parliament*, Oxford：Oxford University Press, 2019, p. 175。

（二）欧洲议会的民主合法性赤字

美国著名政治学家罗伯特·达尔（Robert Dahl）认为，民主制度的发展有三个里程碑式的标志，首先是公民有机会参与投票的权利；其次是公民在民主政体中的被代表权；最后是公民在民主政体中通过选举等方式，享有能有组织地反对执政党的权利，因为民主政治体制需要一定程度的政治对立、竞争与批评。[1] 在欧盟政治中，虽然欧洲选举和欧洲议会的存在满足了前两个标准，然而，欧盟体制内部始终缺乏稳定的反对派力量。学者皮特·梅尔指出，政治体制内"反对"空间的缺失有可能导致民众对整个政治体制的"反对"："如果我们无法在欧盟体制内组织这种反对派力量，那么我们只能被迫组织反对整个欧盟。"[2] 从这个角度看，民众的政治不满意是民主政治的积极特点，民主政体需要民众对政客在一定程度上的怀疑以及对整个政治体制有条件的信任。民主实际上是将这种不满意和有条件信任的政治态度有效聚合，在充分的政治讨论空间中使其得以释放，最终在民主规则的基础上形成反对派力量。

欧洲议会作为欧盟唯一由民众通过直接选举而代表民意的机构，理应在欧盟层面提供这种政治讨论空间和反对派力量。但是一直以来，欧洲议会在欧盟决策过程中影响力提升的目标与其对立法透明度、多元主义和议员自由的尊崇间存在张力。就前者来看，与欧盟委员会和理事会相比，欧洲议会长期以来处于劣势地位，自然希望提升自身在欧盟机构"三驾马车"中的政治地位，并成为真正有影响力的立法议会。在这种赋权（empowerment）过程

---

[1] Robert Dahl, "Preface", in Robert Dahl (eds.), *Political Oppositions in Western Democracies*, New Haven：Yale University Press, 1966, p. xiii, cited from Peter Mair, "Political Opposition and the European Union", *Government and Opposition*, Vol. 42, No. 1, 2007, p. 7.

[2] Peter Mair, "Political Opposition and the European Union", *Government and Opposition*, Vol. 42, No. 1, 2007, p. 7.

中，欧洲议会需要重视效率并采取明确一致的温和立场，从而在与其他欧盟机构的协商中提高自身影响力，这意味着势必要牺牲欧洲议会的一部分代表性和政治讨论的空间，以提高其立法效率。① 这方面最具代表性的例子是欧盟立法程序中的三方会谈（trilogue）规则。

现阶段，欧盟的立法程序主要通过普通立法程序（ordinary legislative procedure）中的非正式规则——三方会谈——完成，② 三方会谈是指欧盟委员会、欧盟理事会与欧洲议会三大机构的代表与官员绕过外部干扰，争取通过闭门协商的方式提前对法律草案达成妥协的一种非正式决策形式，从而可以使草案在欧洲议会全体会议的一读程序中直接获得通过。三方会谈的意义在于：第一，增加欧洲议会在立法程序上的影响力；第二，可以避免复杂的草案在欧洲议会二读甚至三读程序中被反复讨论，有助于节约时间，提高立法效率；第三，尽可能降低草案辩论过程暴露在民众和媒体关注之下的风险，因为这会在一定程度上加大立法的不确定性。然而，三方会谈的缺陷也是显而易见的：它牺牲了政治讨论的空间和立法的透明度。由于三方会谈主要由议会中极少数来自大党团的报告起草人和协调人参与，其他欧洲议会党团和议员无从得知这种非正式会谈的内容，之后的一读程序和全体会议中的辩论也流于形式。不仅如此，民众和成员国议会更无法对欧盟的立法进行有效监督，长期以来，欧盟没有按照其承诺，公布任何有关三方会谈具体谈判过程和官方文件与数据信息细节，这意味着所有三方会谈都由欧盟政治精英在"黑箱"中完成。一位欧盟监察员指出，三方会谈信息的缺失"增加了民众的质疑，打击了民众参与政治讨论的热情，损害了他们的民主权利"。③

如图 5-10 所示，自欧债危机以来，三方会谈事实上成了欧盟立法的常规手段，真正进入二读程序的草案少之又少。在 1999~2004 年第五届欧洲议会通过的法案中，约有 50% 进入了早期或正式二读程序，而一读通过的草案仅占不足三成。然而，这个趋势在接下来三届议会中发生了根本性扭转，一读通过比例骤升至接近 90%，在第八届欧洲议会的五年内，除 2015 年之

---

① Nathalie Brack, *Opposing Europe in the European Parliament Rebels and Radicals in the Chamber*, London: Palgrave Macmillan, 2018, p. 184.

② 参见张磊《欧盟共同决策程序的变革——以"三方会谈"为例》，《欧洲研究》2013 年第 2 期。

③ Peter Teffer, "EU 'Must Lift Lid' on Secretive 'Deal-making'", Euobserver, 14 July 2016, available at: https://euobserver.com/institutional/134340, last accessed on 2 February 2020.

外，其余年份甚至没有一件草案进入正式二读程序，在 2018 年后通过的 174 项草案中，仅有 1 项达成早期二读协议，余下草案皆在一读阶段直接通过①，这使得欧洲议会层面的政治讨论空间近乎完全封闭。

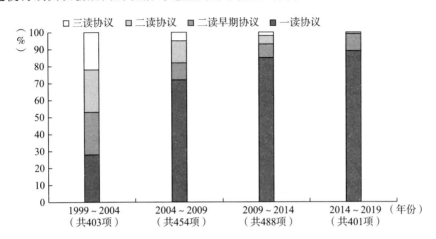

图 5 – 10　第五届至第八届欧洲议会普通立法程序（OLP）达成协议各阶段分布情况

资料来源：European Parliament，"Activity Report on Development and Trend of the Ordinary Legislative Procedure，1 July 2014 – 1 July 2019 (8th parliamentary term)"，2019。

由此可以看出，虽然欧洲议会的设立本身是为了在一定程度上弥补欧盟民主和代表性的缺失，然而，欧洲议会的发展进程和方向与其成立的初衷渐行渐远，在其立法机构角色不断加强的同时，代表机构的作用愈加名不副实。普通中下层民众也认为，远在布鲁塞尔的精英政治决策和相关立法几乎从未征询过他们的意见，他们在欧盟体系内部的话语权被上层精英挤压殆尽，欧洲一体化计划完全由上层精英所掌控。在欧洲议会中，中左翼和中右翼亲欧政党各自组成大联盟党团，牢牢把持欧洲议会中政治议程设定的话语权，左翼政党和右翼政党的欧洲政策差异已经模糊化，民众除在欧洲议会选举中向激进的疑欧政党投票外，就再无其他途径在欧盟框架内表达对欧盟政策和行为体的不满。可见，仍然有相当一部分的民意在欧洲议会中没有被代表，疑欧选民和欧洲议会议员之间仍有一条不可逾越的代表鸿沟，疑欧选民的态度近乎被完全忽视。

---

① European Parliament，"Activity Report on Development and Trend of the Ordinary Legislative Procedure，1 July 2014 – 1 July 2019 (8th parliamentary term)"，2019.

(三) 激进右翼政党及政治化的正向价值

在欧盟体制内部，激进右翼政党及其推动的欧洲议题政治化具有相当的正向价值。首先，从民意输入的角度看，激进右翼政党可以在欧盟框架之下代表中下层民众发声，聚合其政治偏好和主张，使民众对欧盟的不满情绪得以释放，推动他们在政治体制内的政治能见度和话语权提升，促进了欧盟输入型合法性的提高。因此，激进右翼政党及其推动的政治化充当了欧盟精英政治安全阀。针对欧盟一定程度的怀疑或不信任的声音，对于促进欧洲民主秩序的多元化至关重要。对政府、执政党及其精英政客持怀疑态度的民众有必要通过各种政治路径表达其政见，参与政治讨论，这是实现民主价值的必由路径。大卫·雷布鲁克（David Reybrouck）将这种在欧盟民主框架内部运作的民粹主义称为"民主民粹主义"（democratic populism）："没有人需要对（激进右翼政党）荒诞的政策提议和主张感到恐惧……只要它们的民主民粹主义不是反议会和反民主的，能使低学历选民在政治光谱中找到可以代表他们的民主政党，这就是社会的财富。"① 因此，激进右翼政党推动欧洲一体化议题的政治化所调动的民众对欧政治的怀疑主义与不满并不完全是一种负面的影响，正如著名美国政治学者伯纳德·巴伯（Bernard Barber）所言："政治信任与不信任之间的关系是民主政治体制辅助性的调控机制。"②

其次，从制造政治讨论和政策输出的角度看，激进右翼政党代表疑欧民众发声，其在欧洲议会中围绕欧洲一体化议题的一系列政治活动和推动政治化的策略，如在全体会议中的发言辩论，以及有限地参与议会立法活动等，几乎都与其他主流党团的立场和观点格格不入。这对于欧盟及其民主内涵而言是有益的：欧盟不仅在公众领域缺乏围绕政策的观点对立，在其内部更缺乏向民众公开的政治对话，而政治化是观点和立场冲突的表达，可以扩大欧盟政治体制框架内的政治讨论范围，即从闭塞的精英政治领域向开放的公众领域过渡，这种公开的政治对立是民主政治必不可少的最基本要素。欧盟政治和政策议程中政治分歧和讨论的增加有助于欧盟委员会和理事会中的政治精英了解民众诉求，同时也使精英更加重视全球化和一体化对民众的负面影响，促使他们制定出更有利于民众偏好的政策，从而加强欧盟作为民主机构

---

① David Reybrouck, *Pleidooi voor Populisme.* Amsterdam/Antwerpen: Querido, 2008, p. 64.
② Bernard Barber, *The Logic and Limits of Trust*, New Brunswick: Rutgers University Press, 1983, p. 69.

的合法性、包容性和代表性。学者安德里亚斯·弗洛斯达尔和西蒙·希克斯甚至表示，"欧盟精英应当承诺把门打开欢迎更多的欧盟议程政治化"，因为欧洲一体化的政治化会增加民众对欧盟政治的亲近感，使民众真正有机会"观察政策选择，在政治讨论中选边站，从而最终可以泰然接受自己暂时处于输家不利地位的现实，因为他们知道在不远的将来，自己也会成为赢家"。①

最后，激进右翼政党客观上推动了欧洲政治与政策的通俗化，使欧洲议题更易理解，也让民众更能了解欧盟对其日常生活的社会政治意义。从这个角度出发，政治哲学家尤尔根·哈贝马斯甚至将欧债危机时期欧洲事务的政治化看作建设欧盟联邦或欧盟国家的重要机会窗口，他认为当更多的民众意识到欧盟的决策涉及他们日常生活时，"他们行使作为欧洲公民的民主权利的政治兴趣也会相应增加"②。只有通过这种互动方式，欧洲公共领域的雏形才会初显。2019年欧洲议会选举终止了自1979年推行直接选举以来投票率持续下跌的趋势，投票率达到了50.64%，也创造了近二十年以来的新高，这在一定程度上反映了民众对欧盟事务的兴趣和参与度实现了触底反弹。

总而言之，即使是激进右翼政党所推动的欧洲一体化的政治化，也应当在客观上被视为有价值的，不能仅仅从积极或消极的单一视角来看待其对欧洲一体化和欧盟政治的影响。正如坦娅·布泽尔教授所言，在一定条件下，政治化现象可以同时推进或阻碍欧洲一体化的发展。③ 也有政治化的研究者将欧洲一体化的政治化喻为"难以约束的大炮"（loose cannon），意指其后果是难以预料和控制的。④ 当然也必须看到，在个别情况下，民众的政治不满容易在激进右翼政党的政治话语影响下，激进化为对政治极端冷漠的犬儒主义，他们被政治消极主义情绪所笼罩，完全游离于民主制度之外，这反而会导致民主制度的不稳定。实际上，解决该问题的关键在于欧盟精英和主流政党对欧洲议题政治化的反应。激进右翼政党所推动的政治化给予了

---

① Andreas Follesdal and Simon Hix, "Why There is a Democratic Deficit in the EU: A Response to Malone and Moravcsik", *Journal of Common Market Studies*, Vol. 44, No. 3, 2006, pp. 533 – 562.

② Jürgen Habermas, *The Crisis of the European Union*, Cambridge: Polity Press, 2012, pp. 49 – 50.

③ Tanja Börzel, "From EU Governance of Crisis to Crisis of EU Governance: Regulatory Failure, Redistributive Conflict and Eurosceptic Publics", *Journal of Common Market Study*, Vol. 54, No. 2, 2016, pp. 8 – 31.

④ Edgar Grande and Hanspeter Kriesi, "Conclusions: the Postfunctionalists Were (almost) Right", in Swen Hutter, Edgar Grande and Hanspeter Kriesi (eds.), *Politicising Europe: Integration and Mass Politics*, Cambridge: Cambridge University Press, 2016, p. 300.

欧盟和主流政党精英宝贵的政治机会，政治化对欧洲一体化产生积极作用的前提是，亲欧政治精英或行为体必须坦然面对政治化既成事实，并接过激进右翼政党所推动的政治化"火炬"，表达其亲欧政见，从激进右翼政党手中夺回对欧话语的主导权，从正向积极的角度更有效地宣扬亲欧观点，让欧盟和欧洲一体化计划更容易为民众所接受。如果欧盟精英逃避与疑欧分子的讨论，并没有对激进右翼政党的言论予以回应，这势必不利于欧盟的合法性。欧盟的民主赤字与缺乏观点冲突的制度安排反而会使疑欧言论更具可信度，也会使激进右翼政党更加强硬。有学者指出："最危险的并不是欧洲议会中大量疑欧主义政党的崛起，而是欧盟不会发生任何改变，就像什么都没发生过一样，疑欧主义政党是欧盟政治合法的组成部分，理应受到与其他党团同样的关注度。"① 从这个意义上讲，欧盟决策的政治化程度越高，欧盟机构对民众需求的响应能力就应越强，这也是欧盟走向民主化和议会化的关键步骤。

本章小结

本章对激进右翼政党推动欧洲一体化政治化对欧洲政治和欧洲一体化的影响进行剖析，主要将影响分为三个递进层级：第一个层级为公众议程层面；第二个层级为国内政党政治层面；第三个层级为欧盟政治层面。

具体而言，在第一个层级中，公众议程包括民意、主流价值观等要素，各国选民对欧洲一体化及相关议题的关注度和态度变化以及新旧价值观的更迭都是激进右翼政党推动欧洲议题政治化影响的重要表现。首先，激进右翼政党导致了欧洲民众价值观的激进化趋势。一方面，这打破了"政治正确"的禁忌，加剧了社会的不宽容度，且激进右翼政党对价值观激进化的煽动具有明显的外溢效应，激起欧洲他国公民本土主义的共鸣；另一方面，政治化也对欧洲民主和自由价值观产生了一定程度的威胁，这进一步加深了欧盟认同危机，民众欧洲价值认同是攸关欧盟存续的核心命题，激进右翼势力的逆向瓦解作用不可忽视。其次，激进右翼政党通过调动民众对欧盟未来的不确定性，影响选民对欧盟的感知，在一定程度上改变了民众对欧洲议题的态

① Simon Usherwood, "The Eurosceptic Paradox", EPERN, 2014, available at https://epern. word-press. com/2.014/06/09/the-eurosceptic-paradox/.

度，进而引发选民疑欧情绪的增加，以及对欧盟的民主政治和政治精英的不信任感。

在第二个层级中，国内政党政治层面的影响主要包括议题重构和主流政党的"右转"等因素。首先，激进右翼政党将欧洲一体化议题以及相关文化认同方面议题纳入政治议程，导致政党竞争的议题结构重新洗牌，开辟了新的政治竞争场所和议题争夺点：对移民、欧盟和政治建制的反对。从而推动选举竞争从以经济、阶级为基础转向以文化认同为基础，促进了新分歧线上的新政治对立，对欧洲主流政党以往的共识政治模式产生严重的冲击。其次，在民意和激进右翼政党的压力下，西欧主流政党在欧洲议题上的政治话语及其策略行为也受到了影响，推动政党政治的"右转"趋势以及政治话语的激进化。这不仅有可能会逆向加深公众议程中价值观的激进化趋势和国内欧洲议题政治化的程度，更会使成员国政府在欧盟层面的谈判受到阻滞影响，这引发了对欧盟层面的影响。

在第三个层级对欧盟政治的影响中，首先，欧盟的共识政治治理模式受到了政治化的威胁。欧盟的稳定与发展，取决于各成员国领袖闭门协商时达成共识和妥协的能力，在欧洲议题政治化现象愈加严重的背景下，各国领导人不得不考虑国内政治的影响，这极大地掣肘了他们在政府间谈判时的操作空间，使各国在欧盟层面实现共识变得愈加困难，更有可能陷入学者弗利茨·沙普夫（Fritz Scharpf）所指出的"集体决策陷阱"之中。[①] 然而在欧盟层面，疑欧势力对欧盟共识治理模式的影响并非直接的。因为激进右翼政党在各成员国很少参与执政，其领袖作为政府领导人直接参与欧盟框架下政府间协商和决策的可能性较低，因此，它们在欧盟机构中的重要性远逊于国家政治层面。它们只是作为间接的议程设定者影响了关于欧洲一体化的政治讨论。而且，无论是在欧盟理事会还是在欧洲议会，激进右翼政党对于欧盟决策和立法的实质性影响是极为有限的。其次，激进右翼政党推动的政治化客观上有利于在一定程度上解决欧盟层面的合法性赤字问题。欧洲议会长期以来饱受民主和代表性赤字的诟病，激进右翼政党在欧盟体制内部代表疑欧民众发声，提出并强调欧盟对于民众社会需求和民主意识响应能力不足的问题，客观上促进了民众与欧盟机构之间的联系；不仅如此，通过欧洲议题的

---

① Fritz Scharpf, "The Joint-Decision Trap: Lessons from German Federalism and European Integration", *Public Administration*, Vol. 66, No. 3, 1988, pp. 239 – 278.

政治化而导致的公开政治对立与讨论是正常民主政治体制的核心要素，这也有助于欧盟实现从协商式民主到争论式民主的进步。

如图 5-11 所示，本研究总结了激进右翼政党推动政治化的政治策略的主要影响路径，主要在前两个层级对欧洲国内政治产生直接影响，层级之间层层传递又相互作用。激进右翼政党的政治策略影响首先体现在公众议程领域，直接引发了民意的疑欧化和价值观的激进化。一方面，欧洲一体化议题的高显著度和争议性推动其从公众议程向政治议程的转移；另一方面，民意的变化是导致主流政党做出反应的前提，随着激进右翼政党的合法性和选票的持续上升以及民意的疑欧化，将逼迫亲欧主流政党在移民和欧洲一体化问题上做出相应的回应。主流政党在欧洲一体化议题上对激进右翼政党政策主张和政治话语的内化，反过来也会将疑欧势力的激进观点进一步主流化和正常化，从而进一步提高激进右翼政党对公众议程的设定能力。随着激进右翼政党在国内政治中影响力的提升，它们在选举政治中对欧洲议题的强调与立场极化策略会直接导致西欧政党政治中政治议程的转化，使激进右翼政党擅长的文化议题在选举竞争中占据主导地位。

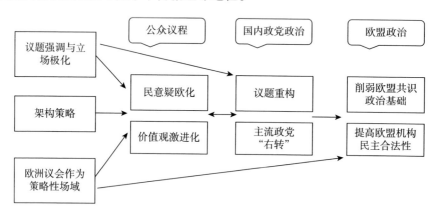

图 5-11　激进右翼政党推动欧洲议题政治化政治策略的影响路径
资料来源：笔者自制。

然而，这些政治策略在欧盟政治领域所产生的消极影响主要以间接传递性为主。这体现在许多成员国领导人受制于国内政治议程中民众对欧态度从"宽容性共识"到"限制性异议"的转变，以及政党政治中激进右翼政党的选举压力，进而使得他们在欧盟层面与其他国家就争议性欧盟政策达成妥协的难度加大。而激进右翼政党对欧盟政治唯一的直接影响路径，来自它们以欧洲议会为推动政治化策略性场域的策略，也就是说，激进右翼政党所推动的政治化唯一能够直接影响欧盟层面的恰恰是其积极作用。因为该策略直接作用于欧盟机构内部，围绕欧盟议题和相关政策形成公开的政治讨论，迫使欧盟精英直接倾听民意，客观上提高了欧洲议会的民主合法性。

结　论
———❧⟨❀⟩☙———

一　本书回顾与总结

在欧洲一体化进程初期，欧盟精英在决策过程中享受着"宽容性共识"的福利，民意对决策者的制衡作用微乎其微。然而自《马约》签订后至今，在欧洲一体化的政治化态势愈加显著的背景下，民众对政治精英以及欧盟决策已缺乏"宽容"，且认为欧洲一体化应当继续深入的"共识"也消耗殆尽，出现了"限制性异议"的现象，政治精英不得不把民意作为欧盟决策时的重要考量因素。近年来，欧洲一体化进程在多重危机的交织影响下步履维艰，而欧盟面对危机时迟缓低效的处理方式及对弱势民众权益的漠视，更加剧了危机的消极后果和欧盟的合法性危机。民众疑欧情绪高涨，欧洲议题在成员国国内社会与政治议程中的显著度与争议性与日俱增，欧洲一体化的政治化现象更加凸显。欧洲一体化的政治化是近年来欧洲政治中的重要现象，也是欧洲一体化研究的关键概念。本书根据政治化的"显著度"和"立场极化"两大属性，将欧洲一体化的政治化定义为欧洲议题受政治行为体推动从而进入大众政治领域，并引起民众和国内政党参与和争论的政治进程。

欧洲一体化的政治化体现了民意与奉行精英治理原则的欧盟决策体系之间的长期张力。这种张力可以追溯到欧洲共同体成立之初欧洲之父充满理想主义的美好愿景：将一体化进程设计为以"精英驱动"和"避免冲突"为特点的政治体制。当欧盟精英沉溺于由其所主导的欧洲一体化计划在过去六十余年里取得的卓越成绩时，他们浑然不知欧盟在一体化高速发展的过程中，早已把弱势民众远远甩落在了身后。尽管由技术官僚主导的制度设计在建设共同市场等专业技术性议题上成效显著，然而，当欧洲一体化进程不断深入，最终触及关乎国家主权与民族认同的问题时，这套制度中缺乏公民认同与大众监督的弊端便显露无遗。①

在欧洲议题的政治化过程中，西欧激进右翼政党的崛起无疑起到了重要的推动作用。以激进右翼政党崛起为重要标志的这股反全球化和去欧洲一体化浪潮，是近年来欧洲"民族觉醒"和社会疑欧情绪新动向的直接反映，更是欧洲一体化政治化的重要推动力量。必须看到的是，无论是欧洲一体化的政治化还是疑欧主义倾向，在激进右翼政党崛起前都已然存在。激进右翼政党只是通过自身独特的政治策略将欧洲议题的政治化推向新的阶段，使民众的疑欧情绪和对欧负面认知进一步聚合和强化，这导致欧盟的机构、政策、治理模式的光辉与成就，在公众和政治议程中几乎被其阴暗与缺陷的一面所笼罩。因此，本书选择激进右翼政党作为切入点，是把握欧盟框架下民众诉求与精英共识决策之间张力的有力视角。西欧激进右翼政党为何会推动欧洲一体化的政治化，它们在政治化欧洲议题时采取了何种政治策略，以及这给欧洲政治生态带来了怎样的影响，这些是本书主要的研究问题。

本研究在分析过程中，主要借助了后功能主义理论视角。主流欧洲一体化理论通常将一体化进程看作完全由国家或利益集团的政治精英所推动，然而这种单一的分析路径几乎完全忽视了国内政治因素对欧洲一体化进程的阻滞作用。而后功能主义者则强调了民意和政党政治等国内因素的重要性，认为欧洲议题的政治化与欧洲一体化之间的关系并不是双向相互促进的，一体化进程的推进与深入必然会导致政治化的出现；然而，欧洲一体化政治化程度的提升未必会带来一体化的进一步深化，相反，政治化有可能会阻碍一体化进程。由于民众对于抽象的欧洲议题欠缺足够认知，政党对该议题的强调和构建对民意的塑造就起到了关键性作用，这也为激进右翼政党在欧洲一体化的政治化进程中发挥重要作用奠定了基础。

激进右翼政党推动欧洲议题政治化的原因既植根于其意识形态，也源于策略性动机因素。从意识形态的角度而言，欧盟和欧洲一体化与激进右翼政党的民族主义与民粹主义背道而驰，欧盟成了破坏民族认同和国家主权，以及与人民对立的腐朽精英的他者认同。从动机因素而言，主要包括需求与政

---

① 玄理、孙晨光：《激进右翼政党与欧洲一体化的政治化问题探析》，《国外理论动态》2019年第 3 期。

治机会要素。从需求要素看，近年来欧盟的多重危机加剧了弱势民众长期以来对欧洲一体化和欧盟的信任危机，在此背景下，欧洲议题的政治化就有了丰厚的民众需求基础；从外部供给角度看，在主流政党普遍亲欧的政治背景下，激进右翼政党可以通过在欧洲议题上采取相对极端的疑欧主义立场满足部分民众对疑欧情绪的需求，从而吸引更多的选民支持；而大众媒体尤其是新媒体的发展也在其中发挥了重要作用，提高了激进右翼政党对欧洲议题的宣传能力。总之，激进右翼政党将选民对欧盟应对危机和改善民生不力的不满作为切入点，更加有动机和能力将欧洲一体化议题推向政治化。

激进右翼政党主要采取了三种策略推进欧洲议题的政治化：在国内政治中的议题强调和立场极化策略、架构策略以及在欧洲议会层面的跨国合作与策略性利用议会发言时间。这几种策略的直接目的是从国内与欧盟两个政治场域加强欧洲议题的显著度与争议性。同时，激进右翼政党通过这些政治策略将欧盟建构为"他者"形象，并把围绕欧盟议题的危机感放大化和激进化，将自身的疑欧主义理念添加上阴谋论的特征传递给民众。

无可否认的是，激进右翼政党所推动的政治化态势对欧洲政治产生了深远影响。本研究主要从公众议程、政党政治和欧盟政治三个递进层次对其进行了分析。首先，政治化使各国民众对欧洲议题的态度出现剧烈分化甚至出现了疑欧化转向，加深了欧盟认同危机，也使欧盟基本价值观受到了威胁。其次，政治化促进了政治议程中新的文化认同政治分歧线的产生，引发成员国国内政治生态的新对立局面；激进右翼政党对主流政党的传染效应也使得欧洲政党政治的右倾化日趋明显，主流政党中间化及其欧洲主义的传统和自由主义共识面临终结。最后，国内政治对于欧洲议题的不确定性间接增大了欧盟政治协商和决策的难度。在国内政治化程度较高的争议性议题上，各国政府有时不再以寻求共识为导向，欧盟的共识政治治理体系在一定程度上受到了政治化的威胁，这进一步削弱了欧盟解决问题和处理危机的能力。然而从另一角度看，由于缺乏影响欧盟政治的直接路径，激进右翼政党推动欧洲一体化政治化对整个一体化进程的负面作用不应被过分夸大，相反，政治化还能够在客观上产生新公众领域和更多来自民众层面的批评意见，可以促进欧盟层面更加透明化的政策讨论和决策，而公众话语重要性的提升是欧盟机构获得合法性的重要途径。

可以看出，后功能主义理论不仅对于政治化的政党推动路径有很强的解释力，对政治化之于当今欧盟政治生态的消极影响更具有较为准确的预测性。一方面，政治化为欧洲一体化进程增加了不确定性，20世纪以来关于欧洲议题和政策的全民公投频率有了明显提高，而且近年来在有关欧洲议题的公投中被民众"否决"的数量也多于"通过"，可见相比"宽容性共识"时期，欧盟政治决策更加难以预测。另一方面，无论是欧盟精英在欧债危机期间所采取的秘密磋商的去政治化策略，还是主流政党精英迫于民众压力在欧盟谈判中的进退失据，抑或对激进右翼政党话语的模仿策略，事实上都在一定程度上佐证了后功能主义理论对政治化后果的悲观主义预测。但是，后功能主义者将政治化等同于"失败"和"停滞"甚至"去一体化"的理论假设过于消极，他们没有看到政治化作为政治机会可以促使主流精英填补与大众意见间的鸿沟，从而推动政治化从负向到正向价值转化的可能性。因此，欧盟及其政治精英不仅仅是政治化威胁下"无助的受害者"，"限制性异议"的时代也不应当仅仅被看作一体化进程的威胁，而且应将其视为欧盟发展成为完整、成熟的政治体制所必经的一个历史阶段。正如施密特教授所指出的，欧盟层面的政治化虽然可能无法解决甚至加剧"反对政策的政治"现象，但是这会防止更可怕的"反对政体的政治"趋势出现。[1]

以往一体化进程面临问题和危机时，"更多的欧洲"（more Europe）或者"更加紧密的欧盟"通常是自然而然的共识性解决方案，意味着向欧盟让渡更多的主权和成员国在欧盟层面更加紧密的制度化合作。然而在激进右翼政党和欧洲一体化政治化的影响下，这是否依旧是解决欧盟危机的万能良药也引发了欧盟精英的思考。荷兰首相吕特也不得不承认向欧盟让渡更多的权力无疑会使选民更加支持民粹主义势力："我们不能过度推行一体化计划和'更多的欧洲'观念，我们在这个过程中正丢掉民众的支持……选民支持激进右翼势力没有错，这意味着我们主流政党应当在这些问题上做得更好……如果你爱欧洲，就不要幻想着扩张欧盟权力，我们必须要开始解决问题。"[2]从这个意义上看，无论是"更多的欧洲"还是"更少的欧洲"，摆在欧盟精英面前的当务之急是能否真正直面民意和欧洲议题政治化问题。欧洲一体化的生死成败，取决于政治精英将政治化转化为一体化推动力的能力，换句话

---

① Vivien Schmidt, "Politicization in the EU: Between National Politics and EU Political Dynamics", *Journal of European Public Policy*, Vol. 26, No. 7, 2019, p. 1032.

② Duncan Robinson, "Pushing for 'More Europe' Risks Fanning Populism, Warns Rutte", Financial Times, 11 December 2016, available at: https://www.ft.com/content/6a35aebc-be12-11e6-8b45-b8b81dd5d080, last accessed on 18 January 2020.

说，取决于能否推动欧洲一体化进程实现从"限制性异议"到"限制性共识"的转变。

二 欧盟应对欧洲议题政治化的启示

值得一提的是，激进右翼政党所擅长的议题，如移民和欧洲一体化等，其显著度和争议性在短时间内不会有明显降温，激进右翼政党选民的关切也不会因为亲欧政府的存在而消失。此外，民众也愈发认识到欧盟政策和不断深化的一体化进程对自身日常生活的意义。所以欧洲议题的政治化现象会长期存在下去，成为一种不可逆转的趋势。2020 年 3 月，欧洲新冠肺炎疫情危机使得欧洲一体化的政治化进一步加剧。疫情率先在意大利流行而后迅速在欧洲各国蔓延开来，与难民危机时期类似的是，欧盟及各成员国面对疫情依旧体现了准备不足、各自为政和危机治理能力严重缺失的缺陷。欧盟不但无法及时协调各国医疗资源，建立有效的互助机制，甚至出现了成员国之间截留抗疫物资的情况，而欧盟对此毫无作为，只能充当"看客"。这不仅使欧洲原本存在的南北与东西矛盾进一步加深，而且导致欧盟形象严重受损，再次在民众眼中强化了"在真正危机到来时，欧盟难以依靠"的负面认知，也使激进右翼政党关于成员国要从欧盟手中夺回主权与管理权的诉求和话语更具可信度。

在激进右翼政党的积极主导下，当前政治化对欧洲政治产生了不容小觑的负面影响。格兰德和克里希坦言："截至目前，欧洲一体化的政治化并不由欧洲计划的支持者所推动。在选举竞争和大众讨论中，欧洲一体化的批评者和民族认同以及主权的守护者反而在政治化问题上占据了主动，更加成功地调动了民众的反欧情绪。从致力于建立一个世界主义欧洲的角度而言，当前的政治化进程是非常令人失望的。"[1]诚然，由于激进右翼政党的存在，政治化不可能让民众自然而然地更加支持欧盟，然而面对民众汹涌的疑欧情绪，政治化也给予了欧盟和主流政党精英重新赢回民众信任的政治机会，他们应当如何利用这种机会，消解民众的疑欧情绪，继而推动欧洲一体化的进一步发展？本研究认为有两条可行的路径能够解决这种政治化困境。

(一) 积极参与关于欧洲议题的公开政治讨论

首先在欧盟相关议题和政策上，欧盟和主流政党精英必须要展开与激进

---

① Edgar Grande and Hanspeter Kriesi, "The Restructuring of Political Conflict in Europe and the Politicization of European Integration", in Thomas Risse (eds.), *European Public Spheres: Politics is Back*, Cambridge: Cambridge University Press, 2014, p. 222.

右翼政党的公开讨论，并形成观点的对立。前文提到，随着欧洲议题政治化程度的不断提高，无论是主流政党"右转"的民粹主义策略，抑或是在欧债危机期间的去政治化策略，其成效都仅仅是短期的，无法从根本上消除民众对欧盟的不满情绪，有时甚至会适得其反：一味模仿激进右翼政党的疑欧话语和民粹主义策略，只会增加激进右翼政党的可信度，并使消极政治话语充斥整个欧洲政治社会；而去政治化策略则会使更多的民众认为欧盟决策者根本不会倾听他们的看法和关切，从而促使他们转向激进右翼政党。这两种做法实际都体现了当今欧洲政治精英把民众的反叛情绪当成了洪水猛兽，因恐惧政治化引发的负面影响而采取消极避让的态度，严重忽视大众动员机制的潜在作用。事实上，欧盟精英拥有足够的政治、经济和社会资源处理自下而上的民众压力，柏林自由大学教授托马斯·瑞斯曾就此感叹道："既然大多数欧洲民众都至少在一定程度上秉持着欧洲认同，他们中的大多数人也愿意为维系欧洲认同付出一定的代价，那么为什么欧盟和国家决策者还如此害怕民意和政治化呢？"①

　　政治化问题的关键在于，政治行为体将欧洲议题架构为团结一致的欧洲关切还是分裂欧洲的民族主义话语，以及何者在政治讨论中更占据上风并对民众更有说服力。毫无疑问，激进右翼政党最危险的地方在于，它们在政治化欧洲议题时一直宣扬民族主义观念，聚集并加深民众的排外认同与负面情绪。然而，欧洲主义者同样可以通过自由民主主义架构对欧盟议题实现正向构建，这有利于调动亲欧民众的政治热情和欧洲认同的建立。当前欧洲政党政治中，只有绿党和部分社会民主党分布在新分歧线的"新政治"一端，但它们的力量远不足以对抗"旧政治"的代表——激进右翼政党，需要传统主流政党和其他社会政治行为体勇于加入"新政治"的阵营，用同样简洁的语言描绘欧洲合作和具体政策的益处，捍卫欧盟的基本价值观，并以负责任的姿态与疑欧架构形成公开、有效的讨论，形成足够的政治动能与"旧政治"抗衡。从这个意义上看，当欧盟从以避免冲突和公开讨论为目标的政治机构转化为一个民主、成熟的政治体制时，就有可能为激进右翼政党的疑欧话语传播设置足够的障碍，使其失去效用和吸引力。

---

① Thomas Risse, "European Public Spheres, the Politicization of EU Affairs, and its Consequences", in Thomas Risse (eds.), *European Public Spheres: Politics is Back*, Cambridge: Cambridge University Press, 2014, p. 164.

不仅如此,在文化分歧线上与激进右翼政党的架构形成对立的同时,亲欧力量也可以把欧洲议题讨论的重点导向传统分歧线中对欧盟经济政策的政治化中来,阐明欧盟政策可以在多大程度上解决民众关心的经济、失业率、福利政策和教育问题,这是传统主流政党的优势议题。欧洲主义者通过理性成熟的公开政治讨论,可以让越来越多的欧洲民众感知到,激进右翼政党的主张远非解决社会经济问题的灵丹妙药,也许激进右翼政党针对欧盟现状提出了正确的问题,但这并不意味着其能够有效地解决这些问题。

总而言之,欧盟精英需要确保欧洲议题在欧盟公众和政治领域得到有意义的讨论,让民众参与探讨欧洲一体化未来发展方向,将怎样的欧洲更符合民众的根本利益加入政治辩论中来,并让欧洲主义者重新主导关于欧盟事务在公众领域的话语权,消除政治化所隐含的去一体化风险,推动欧洲议题的政治化向着良性循环发展。必须承认的是,民众从排外认同到欧洲认同的转变既需要耗费时间,又是相当困难的,但这是当今解决政治化困境值得尝试的途径。

(二)惠民政策的实施与宣传

在 1958 年《罗马条约》的序言中,欧洲之父就点明了作为欧盟前身的欧洲经济共同体的最根本目标:"努力持续提高各成员国人民的生活与工作条件。"然而正如本书第三章中指出的,在当今西欧少数人赢者通吃型的社会经济结构中,弱势民众群体的生活和工作条件明显下降,社会不安全感也急剧增加,这在很大程度上源自他们对自身收入的不平等和社会地位下滑的恐慌与怨恨。欧盟无法为欧洲民众带来福祉,既使得欧洲认同的形成难上加难,又损害了欧盟的输出合法性。从这个意义上看,激进右翼政党和欧洲议题政治化事实上起到了预警机制的作用,通过关注和强调真正的社会问题并形成民众压力,可以帮助欧盟精英和主流政党锁定导致民众不满的政策领域,迫使主流政治精英更加倾听民意。因此,欧盟必须要落实切实可行的惠民措施,安抚底层民众的恐惧情绪,实现一体化成果全民共享,促进政治化的良性循环,如增加就业机会,对工人阶级民众进行技能再培训,加快他们重新适应社会新变化的步伐;保证教育资源向底层民众倾斜,推动欧盟基本价值观念的社会化程度等。

近年来,欧盟和主流精英正逐渐重新意识到,欧盟的成功乃至生死存亡在于能否真正回应民众诉求、提高民众福祉。法国总统马克龙就指出:"英国脱欧标志着欧盟长期以来没能对民众需求做出有效回应……我们不能让民族主义者利用民众的愤怒。"① 在英国脱欧后的一次欧盟峰会中，默克尔强调："我们必须要用行动证明我们可以做得更好……在安全领域、打击恐怖主义以及保障民众就业等方面。"② 欧洲央行前行长马里奥·德拉吉（Mario Draghi）曾指出对民众经济不平等与工作不安全的担忧："我们必须要更加关注一体化的分配环节，如果欧盟不关注以追求权力与财富至上的社会所遗弃的民众及其需求，那么我不认为开放市场和竞争会取得很大进展……"③ 2017 年 11 月，欧盟领导人在瑞典签署了《欧洲社会权利支柱》（European Pillar of Social Rights）宣言。宣言中承诺要将"民众的最大利益置于欧盟议程的核心"，并提出 20 项旨在加强欧盟的社会角色、保护并提高工人和贫困人口社会权益和基本收入的原则。④ 瑞典首相斯特凡·勒文（Stefan Loefven）在宣言签订后的新闻发布会上强调："近年来欧盟在经历了各种挑战和不确定性后，我坚定地认为提高欧盟及其机构信任度的最好方式，就是真正改善民众的日常生活。"⑤ 事实证明，经过近年来的努力，欧盟社会治理已经有了初步成效，根据欧盟统计局的最新数据显示，2020 年 2 月欧元区的失业率已经降至 7.3%，这是自 2008 年 3 月以来的最低值；而欧盟二十七个成员国的平均失业率仅为 6.5%，是近二十年以来的最低值。⑥

此外，在推进惠民政策实施的同时，欧盟精英还必须要加强对欧盟政策效果的宣传能力。如今，欧洲社会政治精英与中下层民众间存在一条巨大的宣传鸿沟，前者对欧洲一体化的益处有深刻的切身体会，而后者则完全处在

---

① Emmanuel Macron, "Dear Europe, Brexit is a Lesson for All of Us: It's Time for Renewal", the Guardian, 4 March 2019, available at: https://www. theguardian. com/commentisfree/2019/mar/04/europe-brexit-uk, last accessed on February 22 2020.

② Jennifer Rankin, "Bratislava Summit: EU is at Critical Point, Says Angela Merkel", the Guardian, 16 Sep 2016, available at: https://www. theguardian. com/world/2016/sep/16/bratislava-summit-donald-tusk-urges-eu-leaders-not-to-waste-brexit-crisis, last accessed on March 22 2020.

③ Reuters, "To Go Forward, Europe Must Lift Up its Left-behind, ECB's Draghi Says", 13 September, 2016, available at: https://uk. reuters. com/article/uk-europe-draghi/to-go-forward-europe-must-lift-up-its-left-behind-ecbs-draghi-says-idUKKCN11J1WG, last accessed on 1 February 2020.

④ The European Pillar of Social Rights in 20 Principles, https://ec. europa. eu/commission/priorities/deeper-and-fairer-economic-and-monetary-union/european-pillar-social-rights/european-pillar-social-rights-20-principles_en.

⑤ Lisbeth Kirk and Eszter Zalan, "EU Leaders Make Pledge on Social Issues after Populist Backlash", EUobserver, 17 Nov 2017, available at: https://euobserver. com/social/139922, last accessed on 1 March 2020.

⑥ 数据来源：https://ec. europa. eu/eurostat/documents/2995521/10662618/3 - 01042020 - AP - EN. pdf/be3d73ee - 6715 - 824b - 2c23 - f0512f12bdc6。

激进右翼政党的疑欧话语的蛊惑之中。欧盟决策者以往总是认为民众会自然而然地感受到一体化给他们带来的经济红利，忽略了政治宣传的重要性。所以相比早已充斥在社会和政党政治中的疑欧话语，对欧盟积极正向的宣传却极为匮乏。在此背景下，欧洲的亲欧主流政党在任何情况下都会无条件地公开支持欧盟及其相关政策就显得格外重要，然而，从本书第五章的论述中可以看出事实并非如此。在激进右翼政党的压力下，主流政党在选举时通常会将不受欢迎、引发民意反弹的欧盟政策归咎于欧盟本身，而把一体化政策带来的经济红利向民众宣传为政党自身的政绩。这种为了取悦选民的"嫁祸"或"争功"策略对主流政党而言非常有吸引力。这在英国体现得最为明显，英国工党欧洲议会议员阿纳里斯·多兹（Anneliese Dodds）就曾指出，几十年来，英国几乎所有的国内政客都没有成功地向民众灌输欧盟的正向价值，他们缺乏这种宣传动机，因为这会损害其"英雄般的公众形象"①。而在脱欧公投中，一些脱欧派铁票仓选区恰恰是近年来获欧盟经济援助最多的几个地区，而民众对欧盟的援助却毫不知情。可见，政治精英与民众间的宣传鸿沟是导致英国脱欧的重要原因之一。

因此，欧盟和主流政治精英不仅要通过切实举措促进民众收入的提高和就业率的增长，还需要更加直接和频繁地和民众进行对话，这样一方面可以进一步了解欧盟决策对于普通民众日常生活的重要意义；另一方面能够耐心向民众解释欧盟的惠民政策及其效果，从而通过民主政治而非晦涩难懂的技术方式，提高其民主合法性，拉紧与民众的认同纽带。

欧洲一体化会走向何处？欧盟国家的政治精英应当怎样做才能摆脱这场政治化和民粹主义危机？这些问题尚须学界进一步的探讨，但本书认为有一点是可以确定的：在欧洲一体化问题上，欧盟精英不仅要让相关政治和社会讨论更具热度，还要让欧盟的决策与社会治理更具温度。民意是一体化进程的基石，只有倾听底层民众的呼声，使欧洲一体化成果真正惠及底层弱势民众，才是欧盟和欧洲政治走向良性发展的必由之路。欧盟精英只有找寻到一条自下而上的推动路径，让民众更多地参与政治生活，并充分地回应和满足民众的需求和愿望，欧洲一体化进程才会更加有效，欧盟的未来也才会更加长久。欧洲一体化的命运裁决终会从精英手中回到大众的手中。

---

① Anneliese Dodds, "Why People Voted to Leave and What to Do Now: A View from the Doorstep", *The Political Quarterly*, Vol. 87, No. 3, 2016, pp. 360 – 364.

参考文献

中文部分

一 学术专著

〔法〕托马斯·皮凯蒂：《21世纪资本论》，巴曙松译，中信出版社，2014。

〔美〕本尼迪克特·安德森：《想象的共同体：民族主义的起源与散布》，吴叡人译，上海人民出版社，2003。

〔英〕保罗·塔格特：《民粹主义》，袁明旭译，吉林人民出版社，2005。

〔英〕安东尼·D. 史密斯：《全球化时代的民族与民族主义》，龚维斌、良警宇译，中央编译出版社，2002。

房乐宪：《欧洲政治一体化：理论与实践》，中国人民大学出版社，2009。

李景治等：《政党政治视角下的欧洲一体化》，法律出版社，2003。

林勋建主编《政党与欧洲一体化》，当代世界出版社，2000。

陶涛：《西欧社会党与欧洲一体化研究》，北京大学出版社，2001。

王明进：《欧洲联合背景下的跨国政党》，当代世界出版社，2007。

杨云珍：《当代西欧极右翼政党研究》，上海人民出版社，2012。

张磊：《欧洲议会中的党团政治》，北京大学出版社，2013。

张莉：《西欧民主制度的幽灵——右翼民粹主义政党研究》，中央编译出版社，2011。

二 期刊论文

陈蔚芳：《共同体化的困境——从叙利亚难民危机论欧盟共同庇护体系的局

限性》，《欧洲研究》2016 年第 6 期。

丁纯、杨嘉威：《欧盟当前的困境及其体制根源和发展前景》，《当代世界与社会主义》2017 年第 5 期。

房乐宪：《新功能主义理论与欧洲一体化》，《欧洲》2001 年第 1 期。

〔美〕弗朗西斯·福山、吴万伟、罗亮：《新身份政治》，《国外理论动态》2019 年第 7 期。

贾文华：《"次等选举"的右倾化——欧洲议会选举中极右翼政党的崛起与影响》，《欧洲研究》2014 年第 5 期。

李明明、徐燕：《欧盟内部疑欧主义问题初探》，《国际论坛》2011 年第 4 期。

李明明：《共识政治的危机：欧洲一体化与欧盟政治分歧的发展》，《德国研究》2019 年第 2 期。

李明明：《后功能主义理论与欧洲一体化》，《欧洲研究》2009 年第 4 期。

李明明：《捷克的疑欧主义及其欧洲政策探析》，《国际观察》2016 年第 6 期。

李明明：《拒绝欧洲化？土耳其疑欧主义的兴起》，《国际观察》2011 年第 4 期。

李明明：《论挪威的疑欧主义及其"欧洲问题"》，《欧洲研究》2010 年第 6 期。

李明明：《论欧洲一体化的政治化进程》，《社会科学》2012 年第 11 期。

李明明：《论疑欧主义及其大众根源》，《国际观察》2009 年第 6 期。

李明明：《欧洲一体化的政治化与欧盟成员国主流政党的应对战略——以欧债危机发生后的德、英、法三国为例》，《欧洲研究》2017 年第 2 期。

林德山：《欧美民粹主义盛行的根源、影响及应对》，《人民论坛·学术前沿》2019 年第 17 期。

刘玉安：《只有劳动者成功，英国才能成功（英国工党 2015 年竞选宣言）》，《当代世界社会主义问题》2015 年第 2 期。

罗英杰、张昭曦：《欧洲极右势力的崛起与难民危机》，《现代国际关系》2017 年第 2 期。

马涛：《身份政治与当代西方民主的危机》，《当代美国评论》2019 年第 2 期。

曲兵、王朔：《透视英国的"疑欧主义"》，《现代国际关系》2016 年第 4 期。

史志钦、刘力达：《民族主义、政治危机与选民分野——2014 年欧洲议会选举中极右翼政党的崛起》，《当代世界与社会主义》2015 年第 2 期。

孙晨光、苗波：《"抗议性投票"理论是否仍然适用于欧洲激进右翼政党研究——一种社会动因的视角》，《新视野》2017 年第 1 期。

孙恪勤：《欧洲极右势力为何屡屡抬头？》，《求是》2002 年第 14 期。

田野、李存娜：《全球化冲击、互联网民主与混合民粹主义的生成——解释意大利五星运动的兴起》，《欧洲研究》2019 年第 1 期。

王鸿刚：《欧盟的结构性难题与一体化的未来》，《国际展望》2018 年第 2 期。

王明进：《欧洲议会疑欧主义政党的崛起及其对欧盟政治的影响》，《国际论坛》2015 年第 4 期。

王学玉：《欧洲一体化：一个进程，多种理论》，《欧洲》2001 年第 2 期。

吴茜：《冷战后西方极右翼政治思潮的新变化及其影响》，《当代世界与社会主义》2003 年第 5 期。

玄理、孙晨光：《激进右翼政党与欧洲一体化的政治化问题探析》，《国外理论动态》2019 年第 3 期。

闫瑾、籍正：《欧洲难民治理的困境及其对欧洲一体化的影响》，《国际论坛》2019 年第 1 期。

俞晓秋：《西欧极右翼势力兴起的背景分析》，《世界经济与政治》1993 年第 3 期。

张国军、程同顺：《当代西方民主的基础与危机——右翼民粹主义与多元文化主义对抗的政治冲击》，《中南大学学报》（社会科学版）2019 年第 3 期。

张磊：《2019 年欧洲议会选举及其影响——基于"次等选举""欧洲议题"和民粹政党三重视角的分析》，《欧洲研究》2019 年第 4 期。

张磊：《欧盟共同决策程序的变革——以"三方会谈"为例》，《欧洲研究》2013 年第 2 期。

张莉：《右翼民粹主义、选举政治与法国国民阵线》，《国际政治研究》2007 年第 2 期。

张茂明：《欧洲一体化理论中的政府间主义》，《欧洲》2001 年第 6 期。

张鹏：《层次分析方法：演进、不足与启示——一种基于欧盟多层治理的反思》，《欧洲研究》2011 年第 5 期。

张曙光、张胜军：《欧洲一体化理论中的自由政府间主义》，《国际论坛》2011 年第 3 期。

张亚宁：《欧盟的危机政治：多重约束下的政治突围》，《欧洲研究》2019 年第 2 期。

张英武、陈永亮：《当代欧洲极右翼政党分析》，《贵州师范大学学报》（社会科学版）2004 年第 2 期。

郑春荣、范一杨：《欧洲右翼民粹政党的发展条件分析——以奥地利自由党为例》，《当代世界与社会主义》2017 年第 2 期。

周穗明：《西方多元文化主义理论述评——对右翼民粹主义政治思潮崛起之源的一个政治哲学解析》，《国外理论动态》2019 年第 7 期。

周穗明：《西方右翼民粹主义政治思潮述评》，《国外理论动态》2017 年第 7 期。

朱立群：《欧洲一体化理论：研究问题、路径与特点》，《国际政治研究》2008 年第 4 期。

外文部分

一 学术专著

Achim Hurrelmann and Steffen Schneider (eds.), *The Legitimacy of Regional Integration in Europe and the Americas*, Basingstoke：Palgrave Macmillan, 2015.

Andrea Mammone, Emmanuel Godin and Brian Jenkins (eds.), V*arieties of Right-wing Extremism in Europe*, London：Routledge, 2013.

Andrew Moravcsik, *The Choice for Europe：Social Purpose and State Power from Messina to Maastricht*, Ithaca：Cornell, 1998.

Anthony Downs, *An Economic Theory of Democracy*, New York：Harper Collins Publishers, 1957.

Anthony Smith, *National Identity*, London：The University of Nevada Press, 1991.

Anthony Wright and Roger Eatwell (eds.), *Contemporary Political Ideologies*, London：Continuum, 1999.

Antonis Ellinas, *The Media and the Far Right in Western Europe*, Cambridge：Cambridge University Press, 2010.

Asimina Michailidou, Hans-Joerg Trenz, Pieter De Wilde, *The Internet and European Integration：Pro-and Anti-EU Debates in Online News Media*, Germany：Verlag Barbara Budrich, 2014.

Benjamin Leruth, Nicholas Startin and Simon Usherwood (eds.), *The Routledge Handbook of Euroscepticism*, London and New York：Routledge, 2017.

Bert Klandermans, Hanspeter Kriesi and Sidney Tarrow (eds.), *From Structure to Action: Social Movement Participation across Cultures*, Greenwich, CT: JAI Press, 1988.

Cas Mudde (eds.), *On Extremism and Democracy in Europe*, London: Routledge, 2016.

Cas Mudde and Rovira Kaltwasser, *Populism: A Very Short Introduction*, Oxford: Oxford University Press, 2017.

Cas Mudde, *Populist Radical Right Parties in Europe*, Cambridge: Cambridge University Press. 2007.

Cas Mudde, *The Ideology of the Extreme Right*, Manchester: Manchester University Press, 2000.

Catherine De Vries, *Euroscepticism and the Future of European Integration*, Oxford: Oxford University Press, 2018.

Colin Crouch and Wolfgang Streeck (eds.), *The Diversity of Democracy: Corporatism, Social Order and Political Conflict*, Cheltenham: Edward Elgar, 2006.

Cristóbal Rovira Kaltwasser, Paul Taggart, Paulina Ochoa Espejo, Pierre Ostiguy (eds.), *The Oxford handbook of Populism*, Oxford: Oxford University Press, 2017.

Daniele Albertazzi and McDonnell Duncan (eds.), *Twenty-First Century Populism. The Spectre of Western European Democracy*, Basingstoke: Palgrave Macmillan, 2008.

David Art, *Inside the Radical Right: the Development of Anti-immigrant Parties in Western Europe*, Cambridge: Cambridge University Press, 2011.

David Reybrouck, *Pleidooi voor Populisme*, Amsterdam/Antwerpen: Querido, 2008.

David Snow, Sarah Soule and Mayer Zald (eds.), *The Blackwell Companion to Social Movements*, Oxford: Blackwell, 2004.

Dominic Höglinger, *Politicizing European Integration. Struggling with the Awakening Giant*, Basingstoke: Palgrave Macmillan, 2016.

Elisabeth Carter, *The Extreme Right in Western Europe: Success of Failure?*, Manchester: Manchester University Press, 2005

Elmer Schattschneider, *The Semi-Sovereign People: A Realist's View of Democracy in America*, New York: Holt, Rinehart and Winston, 1960.

Ernest Gellner, *Nations and Nationalism*. Oxford: Blackwell, 1983.

Ernst Haas, *The Uniting of Europe: Political, Social, and Economic Forces* 1950 – 1957, Stanford: Stanford University Press, 1958.

Erving Goffman, *Frame Analysis: An Essay on the Organization of Experience*, Cambridge: Harvard University Press, 1974.

Gary Marks and Marco Steenbergen (eds.), *European Integration and Political Conflict*, Cambridge: Cambridge University Press, 2004.

Ghita Ionescu and Ernest Gellner (eds.) *Populism, its Meanings and National Characteristics*, London: Weidenfeld and Nicolson, 1969.

Gianpietro Mazzoleni, Julianne Stewart, and Bruce Horsfield (eds.), Media and Neo-Populism: A Contemporary Analysis, Westport, CT: Praeger. 2003.

Han-Georg Betz and Stefan Immerfall, *The New Politics of the Right. Neo-Populist Parties and Movements in Established Democracies*, New York: St. Martin's Press, 1998.

Hans-Georg Betz, *Radical Right-Wing Populism in Western Europe*, Basingstoke: MacMillan, 1994.

Hanspeter Kriesi, Edgar Grande, Martin Dolezal, Marc Helbling, Dominic Hoeglinger, Swen Hutter, and Bruno Wueest. *Political Conflict in Western Europe*, Cambridge: Cambridge University Press, 2012.

Hanspeter Kriesi, Klaus Armingeon, Hannes Siegrist and Andreas Wimmer (eds.), *Nation and National Identity: The European Experience in Perspective*, Zurich: Ruegger, 1999.

Harold Clarke, Matthew Goodwin and Paul Whiteley, *Brexit: Why Britain Voted to Leave the European Union*, Cambridge: Cambridge University Press, 2017.

Heinrich Best, Gyorgy Lengyel, and Luca Verzichelli (eds.), *The Europe of Elites: A Study into the Europeanness of Europe's Political and Economic Elites*, Oxford: Oxford University Press, 2012.

Herbert Kitschelt and Anthony McGann, *The Radical Right in Western European Comparative Analysis*, Ann Arbor: University of Michigan Press, 1995.

Humayun Ansari and Farid Hafez (eds.), *From the Far Right to the Mainstream: Islamophobia in Party Politics and the Media*, Frankfurt: Campus Verlag, 2011.

Ian Budge and Hans Keman, *Parties and Democracy: Coalition Formation and Gov-ernment Functioning in Twenty States*, New York: Oxford University Press, 1993.

Jeff Goodwin, James Jasper, Francesca Polletta (eds.), *Passionate Politics: Emo-tions and Social Movements*, Chicago: University of Chicago Press. 2001.

Jens Rydgren (eds.), *Class Politics and the Radical Right*, London: Routledge. 2013.

Jens Rydgren (eds.), *The Oxford Handbook of the Radical Right*, Oxford: Oxford University Press, 2018.

João Carvalho, *Impact of Extreme Right Parties on Immigration Policy: Comparing Britain, France and Italy.* London: Routledge, 2014.

John Gaffney (eds.), *Political Parties and the European Union*, London: Rout-ledge, 1996.

John Hutchinson and Anthony Smith (eds.), *Nationalism*, Oxford: Oxford Univer-sity Press, 1983.

John Kingdon, *Agendas, Alternatives and Public Policy*, Boston: Little Brown, 1984.

John Lloyd and Cristina Marconi, *Reporting the EU: News, Media and the Europe-an Institution*, London and New York: I. B. Tauris, 2014.

Jovan Byford, *Conspiracy Theories: A Critical Introduction*, Basingstoke: Palgrave Macmillan, 2011.

Jürgen Habermas, *The Crisis of the European Union*, Cambridge: Polity Press, 2012.

Karine Tournier-Sol and Chris Gifford (eds.), *The UK Challenge to Europeaniza-tion*, London: Palgrave Macmillan, 2015.

Key, V. O., *The Responsible Electorate: Rationality in Presidential Voting 1936 – 1960*, New York: Vintage, 1966.

Kyriakos Demetrio (eds.), *The European Union in Crisis Explorations in Represen-tation and Democratic Legitimacy*, Berlin: Springer, 2015.

Lauren McLaren, *Identity, Interests and Attitudes to European Integration*, Basing-stoke: Palgrave Macmillan, 2006.

Leon Lindberg and Stuart Scheingold, *Europe's Would-be Polity. Patterns of Change in the European Community*, Englewood Cliffs: Prentice Hall, 1970.

Lise Herman and James Muldoon (eds.), *Trumping the Mainstream: The Consequence of Democratic Politics by the Populist Radical Right*, London: Routledge, 2018.

Manuela Caiani and Simona Guerra (eds.), *Euroscepticism*, *Democracy and the Media*, London: Palgrave Macmillan, 2017.

Margaret Canovan, *Populism*, London: Junction Books, 1981.

Margarita Gómez-Reino, *Nationalisms in the European Arena: Trajectories of Transnational Party Coordination*, Switzerland: Palgrave Macmillan, 2018.

Matthew Goodwin and Caitlin Milazzo, *UKIP: Inside the Campaign to Redraw the Map of British Politics*, Oxford: Oxford University Press, 2015

Matthias Matthijs and Mark Blyth (eds.), *The Future of the Euro*, Oxford: Oxford University Press, 2015.

Michael Minkenberg, *The Radical Right in Eastern Europe Democracy under Siege?*, New York: Palgrave Macmillan, 2017.

Michelle Williams, *The Impact of Radical Right-Wing Parties in West European Democracies*, New York: Palgrave Macmillan, 2006.

Myra Ferree, William Gamson, Jürgen Gerhards and Dieter Rucht, *Shaping Abortion Discourse. Democracy and the Public Sphere in Germany and the United States*, Cambridge: Cambridge University Press, 2002.

Nathalie Brack, *Opposing Europe in the European Parliament Rebels and Radicals in the Chamber*, London: Palgrave Macmillan, 2018.

Nora Langenbacher and Britta Schellenberg (eds.), *Is Europe on the "Right" Path? Right-wing Extremism and Right-wing Populism in Europe*, Berlin: Friedrich Ebert Stiftung, 2011.

Norberto Bobbio, *Left and Right: The Significance of a Political Distinction*, Chicago: University of Chicago Press, 1996.

Oskar Niedermayer and Richard Sinnott (eds.), *Public Opinion and Internationalized Governance*, Oxford: Oxford University Press, 1995.

Paul Hainsworth (eds.), *The Politics of the Extreme Right: From the Margins to the Mainstream*, London: Pinter. 2000.

Paul Hainsworth, *The Extreme Right in Western Europe*, New York: Routledge, 2008.

Paul Statham and Hans-Jörg Trenz, *The Politicization of Europe. Contesting the Constitution in the Mass Media*, London: Routledge, 2013.

Paul Taggart and Alexs Szczerbiak (eds.), *Opposing Europe? The Comparative Party Politics of Euroscepticism*, New York: Oxford University Press, 2008.

Peter Bayer and Lori Beaman (eds.), *Religion, Globalization and Culture*, Leiden: Brill, 2007.

Peter Mair, *Ruling the Void: The Hollowing of Western Democracy*, London: Verso, 2013.

Peter Merkl and Leonard Weinberg (eds.), *Right-Wing Extremism in the Twenty-First Century*, London: Frank Cass, 2003.

Piero Ignazi, *Extreme Right Parties in Western Europe*, Oxford: Oxford University Press, 2003.

Pierre Bourdieu, *Distinction: A Social Critique of the Judgment of Taste*, London: Routledge, 1984.

Pieter de Wilde, Asimina Michailidou and Hans-Jörg Trenz, *Contesting Europe*, Colchester: ECPR Press, 2013.

Pippa Norris and Ronald Inglehart, *Cultural Backlash: Trump, Brexit, and Authoritarian Populism*, New York: Cambridge University Press, 2017.

Pippa Norris, *Radical Right Voters and Parties in the Electoral Market*, Cambridge: Cambridge University Press, 2005.

Robert Dahl (eds.), *Political Oppositions in Western Democracies*, New Haven: Yale University Press, 1966.

Robert Ford and Matthew Goodwin, *Revolt on the Right: Explaining Support for the Radical Right in Britain*, London: Routledge, 2014

Roger Eatwell and Cas Mudde (eds.), *Western Democracies and the New Extreme Right*, London: Routledge, 2004,

Roger Eatwell and Matthew Goodwin, *National Populism: The Revolt Against Liberal Democracy*, London: Pelican. 2018.

Roger Eatwell and Matthew Goodwin, *The New Extremism in 21st Century Britain*, London: Routledge, 2010.

Roger Eatwell and Noel O'Sullivan (eds), *The Nature of the Right.* London: Printer, 1989.

Rupert Brown, *Prejudice: Its Social Psychology*, Oxford: Blackwell, 1995.

Ruth Wodak, Majid Khosravinik and Brigitte Mral (eds.), *Right-wing Populism in Europe*, London: Bloomsbury, 2013.

Ruth Wodak, *The Politics of Fear: What Right-wing Populist Discourses Mean*, London: Sage, 2015.

Sabine Sauruggerand Fabien Terpan (eds.), *Crisis and Institutional Change in Regional Integration*, Abingdon: Routledge, 2016.

Seymour Lipset and Earl Raab, *The Politics of Unreason: Right-wing Extremism in America*, 1790 – 1970, New York: Harper Torchbook, 1973.

Seymour Lipset and Stein Rokkan (eds.), *Party Systems and Voter Alignments*, New York: Free Press/Collier Macmillan, 1967.

Simon Bornschier, *Cleavage Politics and the Populist Right: The New Cultural Conflict in Western Europe*, Philadelphia: Temple University Press, 2010.

Simon Hix and Christopher Lord, *Political Parties in the European Union*. New York: Macmillan Education, 1997.

Sofia Vasilopoulou, *Far Right Parties and Euroscepticism: Patterns of Opposition*, ECPR Press. 2018.

Stijn van Kessel, *Populist Parties in Europe: Agents of Discontent?*, London: Palgrave Macmillan, 2015.

Swen Hutter, Edgar Grande and Hanspeter Kriesi (eds.), *Politicising Europe Integration and Mass Politics*, Cambridge: Cambridge University Press, 2017.

Terri Givens, *Voting Radical Right in Western Europe*, Cambridge: Cambridge University Press, 2005.

Thomas Patterson, *Out of Order: An Incisive and Boldly Original Critique of the News Media's Domination of America's Political Process*, New York: Knopf Doubleday Publishing Group, 2011.

Thomas Risse (eds.), *European Public Spheres: Politics is Back*, Cambridge: Cambridge University Press, 2014.

Vera Stojarova, *The Far Right in the Balkans*, New York: Manchester University Press, 2013.

Yves Meny, Yves Surel (eds.), *Democracies and the Populist Challenge*, Basingstoke: Palgrave, 2002.

二 期刊论文

André Krouwel and Koen Abts, "Varieties of Euroscepticism and Populist Mobilization: Transforming Attitudes from Mild Euroscepticism to Harsh Eurocynicism", *Acta Politica*, Vol. 42, No. 2 – 3, 2007, pp. 252 – 270.

Andrea Pirro, Paul Taggart and Stijn van Kessel, "The Populist Politics of Euroscepticism in Times of Crisis: A Framework for Analysis", *Politics*, Vol. 38, No. 3, 2018, pp. 253 – 262.

Andreas Follesdal and Simon Hix. "Why There is a Democratic Deficit in the EU: A Response to Malone and Moravcsik", *Journal of Common Market Studies*, Vol. 44, No. 3, 2006, pp. 533 – 562.

Andrej Zaslove, "Here to Stay? Populism as a New Party Type", *European Review*, Vol. 16, No. 3, 2008, pp. 319 – 336.

Andrew Moravcsik, "In Defence of the 'Democratic Deficit': Reassessing Legitimacy in the European Union", *Journal of Common Market Studies*, Vol. 40, No. 4, 2002, pp. 603 – 624.

Andrew Moravcsik, "Preferences, Power and Institutions in 21st-century Europe", *Journal of Common Market Studies*, Vol. 56, No. 4, 2018, pp. 1 – 27.

Anna Leupold, "A Structural Approach to Politicisation in the Euro Crisis", *West European Politics*, Vol. 39, No. 1, 2016, pp. 84 – 103.

Anneliese Dodds, "Why People Voted to Leave and What to Do Now: A View from the Doorstep", *The Political Quarterly*, Vol. 87, No. 3, 2016, pp. 360 – 364.

Aristotle Kallis, "Far-Right 'Contagion' or a Failing 'Mainstream'? How Dangerous Ideas Cross Borders and Blur Boundaries", *Democracy and Security*, Vol. 9, No. 3, 2013, pp. 221 – 246.

Batory Agnes and Nick Sitter, "Cleavages, Competition and Coalition-building: Agrarian Parties and the European Question in Western and East Central Europe", *European Journal of Political Research*, Vol. 43, No. 4, 2004, pp. 523 – 546.

Ben Stanley, "The Thin Ideology of Populism", *Journal of Political Ideologies*, Vol. 13, No. 1, 2008, pp. 95 – 110.

Ben Wellings, "Rump Britain: Englishness and Britishness, 1992 – 2001", *Na-

tional Identities, Vol. 9, No. 4, pp. 395 – 412.

Benjamin Moffitt and Simon Tormey, "Rethinking Populism: Politics, Mediatisation and Political Style", *Political Studies*, Vol. 62, No. 2, 2013, pp. 381 – 397.

Brent Sasley, "Theorizing States' Emotions", *International Studies Review*, Vol. 13, No. 3, 2011, pp. 452 – 476.

Cas Mudde, "Right-wing Extremism Analyzed: A Comparative Analysis of the Ideologies of Three Alleged Right-wing Extremist Parties (NPD, NDP, CP'86)", *European Journal of Political Research*, Vol. 27, No. 2, 1995, pp. 203 – 224.

Cas Mudde, "The 2012 Stein Rokkan Lecture: Three Decades of Populist Radical Right Parties in Western Europe: So What?", *European Journal of Political Research*, Vol. 52, No. 1, 2013, pp. 1 – 19.

Cas Mudde, "The Comparative Study of Party-based Euroscepticism: The Sussex versus the North Carolina School", *East European Politics*, Vol. 28, No. 2, 2012, pp. 191 – 202.

Cas Muddc, "The Populist Radical Right: A Pathological Normalcy", *West European Politics*, Vol. 33, No. 6, 2010, pp. 1167 – 1186.

Cas Mudde, "The Populist Zeitgeist". *Government and Opposition*, Vol. 39, No. 4, 2004, pp. 541 – 563.

Catherine De Vries and Erica Edwards, "Taking Europe to its Extremes: Extremist Parties and Public Euroscepticism", *Party Politics*, Vol. 15, No. 1, 2009, pp, 5 – 28.

Catherine De Vries, "The Cosmopolitan-parochial Divide: Changing Patterns of Party and Electoral Competition in the Netherlands and Beyond", *Journal of European Public Policy*, Vol. 25, No. 11, 2017, pp. 1541 – 1565.

Catherine Fieschi, "European Institutions: the Far-right and Illiberal Politics in a Liberal Context", *Parliamentary Affairs*, Vol. 53, No. 3, 2000, pp. 517 – 531.

Catherine MacMillan, "Reversing the Myth? Dystopian Narratives of the EU in UKIP and Front National Discourse", *Journal of Contemporary European Studies*, Vol. 26, No. 1, 2017, pp. 117 – 132.

Cees van der Eijk, Mark Franklin and Michael Marsh, "What Voters Teach us about Europe-wide Elections: What Europe-wide Elections Teach us about Voters", *Electoral Studies*, Vol. 15, No. 2, 1996, pp. 149 – 166.

Christian Dustmann, Tommaso Frattini and Ian Preston, "The Effect of Immigration along the Distribution of Wages", *Review of Economic Studies*, Vol. 80, No. 1, 2013, pp. 145 – 173.

Christian Rauh, "EU Politicization and Policy Initiatives of the European Commission: the Case of Consumer Policy", *Journal of European Public Policy*, Vol. 26, No. 3, 2019, pp. 344 – 365.

Christoffer Green-Pedersen, "A Giant Fast Asleep? Party Incentives and the Politicization of European Integration", *Political Studies*, Vol. 60, No. 1, 2012, pp. 115 – 130.

Daniel Oesch, "Explaining Workers' Support for Right-Wing Populist Parties in Western Europe: Evidence from Austria, Belgium, France, Norway, and Switzerland", *International Political Science Review*, Vol. 29, No. 3, 2008, pp. 349 – 373.

Daniela Braun and Markus Tausendpfund, "The Impact of the Euro Crisis on Citizens' Support for the European Union", *Journal of European Integration*, Vol. 36, No. 3, 2014, pp. 231 – 245.

Daniele Albertazzi and Sean Mueller, "Populism and Liberal Democracy: Populists in Government in Austria, Italy, Poland and Switzerland", *Government and Opposition*, Vol. 48, No. 3, 2013, pp. 343 – 371.

David Brown, "Are There Good and Bad Nationalisms?", *Nations and Nationalism*, Vol. 5, No. 2, 1999, pp. 281 – 302.

Dominic Hoeglinger, "The Politicisation of European Integration in Domestic Election Campaigns", *West European Politics*, Vol. 39, No. 1, 2016, pp. 44 – 63.

Duncan McDonnell and Annika Werner, "Differently Eurosceptic: Radical Right Populist Parties and Their Supporters", *Journal of European Public Policy*, Vol. 26, No. 12, 2018, pp. 1761 – 1778.

Duncan McDonnell and Annika Werner, "Respectable Radicals: Why Some Radical Right Parties in the European Parliament Forsake Policy Congruence", *Journal of European Public Policy*, Vol. 25, No. 5, 2018, pp. 747 – 763.

Edgar Grande and Swen Hutter, "Beyond Authority Transfer: Explaining the Politicisation of Europe", *West European Politics*, Vol. 39, No. 1, 2016, pp. 23 – 43.

Eelco Harteveld, Joep Schaper, Sarah De Lange and Wouter Van Der Brug, "Blaming Brussels? the Impact of (News about) the Refugee Crisis on Attitudes Towards the EU and National Politics", *Journal of Common Market Studies*, Vol. 56, No. 1, 2018, pp. 1 –21.

Erika van Elsas and Wouter van der Brug, "The Changing Relationship between Left-Right Ideology and Euroscepticism, 1973 –2010", *European Union Politics*, Vol. 16, No. 2, 2015, pp. 194 –215.

Ernst Haas, "International Integration: The European and the Universal Process", *International Organization*, Vol. 15, No. 3, 1961, pp. 366 –392.

Erwin Scheuch and Hans Klingemann, "Theorie des Rechtsradikalismus in Westlichen Industriegesellschaft". *Hamburger Jahrbuch Für Wirtschafts-und Sozialpolitik*, Vol. 12, No. 1967, pp. 11 –19.

Eugenio Salvati, "The Five Star Movement in the European Parliament. A Real Eurosceptic Party?", Paper presented at 2016 ECPR General Conference Prague, 2016.

Frank Schimmelfennig, "European Integration in the Euro Crisis: The Limits of Postfunctionalism", *Journal of European Integration*, Vol. 36, No. 3, 2014, pp. 321 –327.

Fritz Scharpf, "The Joint-Decision Trap: Lessons from German Federalism and European Integration", *Public Administration*, Vol. 66, No. 3, 1988, pp. 239 –278.

Gabriella Elgenius and Jens Rydgren, "Frames of Nostalgia and Belonging: the Resurgence of Ethno-nationalism in Sweden", *European Societies*, Vol. 21, No. 4, 2019, pp. 583 –602.

Geoffrey Cohen, "Party Over Policy: The Dominating Impact of Group Influence on Political Beliefs", *Journal of Personality and Social Psychology*, Vol. 85, No. 5, 2003, pp. 808 –822.

Giorel Curran, "Mainstreaming Populist Discourse: The Race-conscious Legacy of Neo-populist Parties in Australia and Italy", *Patterns of Prejudice*, Vol. 38, No. 1, 2004, pp. 37 –55.

Han Werts, Peer Scheepers, Marcel Lubbers, "Euro-scepticism and Radical Right-wing Voting in Europe, 2002 –2008: Social Cleavages, Socio-political Attitudes and Contextual Characteristics Determining Voting for the Radical Right", *European Union Politics*, Vol. 14, No. 2, 2013, pp. 183 –205.

Hannah Arendt, "The Origins of Totalitarianism", *Review of Politics*, Vol. 15,

No. 1, 1969, pp. 68 – 85.

Hans Bickes, Tina Otten, Laura Weymann, "The Financial Crisis in the German and English Press: Metaphorical Structures in the Media Coverage on Greece, Spain and Italy", *Discourse & Society*, Vol. 25, No. 4, 2014, pp. 424 – 445.

Hans-George Betz, "The New Politics of Resentment: Radical Right-Wing Populist Parties in Western Europe", *Comparative Politics*, Vol. 25, No. 4, 1993, pp. 413 – 427.

Hanspeter Kriesi, "How National Political Parties Mobilize the Political Potentials Linked to European Integration", *European Union Politics*, Vol. 8, 2007, pp. 83 – 108.

Hanspeter Kriesi, "The Populist Challenge", *West European Politics*, Vol. 37 No. 2, 2014, pp. 361 – 378.

Ivan Krastev, "The Populist Moment", *New Presence: The Prague Journal of Central European Affairs*, Vol. 11, No. 1, 2008, pp. 24 – 27.

Jae-Jae Spoon, "Holding their Own: Explaining the Persistence of Green Parties in France and the UK", *Party Politics*, Vol. 15, No. 5, 2009, pp. 615 – 634.

Jan Kleinnijenhuis and Jan de Ridder, "Issue News and Electoral Volatility". *European Journal of Political Research*, Vol. 33, No. 3, 1998, pp. 413 – 437.

John Petrocik, "Issue Ownership in Presidential Elections, with a 1980 Case Study", *American Journal of Political Science*, Vol. 40, No. 3, 1996, pp. 825 – 850.

Jürgen Habermas, "Toward a Cosmopolitan Europe", *Journal of Democracy*, Vol. 14, No. 1, 2003, pp. 87 – 100.

Karlheinz Reif and Hermann Schmitt, "Nine Second Order National Elections-a Conceptual Framework for the Analysis of European Election Results", *European Journal of Political Research*, Vol. 8, No. 1, 1980, pp. 3 – 44.

Katz Richard and Peter Mair, "Changing Models of Party Organization and Party Democracy: The Emergence of the Cartel Party", *Party Politics*, Vol. 1, No. 1, 1995, pp. 5 – 28.

Koen Abts and Stefan Rummens, "Populism versus Democracy", *Political Studies*, Vol. 55, No. 2, 2007, pp. 405 – 424.

Kurt Weyland, "Clarifying a Contested Concept-Populism in the Study of Latin American Politics", *Comparative Politics*, Vol. 32, No. 1, 2001, pp. 1 – 22.

Laurenz Ensser, "The Homogeneity of West European Party Families: The Radical Right in Comparative Perspective", *Party Politics*, Vol. 18, No. 2, 2012, pp. 151 – 171.

Liesbet Hooghe and Gary Marks, "A Postfunctionalist Theory of European Integration: from Permissive Consensus to Constraining Dissensus", *British Journal of Political Science*, Vol. 39, No. 1, 2009, pp. 1 – 23.

Liesbet Hooghe and Gary Marks, "Cleavage Theory Meets Europe's Crises: Lipset, Rokkan, and the Transnational Cleavage", *Journal of European Public Policy*, Vol. 25, No. 1, 2017, pp. 109 – 135.

Liesbet Hooghe and Gary Marks, "Grand theories of European Integration in the Twenty First Century", *Journal of European Public Policy*, Vol. 26, No. 8, 2019, pp. 1113 – 1133.

Marc Swyngedouw and Gilles Ivaldi, "The Extreme Right Utopia in Belgium and France: The Ideology of the Flemish Vlaams Blok and the French Front National", *West European Politics*, Vol. 24, No. 3, 2001, pp. 1 – 22.

Marc Van De Wardt, Catherine de Vries and Sara Hobolt, "Exploiting the Cracks: Wedge Issues in Multiparty Competition", *The Journal of Politics*, Vol. 76, No. 4, 2014, pp. 986 – 999.

Marco Steenbergen, Erica Edwards and Catherine de Vries, "Who's Cueing Whom? Mass-elite Linkages and the Future of European Integration", *European Union Politics*, Vol. 8, No. 1, 2007, pp. 13 – 35.

Mareike Kleine and Mark Pollack, "Liberal Intergovernmentalism and its Critics", *Journal of Common Market Studies*, Vol. 56, No. 7, 2018, pp. 1493 – 1509.

Margarita Gómez-Reino and Iván Llamazares, "The Populist Radical Right and European Integration: a Comparative Analysis of Party-voter Links", West European Politics, Vol. 36, No. 4, 2013, pp. 789 – 816.

Markus Wagner and Thomas Meyer, "The Radical Right as Niche Parties? The Ideological Landscape of Party Systems in Western Europe, 1980 – 2014", *Political Studies*, Vol. 65, No. 1_suppl, 2017, pp. 84 – 107.

Markus Wagner, "When Do Parties Emphasise Extreme Positions? How Strategic Incentives for Policy Differentiation Influence Issue Importance", *European Journal of Political Research*, Vol. 51, No. 1, 2012, pp. 64 – 88.

Martin Schain, "The Extreme-right and Immigration Policy-making: Measuring Direct and Indirect effects", *West European Politics*, Vol. 29, No. 2, 2006, pp. 270 – 289.

Maurice Pinard, "Poverty and Political Movements", *Social Problems*, Vol. 15, No. 2, 1967, pp. 250 – 263.

Maurits Meijers, "Contagious Euroscepticism: the Impact of Eurosceptic Support on Mainstream Party Positions on European Integration", *Party Politics*, Vol. 23, No. 4, 2015, pp. 1 – 11.

Meindert Fennema, "Some Conceptual Issues and Problems in the Comparison of Anti-Immigrant Parties in Western Europe", *Party Politics*, Vol. 3, No. 4, 1997, pp. 473 – 92.

Menno Spiering, "British Euroscepticism", *European Studies: A Journal of European Culture, History and Politics*, Vol. 20, No. 1, 2004, pp. 127 – 149.

Michael Minkenberg and Pascal Perrineau, "The Radical Right in the European Elections 2004", *International Political Science Review*, Vol. 28, No. 1, 2007, pp. 29 – 55.

Michael Minkenberg, "The Radical Right in Public Office: Agenda-setting and Policy Effects", *West European Politics*, Vol. 24, No. 4, 2001, pp. 1 – 21.

Michael Zürn, "Opening up Europe: Next Steps in Politicisation Research", West European Politics, Vol. 39, No. 1, 2015, p. 164 – 182.

Michael Zürn, "Politicization Compared: at National, European, and Global Levels", *Journal of European Public Policy*, Vol. 26, No. 7, 2019, pp. 977 – 995.

Michael Zürn, Martin Binder, Matthias Ecker-Ehrhardt, "International Authority and its Politicization", *International Theory*, Vol. 4, No. 1, 2012, pp. 69 – 106.

Mikko Mattila and Tapio Raunio, "Drifting Further Apart: National Parties and Their Electorates on the EU Dimension", *West European Politics*, Vol. 35, No. 3, 2012, pp. 589 – 606.

Nadia Urbinati, "Democracy and Populism", *Constellations*, Vol. 5, No. 1, 1998, pp. 110 – 124.

Neil Fligstein, Alina Polyakova and Wayne Sandholtz, "European Integration, Nationalism and European Identity", *Journal of Common Market Studies*, Vol. 50, No. S1, 2012, pp. 106 – 122.

Nicholas Startin, "Where to for the Radical Right in the European Parliament? The Rise and Fall of Transnational Political Cooperation", *Perspectives on European Politics and Society*, Vol. 11, No. 4, 2010, pp. 429 – 449.

Nick Clark and Robert Rohrschneider, "Second-order Elections versus First-order Thinking: How Voters Perceive the Representation Process in a Multi-layered System of Governance", *Journal of European Integration*, Vol. 31, No. 5, 2009, pp. 645 – 664.

Nick Sitter, "The Politics of Opposition and European Integration in Scandinavia: is Euro-scepticism a Government-opposition Dynamic?", *West European Politics*, Vol. 24, No. 4, 2001, pp. 22 – 39.

Noam Gidron and Peter Hall, "The Politics of Social Status: Economic and Cultural Roots of the Populist Right", *British Journal of Sociology*, Vol. 68, No. S1, 2017, pp. 57 – 84.

Olive Zimmer, "Boundary Mechanisms and Symbolic Resources: towards a Process-oriented Approach to National Identity", *Nations and Nationalism*, Vol. 9, No. 2, 2003, pp. 173 – 193.

Paris Aslanidis, "Is Populism an Ideology? A Refutation and a New Perspective", *Political Studies*, Vol. 64, No. 1, 2016, pp. 88 – 104.

Paul Blokker, "Populist Nationalism, Anti-Europeanism, Post-nationalism, and the East-West Distinction", *German Law Journal*, Vol. 6, No. 2, 2005, pp. 371 – 389.

Paul Statham and Hans-Jörg Trenz, "Understanding the Mechanisms of EU Politicization: Lessons from the Eurozone Crisis", *Comparative European Politics*, Vol. 14, No. 3, 2015, pp. 287 – 306.

Paul Taggart and Aleks Szczerbiak, "Contemporary Euroscepticism in the Party Systems of the European Union Candidate States of Central and Eastern Europe", *European Journal of Political Research*, Vol. 43, No. 1, 2004, pp. 1 – 27.

Paul Taggart, "A Touchstone of Dissent: Euroscepticism in Contemporary Western European Party Systems", *European Journal of Political Research*, Vol. 33, No. 3, 1998, pp. 363 – 388.

Peter Mair, "Political Opposition and the European Union", *Government and Opposition*, Vol. 42, No. 1, 2007, pp. 1 – 17.

Peter Mair, "Political Parties, Popular Legitimacy and Public Privilege", *West European Politics*, Vol. 18, No. 3, 1995, pp. 40 – 57.

Peter Mair, "The Limited Impact of Europe on National Party Systems", *West European Politics*, Vol. 23, No. 4, 2000, pp. 27 – 51.

Petre Kopecky and Cas Mudde, "The Two Sides of Euroscepticism. Party Positions on European integration in East Central Europe", *European Union Politics*, Vol. 3, No. 3, 2002, pp. 297 – 326.

Philippe Schmitter, "Ernst B. Haas and the Legacy of Neofunctionalism", *Journal of European Public Policy*, Vol. 12, No. 2, 2005, p. 255 – 272.

Philippe Schmitter, "On the Way to a Post-functionalist Theory of European Integration", *British Journal of Political Science*, Vol. 39, No. 1, 2009, pp. 211 – 215.

Philippe Schmitter, "Three Neo-functional Hypotheses about International Integration", *International Organization*, Vol. 23, No. 1, 1969, pp. 161 – 166.

Phlipp Genschel and Markus Jachtenfuchs, "From Market Integration to Core State Powers: The Eurozone Crisis, the Refugee Crisis and Integration Theory", *Journal of Common Market Studies*, Vol. 56, No. 1, 2018, pp. 178 – 196.

Piero Ignazi, "The Silent Counter-revolution: Hypotheses on the Emergence of Extreme Right-Wing Parties in Europe", *European Journal of Political Research*, Vol. 22, 1992, pp. 3 – 33.

Pieter De Wilde and Michael Zürn, "Can the Politicization of European Integration Be Reversed?", *Journal of Common Market Studies*, Vol. 50, No. 1, 2012, pp. 137 – 153.

Pieter De Wilde, "No Polity for Old Politics? A Framework for Analyzing the Politicization of European Integration", *Journal of European Integration*, Vol. 33, No. 5, 2011, pp. 559 – 575.

Raul Gomez, "The Economy Strikes Back: Support for the EU during the Great Recession", *Journal of Common Market Studies*, Vol. 53, No. 3, 2015, pp. 577 – 592.

Richard Eichenberg and Russell Dalton, "Post-maastricht Blues: The Transformation of Citizen Support for European Integration, 1973 – 2004", *Acta Politica*, Vol. 42, No. 2 – 3, 2007, pp. 128 – 152.

Richard Whitaker and Philip Lynch, "Understanding the Formation and Actions of

Eurosceptic Groups in the European Parliament: Pragmatism, Principles and Publicity", *Government and Opposition*, Vol. 49, No. 2, 2014, pp. 232 – 263.

Robert Entman, "Framing: Toward Clarification of a Fractured Paradigm", *Political Communication*, Vol. 43, No. 4, 1993, pp. 51 – 58.

Roberto Pannico, "Parties are Always Right: the Effects of Party Cues and Policy Information on Attitudes towards EU Issues", *West European Politics*, Vol. 43, No. 11, 2019, pp. 1 – 25.

Roger Eatwell, "The Rebirth of the Extreme Right in Western Europe?", *Parliamentary Affairs*, Vol. 53, No. 3, 2000, pp. 407 – 425.

Ronald Inglehart, "The Silent Revolution in Europe: Intergenerational Change in Post-industrial Societies", *American Political Science Review*, Vol. 65, No. 4, 1971, pp. 991 – 1017.

Ronald Inglehart and Pippa Norris, "Trump, Brexit, and the Rise of Populism: Economic Have-Nots and Cultural Backlash", HKS Working Paper No. RWP16 – 026, 2016.

Rovira Kaltwasser, "The Responses of Populism to Dahl's Democratic Dilemmas", *Political Studies*, Vol. 62, No. 3, 2014, pp. 470 – 487.

Rune Stubager, "Education-Based Group Identity and Consciousness in the Authoritarian-Libertarian Value Conflict", *European Journal of Political Research*, Vol. 48, No. 2, 2009, pp. 204 – 233.

Sara Hobolt and Catherine de Vries, "Issue Entrepreneurship and Multiparty Competition", *Comparative Political Studies*, Vol. 48, No. 9, 2015, pp. 1159 – 1185.

Sara Hobolt and Catherine de Vries, "When Dimensions Collide: The Electoral Success of Issue Entrepreneurs", *European Union Politics*, Vol. 13, No. 2, 2012, pp. 246 – 268.

Scott Flanagan and Aie-Rie Lee, "The New Politics, Culture Wars, and the Authoritarian-Libertarian Value Change in Advanced Industrial Democracies", *Comparative Political Studies*, Vol. 36, No. 3, 2003, pp. 235 – 270.

Sebastian Baglioni and Achim Hurrelmann, "The Eurozone Crisis and Citizen Engagement in EU Affairs", *West European Politics*, Vol. 39, No. 1, 2016, pp. 104 – 124.

Seymour Lipset, "The Radical Right: a Problem for American Democracy",

British Journal of Sociology, Vol. 6, No. 2, 1955, pp. 176 – 209.

Simon Hix and Michael Marsh, "Punishment or Protest? Understanding European Parliament Elections", *Journal of Politics*, Vol. 69, No. 2, 2007, pp. 495 – 510.

Simon Usherwood and Nick Startin. "Euroscepticism as a Persistent Phenomenon", *Journal of Common Market Studies*, Vol. 51, No. 1, 2013, pp. 1 – 16.

Sofia Vasilopoulou, "European Integration and the Radical Right: Three Patterns of Opposition", *Government and Opposition*, Vol. 46, No. 2, 2011, pp. 223 – 244.

Stanley Hoffmann, "Europe's Identity Crisis Revisited", *Daedalus*, Vol. 123, No. 2, 1994, pp. 1 – 23.

Stanley Hoffmann, "Obstinate or Obsolete? The Fate of the Nation-state and the Case of Western Europe", *Daedalus*, Vol. 95, No. 3, 1966, pp. 862 – 915.

Susan Scarrow. "Politicians of Parties: Anti-Party Arguments as Weapons for Change in Germany", *European Journal of Political Research*, Vol. 29, No. 3, 1996, pp. 297 – 317.

Swen Hutter and Hanspeter Kriesi, "Politicizing Europe in Times of Crisis", *Journal of European Public Policy*, Vol. 26, No. 7, 2019, pp. 996 – 1017.

Swen Hutter, and Edgar Grande, "Politicizing Europe in the National Electoral Arena: A Comparative Analysis of Five West European Countries, 1970 – 2010", *Journal of Common Market Studies*, Vol. 52, No. 5, 2014, pp. 1002 – 1018.

Tanja Börzel and Thomas Risse, "From the Euro to the Schengen Crises: European Integration Theories, Politicization, and Identity Politics", *Journal of European Public Policy*, Vol. 25, No. 1, 2017, pp. 83 – 108.

Tanja Börzel and Thomas Risse, "Revisiting the Nature of the Beast-Politicization, European Identity, and Postfunctionalism: A Comment on Hooghe and Marks", *British Journal of Political Science*, Vol. 39, No. 1, 2009, pp. 217 – 220.

Tanja Börzel, "From EU Governance of Crisis to Crisis of EU Governance: Regulatory Failure, Redistributive Conflict and Eurosceptic Publics", *Journal of Common Market Study*, Vol. 54, No. 2, 2016, pp. 8 – 31.

Thomas Raines, Matthew Goodwin and David Cutts, "The Future of Europe Comparing Public and Elite Attitudes", *Research Paper*, *Chatham House*, 2017.

Thomas Risse, "No Demos? Identities and Public Spheres in the Euro Crisis", *Journal of Common Market Studies*, Vol. 52, No. 6, 2014, pp. 1207 – 1215.

Tim Bale，"Who Leads and Who Follows? The Symbiotic Relationship between UKIP and the Conservatives-and Populism and Euroscepticism"，*Politics*，Vol. 38，No. 3，2018，pp. 263 – 277.

Tjitske Akkerman，"Immigration Policy and Electoral Competition in Western Europe: A Fine-Grained Analysis of Party Positions over Two Decades"，*Party Politics*，Vol. 21，No. 1，2015，pp. 54 – 67.

Vivien Schmidt，"Politicization in the EU: between National Politics and EU Political Dynamics"，*Journal of European Public Policy*，Vol. 26，No. 7，2019，pp. 1018 – 1036.

Vivien Schmidt，"Rethinking EU Governance: from 'Old' to 'New' Approaches"，*Journal of Common Market Studies*，Vol. 57，No. 7，2018，pp. 1544 – 1561.

William Gamson and Gadi Wolfsfeld. "Movements and Media as Interacting Systems"，*Annals of the American Academy of Political and Social Science*，Vol. 528，No. 1，1993，pp. 114 – 125.

Wolfgang Merkel，"Embedded and Defective Democracies"，*Democratization*，Vol. 11，No. 5，2004，pp. 33 – 58.

Wolfgang Rüdig and Georgios Karyotis，"Who Protests in Greece? Mass Opposition to Austerity"，*British Journal of Political Science*，Vol. 44，No. 3，2014，pp. 487 – 513.

Wouter Van der Brug，"How the LPF Fuelled Discontent: Empirical Tests of Explanations of LPF Support"，*Acta Politica*，Vol. 38，No. 1，2003，pp. 89 – 106.

Yves Mény，"Conclusion: A Voyage to the Unknown"，*Journal of Common Market Studies*，Vol. 50，No. S1，2012，pp. 154 – 164.

参考网站

European Commission: https://ec. europa. eu/

Eurobarometer: https://ec. europa. eu/commfrontoffice/publicopinion/index. cfm/Survey/index#p = 1&instruments = STANDARD

European Parliament: https://www. europarl. europa. eu/portal/

Eurostat: https://ec. europa. eu/eurostat/web/main/home

Chapel Hill Expert Survey: https://www. chesdata. eu/

图书在版编目（CIP）数据

西欧激进右翼政党与欧洲一体化的政治化／玄理著
. -- 北京：社会科学文献出版社，2022.1
（同济大学欧洲与德国研究丛书）
ISBN 978 - 7 - 5201 - 9418 - 1

Ⅰ. ①西…　Ⅱ. ①玄…　Ⅲ. ①政党 - 研究 - 西欧 - 现
代②欧洲一体化 - 研究　Ⅳ. ①D756.064②D85

中国版本图书馆 CIP 数据核字（2021）第 239936 号

·同济大学欧洲与德国研究丛书·

西欧激进右翼政党与欧洲一体化的政治化

著　　者／玄　理

出 版 人／王利民
责任编辑／张苏琴　仇　杨
责任印制／王京美

出　　版／社会科学文献出版社·当代世界出版分社（010）59367004
　　　　　　地址：北京市北三环中路甲 29 号院华龙大厦　邮编：100029
　　　　　　网址：www.ssap.com.cn
发　　行／市场营销中心（010）59367081　59367083
印　　装／三河市东方印刷有限公司

规　　格／开 本：787mm × 1092mm　1/16
　　　　　　印 张：16　字 数：277 千字
版　　次／2022 年 1 月第 1 版　2022 年 1 月第 1 次印刷
书　　号／ISBN 978 - 7 - 5201 - 9418 - 1
定　　价／88.00 元

本书如有印装质量问题，请与读者服务中心（010 - 59367028）联系